社会科学文献出版社
SOCIAL SCIENCES ACADEMIC PRESS (CHINA)

集刊

ASIA-PACIFIC COUNTRIES STUDIES

第 2 辑

亚太国家研究

苏州科技大学亚太国家现代化与国际问题研究中心 编

编委会

主　任　陆南泉
编　委　（以姓氏笔画为序）

目录
CONTENTS

十月革命与 20 世纪世界史

东亚与日本问题

十月革命与20世纪世界史

十月革命 100 周年之际的思考

陆南泉[*]

【内容摘要】 1917 年俄国发生了改变社会政治经济制度的十月革命，之后成立了苏维埃社会主义共和国联盟（苏联）。1991 年年底，有 93 年历史和拥有 1800 万党员、已执政 74 年之久的苏联共产党，在短短的时间内被冲垮，丧失了执政党的地位，苏联解体。这是 20 世纪最重大的两个历史事件，对中国革命与建设都产生过重大影响。在十月革命 100 周年之际，值得研究与思考的问题是：十月革命炮声一响，给中国送来了什么样的马克思列宁主义及其后果；苏联是怎样一次又一次地丧失改革机遇，最终导致社会主义试验的失败；当今中国纪念十月革命 100 周年之际，最具有头等意义的事是不断深化改革。

【关键词】 十月革命　苏联解体　经验教训

1917 年在俄国发生了改变社会政治经济制度的十月革命，之后成立了苏维埃社会主义共和国联盟（苏联）。1991 年 12 月 26 日，苏联最高苏维埃共和国院举行最后一次会议，以举手表决的方式通过宣布苏联停止存在的宣言，存在 69 年之久的苏联解体了；同时，有 93 年历史和拥有 1800 万党员、已执政 74 年之久的苏联共产党，在短短的时间被冲垮，丧失了执政党的地位。苏联的解体不仅意味着一个超级大国崩溃，不仅标志着战后近半个世纪东西方"冷战"与苏美两极世界格局的结束，更为重要的是意味着长达 70 年之久的苏联社会主义与战后的一大批东欧国家社会主义试验的

---

* 陆南泉，中国社会科学院荣誉学部委员。

失败。因此，这一事件比巴黎公社失败所包含的内容与提供的教训要丰富和深刻得多。这也是引起国内外关注的原因。

在十月革命 100 周年之际，不少问题值得中国去思考。本文论述三个问题。

一　十月革命炮声一响，给中国送来了什么样的马克思列宁主义及其后果

中国与其他社会主义国家一样，是一个意识形态主宰的国家，这个意识形态就是毛泽东在第一届全国人民代表大会第一次会议开幕词中所讲的，"指导我们思想的理论基础是马克思列宁主义"。[①] 他还说："十月革命一声炮响，给我们送来马克思列宁主义。"[②] 而从理论到实际都证明，十月革命所送来的是经斯大林改造了的斯大林主义，不是原装的马克思理论。斯大林把马克思主义三个来源变为三个组成部分，又把三个组成部分换成他的著作，哲学是《联共（布）党史》第四章，政治经济学是《苏联社会主义经济问题》，科学社会主义是《联共（布）党史》，把这些奉为马克思主义。凡是与这些理论不一致的，一律指为背离科学社会主义、放弃社会主义基本制度，一律斥之为非马克思主义、修正主义或者资产阶级自由化。斯大林在 1948 年 5 月致铁托的信中说："低估苏联经验，在政治上是极其危险的，而且对马克思主义者来说这是不允许的。"[③]

这样，斯大林的理论和他建立的社会制度就成为衡量真假马克思主义的唯一标准，斯大林版本的马克思主义就成为"指导我们思想的理论基础"。

老一代学人所学的马克思主义就是斯大林这一版本，其影响十分深远。在中国社会主义的建设进程中，相当一个时期是搬用苏联的那一套做法。中国在改革开放前基本上实践的是斯大林版本的马克思主义，是跟着苏联斯大林式的社会主义走的。

中国跟苏联走了一段后发现，苏联在建设社会主义方面的理论与实践

---

① 《毛泽东选集》第 5 卷，人民出版社，1977，第 133 页。
② 《毛泽东选集》第 4 卷，人民出版社，1990，第 1408 页。
③ 〔英〕斯蒂芬·克利索德编《南苏关系（1939～1973）》，人民出版社，1980，第 357 页。

都存在不少问题。毛泽东在 1955 年底提出了"以苏为鉴"。1956 年 4 月 25 日，毛泽东在中共八大前《论十大关系》中指出，要以苏联社会主义建设中出现的问题为鉴，在"农、轻、重"关系与"国际关系"等方面不要重走苏联"走过的弯路"，"要引以为戒"，"他们片面地注重重工业，忽视农业和轻工业，因而市场上的货物不够，货币不稳定"，"苏联的办法把农民挖得很苦"，"过去我们一些人不清楚，人家的短处也去学"，"苏联和我们不同，一、沙皇俄国是帝国主义，二、后来又有了一个十月革命。所以许多苏联人很骄傲，尾巴翘得很高"。① 尽管毛泽东也看到斯大林模式存在的一些问题，并表示，中国应该走出一条比苏联更好的道路。但遗憾的是，毛泽东开始探索适合中国情况的社会主义建设道路时，并没有跳出或突破斯大林模式这个框框。正是这个原因导致了"文化大革命"。邓小平在中共八大上作的《关于修改党的章程的报告》中明确地认为，把斯大林神化是社会主义政治体制的反面教训。他指出："同过去剥削阶级的领袖相反，工人阶级政党的领袖，不是在群众之上，而是在群众之中，不是在党之上，而是在党之中。""苏联共产党第二十次代表大会的一个重要的功绩，就是告诉我们，把个人神化会造成多么严重的恶果。"② 邓小平后来指出，中共八大时期对苏联在建设社会主义方面存在的问题所做的重要探索，被后来不断进行的"左"的政治运动与思潮冲淹了。

　　邓小平重返政治舞台后，在总结中国社会主义历史特别是"文化大革命"教训的基础上，根据斯大林模式提供的教训，不断地批判斯大林模式的社会主义。1977 年 9 月 29 日邓小平说："过去，我们很多方面学苏联，是吃了亏的。"③ 1978 年 9 月 15 日邓小平说："从总的状况来说，我们国家的体制，包括机构体制等，基本上是从苏联来的，人浮于事，机构重叠，官僚主义发展。文化大革命以前就这样。办一件事，人多了，转圈子。有好多体制问题要重新考虑。总的说来，我们的体制不适应现代化，上层建筑不适应新的要求。"④ 9 月 16 日又说："多少年来，就是文化大革命以前，我们的脑筋开动得也不够，这些年来思想僵化了。企业管理，过去是

① 《毛泽东著作选读》下册，人民出版社，1986，第 720~744 页。
② 《邓小平文选》第 1 卷，人民出版社，1994，第 234~235 页。
③ 《邓小平年谱》，中央文献出版社，2004，第 210 页。
④ 《邓小平年谱》，第 376 页。

苏联那一套，没有跳出那个圈子。"① 邓小平在 1982 年党的十二大开幕词中提出："把马克思主义的普遍真理同我国的具体实际结合起来，走自己的路，建设有中国特色的社会主义，这就是我们总结长期历史经验得出的基本结论。"② 他还讲："坦率地说，我们过去照搬苏联搞社会主义的模式，带来很多问题。我们早就发现了，但没有解决好。我们现在要解决好这个问题，我们要建设的是具有中国自己特色的社会主义。"③ 邓小平总结我国发展经历时说："中华人民共和国成立三十五年多，走的路是比较曲折的。因为我们干的是一件新的事情，叫建设社会主义。这个社会主义比我们搞得早的有苏联，还有东欧。我们开始的时候搬它们的，看来它们的东西也并不那么成熟。"④ 邓小平谈到苏联模式时指出："社会主义究竟是个什么样子，苏联搞了很多年，也并没有完全搞清楚。可能列宁的思路比较好，搞了新经济政策，但是后来苏联的模式僵化了。"⑤ 这里讲的"模式僵化"了，指的是在斯大林宣布 1936 年苏联建成社会主义之后，他就把在 20、30 年代搞社会主义的一套做法，如超高速工业化道路、农业全盘集体化、建立单一的公有制经济结构、高度集中的指令性计划经济体制、把市场经济与资本主义划等号、对外贸易的国家垄断制等，都视为所有社会主义国家必须遵守的"共同规律"和识别真假社会主义的主要准则。1952 年，在斯大林亲自指导下苏联社会主义建设经验作为"共同规律"写进《政治经济学教科书》，并规定，这不仅是苏联人，而且是全世界共产党人"必读的教科书"。笔者算了一下，到 1952 年写《政治经济学教科书》时，除去战争年份，真正从事社会主义建设的时间为 27 年（新经济政策时期 8 年，战前 1929～1940 年 12 年，战后 1946～1952 年 7 年）。短短的 27 年就总结出社会主义必须遵守的"共同规律"和识别真假社会主义的主要准则，显得多么可笑。恩格斯在嘲笑那些自认为自己掌握了绝对真理的人时指出："整个人类历史（从摩擦生火到发明蒸汽机——笔者注）还多么年轻，硬说我们现在的观点具有某种绝对的意义，那是多么可笑。"⑥

---

① 《邓小平年谱》，中央文献出版社，第 378 页。
② 《邓小平文选》第 3 卷，人民出版社，1993，第 3 页。
③ 《邓小平文选》第 3 卷，第 261 页。
④ 《邓小平年谱》（下），中央文献出版社，2004，第 1049 页。
⑤ 《邓小平文选》第 3 卷，第 139 页。
⑥ 《马克思恩格斯选集》第 3 卷，人民出版社，1972，第 154 页。

正是以上的原因，中国的革命者决定从"走俄国人的路"转变为"走自己的路"，走中国特色的社会主义之路。

二 苏联不断丧失改革机遇，最终导致社会主义试验的失败

苏联剧变的根本性原因是，长期没有进行根本性改革的斯大林模式的社会主义制度以及体现这一模式的体制问题。斯大林模式的社会主义是在 20 世纪 20、30 年代特定历史条件下逐步形成后，不断巩固与发展的，二战后还推行到东欧各国。在相当一个历史时期，苏联利用高度集权的政治经济体制，保证了经济高速发展。在第三个五年计划结束时，苏联由一个落后的农业国基本上成为一个强大的工业国，战胜了法西斯德国。就是说，高度集权的体制模式在一定时期推动了经济发展，但同时也积聚了很多问题。随着历史的发展，高度集权的体制模式的弊端也在发展，矛盾越来越突出，越来越阻碍社会经济的发展，离科学社会主义越来越远。所以，这使我们认识到，正在实践中的社会主义必须通过改革加以完善，使其符合社会发展规律。同时，对高度集权的体制模式的种种弊端也必须通过改革才能克服。这些都说明，只有不失时机的改革才能避免苏联的剧变。而苏联却一次又一次地丧失机遇，最后积重难返，走向崩溃。

斯大林模式的失败，并不意味科学社会主义的失败。正如胡绳同志指出的，"苏东社会主义的崩溃……只是社会主义的一种特定模式即斯大林模式的失败"。① 斯大林模式不能与时俱进地进行根本性改革，体制日益僵化，成为社会经济发展的主要障碍。对此，胡绳同志指出："20 世纪的历史经验，并不证明社会主义制度已经灭亡，但的确证明社会主义制度必须改革。在 20 世纪大部分时间通行的社会主义模式并不是唯一可能的模式，随着世纪的更替，新的模式正在促成社会主义的更生。"② 问题是苏联一次又一次地丧失改革机遇，问题日积月累，最后积重难返，最终导致社会主义试验的失败。

① 《胡绳全书》第 3 卷（上），人民出版社，1998，第 275 页。
② 《中共党史研究》2004 年第 1 期。

第一次错失改革良机是中止执行"新经济政策"。1921年初列宁在总结军事共产主义时期经验教训的基础上，在3月召开的俄共（布）第十次代表大会上通过了由军事共产主义过渡到"新经济政策"的决议。由于列宁于1924年1月21日逝世，因此实践他提出的"新经济政策"时间很短，"新经济政策"的一些主要思想也没有得到全党的普遍认同。到1928年斯大林利用粮食收购危机，宣布中止执行"新经济政策"，这样按照"新经济政策"建设社会主义、建立经济体制的可能性被排除了。也就是说，又回到了"军事共产主义"向社会主义"直接过渡"的方式上来了。符合当时苏联社会经济状况的"新经济政策"只执行了8年即被中止，意味着苏联历史上第一次重大变革也就停止了。

第二次错失改革良机是在第二次世界大战后到斯大林逝世前。这是一个极好的改革时机。战争胜利后，人们强烈地希望能有一个和平、稳定的环境，重建国家经济与家园，尽快地提高物质文化生活水平。人们意识到，实现这种愿望就不能简单地再回到战前的状况，必须在对战前的各种政策进行深刻反思与认真总结的基础上，根据战后出现的新情况和新形势，对社会主义发展方向、目标与实行的政策等进行重大调整。这必然涉及包括经济体制在内的斯大林模式的改革。实际上在战前最后阶段确立的斯大林经济体制模式，其严重弊端在这一体制形成过程中就已明显地暴露出来了。战前，苏联的经济问题与人民生活的困难已非常明显。战争的严重破坏，使问题发展到极其尖锐的程度。在战争时期这些困难暂时被掩盖起来了，但战争结束后，这些问题自然就会很快凸显出来。

从改革的客观条件看，当时开始出现了和平发展的机会。东欧与亚洲出现了一批社会主义国家，苏联不再是被资本主义包围的孤岛。另外，取得战争胜利的苏联，在国际上的地位大大提高，空前巩固。苏维埃政权在战争时期产生的凝聚力尚未消失。斯大林的个人威信因战争的胜利也空前提高。再说，当时苏联国内也出现了要求改革的思潮，如当时任联共（布）中央政治局委员、苏联部长会议副主席的沃兹涅辛斯基就提出在经济领域要充分利用商品货币关系。如果斯大林能正确对待这个情况，利用这个有利条件，以战争胜利为契机进行改革，那么，苏联就会出现崭新的局面。

但遗憾的是，斯大林不仅不思改革，而且继续强化战前的体制。斯大林在战后仍坚持原来的体制，并不断强化，其原因是斯大林把战争的胜利主要归结为苏维埃社会制度的优越性。他在 1946 年 2 月 9 日《在莫斯科市斯大林选区选举前的选民大会上的演说》中指出："苏维埃社会制度比非苏维埃社会制度更有生命力，更稳固，苏维埃社会制度是比任何一种非苏维埃社会制度更优越的社会组织形式。"① 斯大林在这个演说中，还特别强调工业化与农业集体化重要作用。为什么在工业化与集体化早已完成的情况下，到了 1946 年斯大林还要讲这么一通话，十分明显，目的有二：一是通过战争的胜利，证明他搞的工业化与集体化是完全正确、不可怀疑的；二是通过工业化与集体化形成的经济体制模式是十分有效的，因此也是不能改变的。从而，在战后苏联排除了对高度集中的、指令性计划经济体制与高度集权的政治体制改革的可能性，丧失了改革时机，并且使体制更加僵化与凝固。另外，从斯大林思想深处来看，战后他并没有离开战备的政策。在二战尚未结束的 1945 年 4 月，铁托率领南斯拉夫政府代表团访问莫斯科时，斯大林在其别墅宴请代表团中的共产党人时讲："如果斯拉夫人团结一致，那么将来谁也不敢碰他们一下。对，连碰一下也不敢！""所以斯拉夫人应该团结起来。"他还接着说："战争结束了，再过 15~20 年，我们也会恢复起来，然后再打仗！"②

战备经济必然要求经济体制的高度集中化，把物力、财力和人力集中用于军事部门。在这种情况下，斯大林为了保证军事工业的优先发展，与美国进行军备竞赛，不可能改革高度集中的政治与经济体制，而是实行强化这种体制的政策。

第三次错失改革良机是只是与斯大林而不与斯大林模式告别的赫鲁晓夫时期改革。作为苏联历史上第一个改革者的赫鲁晓夫，在对斯大林过度集中体制弊端有所认识的基础上，在批判斯大林个人崇拜开始解冻后，下决心在各个领域进行改革，这对苏联产生了深刻的影响。

有关评论赫鲁晓夫的论著卷帙浩繁，众说纷纭，莫衷一是。但笔者认为，不论是赞誉还是诋毁，有一条是不能否认的：赫鲁晓夫顶住了巨大的压力勇敢地站出来揭露斯大林，破除了个人迷信，成为苏联第一个改革者，使苏联历史翻开了新的一页，活跃了气氛，振奋了人心，在苏联历史

---

① 《斯大林选集》下卷，人民出版社，1979，第 492 页。
② 〔南斯拉夫〕米·杰拉斯：《同斯大林的谈话》，吉林人民出版社，1983，第 89 页。

上留下了谁也不能抹杀的深深的印痕。美国前总统尼克松的一段话是有道理的。他说："在第二次世界大战以后的年代里，没有一位世界领袖人物的成败能像赫鲁晓夫的成败如此急剧地和决定性地改变历史的进程。"① 这就是为什么笔者在论述赫鲁晓夫时期改革的意义时，首先是从他的改革对改变苏联历史进程的影响这个大视角来考察的。苏联不少学者也指出，当时赫鲁晓夫的改革，是符合社会发展已经成熟的需要的，改革在当时官僚化的苏联引起了一场"地震"，在国内和国际关系方面都产生了"良好的变化"。

但是，赫鲁晓夫时期的改革未获得成功，其原因是多种多样的。涉及的问题很多，这可以从多方面去分析。

一是由于赫鲁晓夫反斯大林的局限性。不认识这一点，就难以对赫鲁晓夫时期改革出现的种种问题有个深刻的理解。现在人们对赫鲁晓夫在苏共二十大反斯大林已有一个共识，即"赫鲁晓夫揭露的、批判的并力图战而胜之的是斯大林，而不是斯大林主义。也许，他真诚地相信，整个问题也就是这样，只要揭露斯大林，他就解决了使社会从过去的极权主义桎梏中解放出来的全部问题"。② 赫鲁晓夫并不理解，揭露斯大林仅是走上革新社会道路的第一步，更重要的是对斯大林模式，必须在经济、政治、社会精神生活等方面进行根本性的重大改革。

赫鲁晓夫对斯大林问题的认识之所以存在严重的局限性，与赫鲁晓夫是斯大林时代的产儿，是斯大林体制形成与发展时期的产儿有关。正如阿尔巴托夫说的，赫鲁晓夫的"主要问题在于他本人就是那个时代的产物，斯大林主义的产物"。因此，要靠他来"清除斯大林主义遗产方面做更多的事，他多半是根本做不到的"。这样，"在政治上他变成了'在原地跑步'"。③ 因此，就产生了赫鲁晓夫这位"非同寻常的、带有悲剧性的双重意识的矛盾人物。他在苏共二十大所做的关于揭露斯大林镇压的报告，这是在政治上走出的出色的一步，它在很多方面决定了斯大林去世后的过渡时期事态发展方向。他想要同斯大林主义分手，但不是同这种制度分手。他虽同这种制度的创造者决裂，可是他崇拜由这位创始者所创造的世界。

① 〔美〕尼克松：《领袖们》，刘湖译，知识出版社，1984，第230页。
② 〔俄〕格·阿·阿尔巴托夫：《苏联政治内幕：知情者的见证》，徐葵等译，新华出版社，1998，第139页。
③ 〔俄〕格·阿·阿尔巴托夫：《苏联政治内幕：知情者的见证》，徐葵等译，第141页。

这种矛盾无法解决，但他不懂得这个道理"。①

二是与上述因素相联系，赫鲁晓夫时期的改革，从来没有离开斯大林体制模式的大框架。他在改革过程中，往往是一只脚向民主迈进，另一只脚却陷入教条主义和主观主义的泥潭。

由于赫鲁晓夫的个人经历，他在反斯大林过程中，也能感悟到战后新时代将会到来，但又无力自觉地把握住战后时代转换的重要契机，深刻地转变斯大林留下的不能再继续推进社会经济进步的体制。很明显，他只能是个过渡性人物，而不是能担当推进苏联社会大步前进、改变旧体制的代表新生力量的人物。

三是经济体制改革本身存在一系列问题。从改革思路来讲，为了克服传统体制的弊病，在改革开始阶段，应把中心放在改革经济机制和调整经济关系上，即要调整好国家与企业的关系，扩权让利，重视商品货币关系与经济杠杆的作用，而 1957 年的工业和建筑业大改组把中心放在调整经济管理组织形式上，只是把经济管理的重心由中央转到地方，管理机构从条条搬到块块，即只是在条条与块块、中央与地方的关系方面兜圈子。由于上述原因，大改组的结果，只是从一种行政手段转为另一种行政手段，即从中央的行政指令方法转向地方的行政指令方法。

改革失败导致苏联国内出现了严重的社会经济问题，这是赫鲁晓夫下台的真正原因。

第四次错失改革良机是以停滞与悄悄重新斯大林化为特征的勃列日涅夫时期改革。长期以来，勃列日涅夫时期给人们的表象是稳定。一些人认为，勃列日涅夫时期的改革是苏联历史上最为稳妥的改革。而人们没有看到，这种稳定在勃列日涅夫执政的相当一个时期里却意味着停滞。勃列日涅夫提出"稳定"的口号，实际上是静止不动。正是这个原因，人们也就忽略了这种稳定所掩盖的在当时苏联社会日益发展着的种种矛盾。

勃列日涅夫执政时期的第一个五年计划（1966~1970 年）经济情况较好，社会总产值比上个五年计划增长 7.4%（1961~1965 年增长 6.5%）。这一时期，勃列日涅夫对改革持积极态度，力图通过改革扭转经济下滑趋

---

① 〔俄〕亚·尼·雅科夫列夫：《一杯苦酒：俄罗斯的布尔什维主义和改革运动》，徐葵等译，新华出版社，1999，第 202~203 页。

势。也是在这一时期，勃列日涅夫也站稳了脚跟。但从 70 年代上半期开始，保守、僵化与停止改革的趋势日益明显，后来实际上取消了改革。在1971 年的苏共二十四大后，就不准用"改革"一词了，而改用"完善"一词。俄罗斯学者说得好，这一改变是向"停滞"过渡的标志。

经济体制的改革要求进行相应的政治体制改革。勃列日涅夫时期进行经济体制改革的过程中，不仅没有触动政治体制，反而出现了不少倒退，这突出表现在以下几个方面。

一是恢复并逐步加强党政集中领导体制。突出表现在：党政不分，以党代政进一步发展；个人集权加强，独断专行现象严重。

二是个人崇拜盛行。个人集权、缺乏民主必然产生个人崇拜。随着勃列日涅夫个人权力的膨胀，个人崇拜也泛滥起来。

三是干部领导职务终身制等体制的弊端日益严重。

四是"特权阶层"扩大化、稳定化和思想僵化。斯大林时期与勃列日涅夫时期特权阶层的使命是不同的。斯大林时期的"特权阶层"主要使命是维护、巩固斯大林的体制模式，而勃列日涅夫时期，"特权阶层"的主要使命是抵制各种实质性的改革，维护现状，使斯大林式的社会主义更加"成熟"。这也是使这个时期体制改革停滞不前的一个重要因素。

政治体制倒退产生的严重后果，除了成为改革的主要障碍外，更为严重的问题是悄悄地重新斯大林化。勃列日涅夫为重新斯大林主义化，主要通过一些行政措施对站在反斯大林主义立场上的人施加压力，但又不采取或很少采取极端的手段，如逮捕判刑等。"一般的做法是革职，给予严厉的党纪处分，直至开除党籍，以及用越来越巧妙的手段搞臭和迫害持不同政见者，包括公开诋毁中伤他们，送入精神病医院，乃至驱逐出境，剥夺苏联国籍等等。"[1] 坦率地讲，笔者赞成这样的说法："断言我们似乎告别了斯大林主义，此话说早了，太早了。"[2]

第五次错失改革良机是为时已晚的戈尔巴乔夫时期的根本改革。勃列日涅夫之后，经过安德罗波夫与契尔年科短暂的执政，1985 年戈尔巴乔夫任苏共中央总书记，他执政 7 年。戈尔巴乔夫上台最初采取的一个行动是，

---

[1] 〔俄〕格·阿·阿尔巴托夫：《苏联政治内幕：知情者的见证》，徐葵等译，第 191 页。
[2] 〔俄〕亚·尼·雅科夫列夫：《一杯苦酒：俄罗斯的布尔什维主义和改革运动》，徐葵等译，第 323 页。

组织主要部门、研究机构与著名学者，对 20 世纪 80 年代苏联社会经济状况进行调研并作出详细分析。在此基础上，戈尔巴乔夫作出苏联必须进行根本性改革的决定。这个调研材料，也是后来戈尔巴乔夫撰写《改革与新思维》一书的重要素材。戈尔巴乔夫把解决人的问题作为改革的指导思想，强调不能把人视为党和国家机器的"螺丝钉"，而是应该让人成为主人，能与生产资料相结合。从国家与企业的关系来看，戈尔巴乔夫认为，应该从经济的基本环节——企业着手，根本改造经济机制，目的是解决企业内在动力不足的问题，发挥其生产经营的积极性，其总目标是使企业成为真正的商品生产者。但在戈尔巴乔夫时期，苏联的改革遇到了很大阻力，阻碍机制的作用已非常强大，1988 年之前的经济体制改革未能取得实质性进展，往往处于空转状态，主要阻力来自政治体制。在此背景下，1988 年 6 月召开苏共第十九次代表会议，着手政治体制改革，其目的是为了进一步推进经济体制改革。在戈尔巴乔夫的报告中，专门有一个题目叫"始终如一地实行根本的经济改革"。在这次会议上，他把社会主义新形象最后归结为是一种民主的和人道的社会主义，这是第一次提出"民主的、人道的社会主义"概念。到了后期，戈尔巴乔夫的经济改革成了政治斗争的"人质"，最终亦以失败告终，从而加速了苏联剧变的进程。

戈尔巴乔夫时期的改革是苏联历史上最后一次改革。由于以往历次改革都是局部性的改革，只是对传统体制进行修修补补，因此积累了大量的问题，可以说已是积重难返。到了这个时期，来自政治体制方面的阻碍机制作用越来越大，可以说，戈尔巴乔夫力图进行根本性的改革已十分困难了。正如资中筠同志主编的《冷眼向洋》一书中说的，"70~80 年代，苏联体制病入膏肓"，"待到 80 年代中期，一代新人戈尔巴乔夫的崛起……已然为时晚矣"，"当这久病不愈的机体已经溃败，而手术台边又缺少这么几位高明的医师时，一场毫无把握的手术的结果，就是把病人送进太平间"。①

三　坚持不断深化改革，是今天中国纪念十月革命 100 周年最具重要意义的事

以上简要地论述了从 1917 年十月革命到 1991 年底的 74 年间，苏联由

---

① 转引自《同舟共进》2007 年第 11 期。

于不断丧失改革机遇，最终发生剧变。所以，笔者认为，当今中国纪念十月革命 100 周年之际具有头等意义的事是不断深化改革。

（一）历史证明社会主义必须坚持不断地改革才能发展，不改革只能是死路一条

这句话，对我们大多数国人来说是十分熟悉的，但结合斯大林模式在苏联的实际，再考虑到我国正处在深化改革的重要历史时期，我们再来领悟这句话，可能会有更深刻的体会。

为什么社会主义必须进行不断地改革，笔者认为有以下两个重要原因。

第一，社会主义至今尚在实践中，社会主义并未成型。中国经过对社会主义建设历史的总结，明确提出中国处于社会主义初级阶段的科学论断。邓小平在谈到建设初级阶段的社会主义时特别强调：“我们现在所干的事业是一项新事业，马克思没有讲过，我们的前人没有做过，其他社会主义国家也没有干过，所以，没有现成的经验可学。我们只能在干中学，在实践中摸索。”① 社会主义初级阶段至少需要 100 年的时间。至于巩固与发展社会主义制度，那需要更长的时间，需要几代人、十几代人甚至几十代人坚持不懈的努力奋斗。这说明，中国远未建成社会主义，而处于社会主义的初级阶段。这说明，社会主义远未定型，只是在实践过程中不断地探索，在此过程中使社会主义日益完善、成型。在实践与探索过程中，必然要根据变化了的客观情况进行改革。关于这一点，恩格斯曾说过：“所谓‘社会主义’社会不是一种一成不变的东西，而应当和任何其他社会制度一样，把它看成是经常变化和改革的社会。”② 小平同志也明确指出：“社会主义基本制度确立以后，还要从根本上改变束缚生产力发展的经济体制，建立起充满生机和活力的社会主义经济体制，促进生产力的发展，这是改革”，③ “要发展生产力，经济体制改革是必由之路”。④ 不改革死路一条。改革是革命，是一个不断进行的革命，也就是说，只有通过不断的改革才能适应生产力发展的需要。邓小平还指出：“只有对这些弊端进行

① 《邓小平文选》第 3 卷，第 258~259 页。
② 《马克思恩格斯全集》第 37 卷，人民出版社，1971，第 443 页。
③ 《邓小平文选》第 3 卷，第 370 页。
④ 《邓小平文选》第 3 卷，第 138 页。

有计划、有步骤而又坚决彻底的改革，人民才会信任我们的领导，才会信任党和社会主义。"① 习近平谈到改革重要性时指出，"改革开放是一项长期的、艰巨的、繁重的事业，必须一代又一代人接力干下去"，强调"改革开放只有进行时没有完成时"。②

第二，正如本文在前面论述的，不断丧失改革机遇与改革失误导致斯大林模式的社会主义试验失败，这个教训是十分深刻的。不论从社会主义存在的客观条件来讲，还是从苏联改革的实践来看，都说明，社会主义社会必须进行改革。1991 年底苏联发生剧变的历史事实，亦明确无误地证明，不改革是死路一条。40 年来，中国的改革取得了举世瞩目的成就，与此同时亦出现不少问题，而问题的解决首先要弄清问题产生的原因，是改革过了头还是改革不到位，是在总结改革经验教训基础上进行反思还是否定改革。其次，要在弄清产生问题原因基础上，在各个领域深化改革，决不能走"回头路"。苏联解体后的 20 天，即 1992 年 1 月 17 日，88 岁高龄的邓小平赴南方视察。在笔者看来这次南方之行的背景有二：一是国内改革受阻，姓"资"姓"社"的争论不休；二是苏联垮台，使邓小平产生了加快改革的紧迫感。他十分清楚，苏联垮台的根本原因是斯大林—苏联模式的社会主义制度弊病太多，失去了动力机制，已走入死胡同。历史唯物主义的一个基本观点是，社会变迁的原因应该从社会经济与政治制度中去寻找。苏联剧变的根本原因亦应从制度中去找，而不能简单地归结为某些领袖人物。邓小平的南方讲话一再强调，中国要发展，办法只有一条，那就是改革开放。

（二）在改革经济体制的同时必须进行政治体制改革

苏联历次改革难以取得实质性进展的一个重要的原因是，不进行政治体制改革，有时还出现了倒退，如在勃列日涅夫时期。这个时期，政治体制倒退的一个重要原因是，不仅不把赫鲁晓夫反斯大林个人崇拜深入进行下去，即进一步揭示斯大林模式的严重弊端，而是通过各种方式悄悄地重新斯大林主义化，其主要目的是维护斯大林模式。这样就不可能对导致苏联剧变的高度集权的斯大林模式进行改革，他没有顺应历史发展潮流前

① 《邓小平文选》第 2 卷，人民出版社，1994，第 333 页。
② 《习近平谈治国理政》，外文出版社，2014，第 67、69 页。

进，结果是严重阻滞了苏联的发展。总结这一历史事实，笔者认为，应该认真严肃地考虑以下两个问题。

第一，中国的改革就是要"去苏联化"。人们普遍认识到，中国特色首先是不要苏联特色，摒弃斯大林模式的社会主义。应该说，经过 40 年的改革，我们在去苏联化方面已取得很大进展。

第二，要正确认识改革开放前中国政治体制的特点。我国在取得革命胜利后，在政治体制建设方面基本上搬用了斯大林模式，是一种高度集权的体制。邓小平同志在谈到党和国家领导制度方面的种种弊端问题时指出，"多少都带有封建主义色彩"。在中国，家长制作风有其非常悠久的历史，"陈独秀、王明、张国焘等人都是搞家长制的"。"一九五九年'反右倾'以来，党和国家民主生活逐渐不正常，一言堂、个人决定重大问题、个人崇拜、个人凌驾于组织之上一类家长制现象，不断滋长。""不少地方和单位，都有家长式的人物，他们的权力不受限制，别人都要唯命是从，甚至形成对他们的人身依附关系。"①

实现党内民主是推行民主制度的关键。苏共作为执政党，党内民主制度在斯大林时期不断遭到破坏，最后变成个人集权制政党，没有人敢对斯大林说半个不字。赫鲁晓夫虽反对斯大林个人崇拜，但后来他亦搞个人崇拜。勃列日涅夫在站稳了脚跟、大权集中在自己手里之后，也同样搞起个人崇拜。从这里可以让人得出这样一个结论：高度集权体制是产生个人崇拜的制度性基础，而个人崇拜又是党内缺乏民主的伴随物。少数人乃至一个人说了算，作出重大决策，一旦出现问题又没有人敢于提出批评意见，这是党内缺乏民主常见的现象。在勃列日涅夫时期，重大问题往往在小圈子里决定，党内讨论问题往往流于形式，在这种情况下，苏联的民主政治无从谈起。

中国自实行改革开放政策以来，从上到下，从领导到一般群众，都赞成政治体制民主化的改革，都在说没有民主就没有社会主义，都认为民主是个好东西，但真正实行起来还是很难的。这方面的原因很多，但笔者认为党内民主没有很好地解决是个关键性的问题。

中共中央高层领导对政治体制改革也有着紧迫感与危机感。党的十六届四中全会强调指出："党的执政地位不是与生俱来的，也不是一劳永逸

---

① 《邓小平文选》第 2 卷，第 331 页。

的”，“今天拥有，不等于明天拥有；明天拥有，不等于永远拥有”。应该说，已把问题看得十分清楚了。在笔者看来，影响中国政治体制改革的主要原因有三。

第一，现今国内学术界有个共识，认为政治体制改革的主要阻力来自既得利益阶层，也有人称为既得利益集团或权贵阶层。这个阶层对权力与利益的分配有相当的决策权，至少有很大的影响力。有些文章认为，这个阶层由以下几部分人组成。一是部分垄断行业高层人员，利用他们对重要的公共资源的占用和支配权，把本应归社会共享的成果变成部门利益。他们根据自身需要不断调整规则，控制市场，左右价格，为坑民肥私行为披上合法外衣。二是少数党政机关领导干部，他们把自己掌握的公共权力市场化，寻租。对中央路线方针政策，有利于己的就执行，不利于己的就不执行，从拖延、推诿到偷梁换柱，企图使体制缺陷长期化，既得利益固定化。三是某些有背景的民营企业，利用权力优势破坏市场规则，谋取超额利润。这些人通过收买权力以获取资源优势，他们的行贿活动从经济领域进入政治领域。^① 有些学者认为，“这种强势的‘权贵’（资本）阶层，不但已经形成，而且似乎正在从‘自在阶段’向‘自为阶段’过渡或转化。反腐败斗争难以真正深入，政治体制改革难以有实质性进展，主要根源也就在此”。^② 根据以上的分析，中国要消除政治体制改革的阻力，最为重要的还是要从整体上加快政治体制民主化进程，只有这样才能解决公权力市场化的问题。

第二，“左”的教条主义。应该说，我国在改革过程中重视理论探讨，与时俱进。十六大报告指出：“实践基础上的理论创新是社会发展和变革的先导。”但这并不能说，中国在理论创新、活跃理论探讨方面有了很好的客观条件了，“左”的教条主义障碍消除了。至今还有些人动不动挥舞“资产阶级自由化”的帽子，把它当作压制别人的武器。“左派”们还把体制改革中出现的诸如“官僚资本主义”与用权力置换利益、经济垄断、腐败、分配不公等问题，一股脑儿全泼到自由市场经济的身上。但他们并没有认识到，出现上述问题恰恰是自由市场经济体制改革没有到位，即公民经济自由未得到保障与真正的市场主体尚未形成，垄断部门未市场化与法

---

① 参见黄苇町《深化改革要摆脱既得利益集团的掣肘》，《同舟共进》2010 年第 10 期。
② 王贵秀：《“既得利益阶层”与“利益受损阶层”》，《同舟共进》2010 年第 10 期。

制建设没有跟上所造成的。

当前我国围绕改革，反对"左"的教条主义，进行理论创新，笔者认为，应从以下四个方面着手。一是根据在改革与发展过程中出现的新问题、新情况，及时加以总结和研究，提出解决问题的新理论与答案。这对贯彻《中共中央关于加强党的执政能力建设的决定》中提出的要不断提高驾驭社会主义市场经济的能力，要坚持以人为本、全面协调可持续的科学发展观，更好地推动经济社会发展，具有极其重要的意义。应该用以人为本、科学发展这一重要思想来完善与构建新的社会主义模式。二是特别要重视当代科技的新发展，要充分估计到科技迅猛发展的年代，社会经济的变化往往超出人们的想象。在这种情况下，不革新理论，党的思想必然失去先进性，也就不可能准确地认识当今世界。三是在结合本国国情推行改革和构建新的体制模式时，应充分考虑与吸收原本就是全人类共同的文明成果，否则，同样会使党的思想、理论失去先进性。四是通过改革实现理论创新。改革要求用新的理论指导，同时，也只有通过改革消除理论创新的种种障碍。邓小平同志讲，改革开放是"决定中国命运的一招"，[1] 也可以说，改革是促进理论发展，使党始终具有先进思想的一招。不同观点的平等讨论，真正贯彻"双百"方针，言论自由是政治民主的一个重要内容，这也是创新理论的必要条件。英国思想家约翰·斯图尔特·密尔谈到言论自由是这样说的："迫使一个意见不能发表就是对整个人类的掠夺。因为，假如那意见是对的，就失去了一个以错误换真理的机会；假如意见是错的，也失去了从真理与错误的冲突中产生出来的、对于真理更加清楚的认识和更加生动的印象。"他还指出："在精神奴役的气氛中，从来没有而且也永远不会有智力活跃的人民。"[2] 说得多有哲理啊！

总之，在我国，不坚持不断地解放思想，不冲破传统观念，不抛弃"左"的教条，政治体制改革很难取得实质性进展。邓小平同志说得好："一个党，一个国家，一个民族，如果一切从本本出发，思想僵化，迷信盛行，那它就不能前进，它的生机就停止了，就要亡党亡国。"[3] 笔者认

---

[1]《邓小平文选》第3卷，第368页。
[2] 转引自《读书》2006年第11期。
[3]《邓小平文选》第2卷，第143页。

为，这句话应该永远是我们社会科学工作者特别是理论工作者从事研究工作的座右铭。

第三，不恰当地、过度地强调民主的特殊性而忽视共性，这是影响我国政治民主化进程的一个因素。笔者认为，民主首先是有共性的东西，人类社会的发展都在追求民主。如果对民主的共性与特殊性在理解上出现偏差，这样对推进民主共性改革产生困难。

（三）关于改革要坚持正确方向的问题

苏联长期把斯大林确立的一些社会主义理论视为经典，如果在改革过程中背离了这些"经典"理论，都被视为走资本主义道路。正是这个原因，决定了苏联长期来坚持批"市场社会主义"，坚持"一大二公三纯"的所有制结构与高度集权的政治体制，经济体制改革从来不以市场经济为取向，政治体制改革也从不朝民主化方向发展。

中国在 40 年的改革过程中，也从来没有停止过姓"资"姓"社"的争论。从中国改革理论的发展来看，邓小平并没有纠缠在姓"资"姓"社"问题上。他在 1992 年说："改革开放迈不开步子，不敢闯……要害是姓'资'还是姓'社'的问题。判断的标准，应该主要看是否有利于发展社会主义生产力，是否有利于增强社会主义国家的综合国力，是否有利于提高人民的生活水平。"① 中国经济改革的指导思想，从邓小平理论到"三个代表"重要思想，后来又提出科学发展观，以人为本、和谐发展，这些既符合马克思主义基本理论，亦反映了中国特色社会主义的重要内容。

笔者认为，所谓改革的正确方向，应该是指符合国际社会发展潮流，即人类历史发展过程中共同形成的文明成果。2012 年 11 月 14 日党的十八大通过的《中国共产党章程》提出，"要坚持对外开放的基本国策，吸收和借鉴人类社会创造的一切文明成果"。

从原来的社会主义国家来说，经济体制改革的方向应该是从传统的计划经济体制向市场经济体制过渡；而政治体制改革的方向应该是从高度集权的体制向民主制度过渡。这一改革大方向，已成为人们共识。

---

① 《邓小平年谱》（下），中央文献出版社，2004，第1342页。

（四）正确认识改革、发展与稳定三者之间的辩证关系

关于这个问题，勃列日涅夫执政 18 年的教训是特别值得我们吸取的。不少俄罗斯学者在分析勃列日涅夫时期出现全面停滞的原因时指出，它与一味地、片面地维持"稳定"有关。勃列日涅夫靠稳定来维持其领导地位，也用稳定来压制改革，从而导致社会经济发展的停滞。"勃列日涅夫的关键问题与他成功攫取国家最高政治地位的秘密完全一致。这个秘密就叫稳定。"[1] 笔者认为，这是勃列日涅夫执政时期给人们留下的一个极为重要的教训。这个时期，苏联最紧迫的任务是通过改革来推动经济的发展，从体制上解决一系列社会中存在的问题，缓解矛盾，达到社会稳定的目的。当然，改革的力度要根据当时社会承受的能力。但同时又应该清醒地认识到，任何改革都是权力在各阶层的一种调整，就会打破原来的平衡，从而也可能出现不同程度的社会波动，之后出现新的平衡。如果只是求稳怕乱，不敢冒一点风险，最后只能是问题越来越多，积重难返，走向停滞。对此，邓小平同志就讲过："强调稳定是对的，但强调得过分，就可能丧失时机。可能我们经济发展规律还是波浪式前进……稳这个字是需要的，但并不能解决一切问题。根本的一条是改革开放不能丢，坚持改革开放才能抓住时机上台阶。"[2] 对此习近平也指出："稳定是改革发展的前提，必须坚持改革发展稳定的统一。只有社会稳定，改革发展才能不断推进；只有改革发展不断推进，社会稳定才能具有坚实基础。"[3] 就当今的我国来说，解决在改革中出现的如腐败、贫富差距拉大、垄断等问题，也只能通过改革特别是政治体制改革来解决。政治体制改革阻滞与片面理解"稳定压倒一切"有关。有些人一提政治体制改革就认为会出现社会动荡。实际上，稳定不可能压倒一切，稳定也不应该以放弃改革而导致社会经济停滞为代价。邓小平还不止一次地讲经济体制改革、经济建设"压倒一切"。1985 年 6 月 29 日邓小平会见阿尔及利亚民族解放阵线领导人穆罕默德·谢里夫·迈萨迪亚时说："进行全面的经济体制改革需要有勇气，胆子要

---

[1] 〔俄〕亚·维·菲利波夫：《俄罗斯现代史》，吴恩远等译，中国社会科学出版社，2009，第 230 页。

[2] 《邓小平年谱》（下），第 1331 页。

[3] 《习近平谈治国理政》，第 68 页。

大，步子要稳。这是我们党和国家当前压倒一切的最艰巨的任务。"① 1985年 10 月 23 日邓小平会见美国时代公司组织的高级企业家代表团时说："总之，我国当前压倒一切的任务就是一心一意地搞四化建设。"②

我们要特别警惕勃列日涅夫时期以政治体制改革停滞乃至倒退为代价换取社会短暂的与积聚大量矛盾与问题的稳定，最后为苏联衰亡创造条件，这个惨痛的教训值得总结与吸取。

① 《邓小平年谱》（下），第1056 页。
② 《邓小平年谱》（下），第1091 页。

十月革命对 20 世纪世界历史的影响

余伟民 *

【内容摘要】 对十月革命的世界历史意义的认识应建立在客观历史的根据之上，而不是一种先验的理论设定或当事者主观理念的论证。十月革命在很大程度上改变了部分国家和地区的发展模式和发展路径，并因此塑造了 20 世纪特殊的世界格局形态，其世界历史意义主要表现为三个方面：突破早期资本主义世界体系，开创社会主义现代化的苏联模式；通过共产国际的"东方革命战略"，改变部分东方国家民族解放运动的路径和方向；随着二战后苏联的崛起和势力范围建构，形成"两个世界"对抗的冷战格局。

【关键词】 十月革命　20 世纪　世界历史意义

一百年前发生的俄国十月革命对 20 世纪的世界历史运动产生了绵延至今的重大影响。在关于十月革命世界历史意义的讨论中，需要区分基于马克思主义经典作家对人类社会历史形态演进的理论而设定的"世界革命"观点和基于 20 世纪世界历史运动的客观进程而对"世界革命"实践经验的总结。

理论设定的"世界革命"是人类社会形态发生质的飞跃的概念，其具体内涵是指资本主义生产方式被扬弃、物质资料生产支配人类生活的"必然王国"被超越、全人类进入后国家的"自由人联合体"时代的到来。简而言之，"世界革命"所开辟的应当是世界历史意义上的后资本主义时代，

---

* 余伟民，华东师范大学历史学系教授。

在人类社会形态演进的历史序列中，这是一个无论在物质生产力水平上还是在人的精神文明水准上均达到理想高度的新型社会。而且，这场世界革命必然是"世界历史"的整体性运动，作为启动革命的力量应当是"最先进的民族"。① "世界革命"的理论逻辑在马克思主义创始人那里被严格地奠基于唯物史观的基本原理，尽管他们热切地期望世界革命的到来，但他们始终坚持世界革命的前提条件，因为"无论哪一个社会形态，在它们所能容纳的全部生产力发挥出来以前，是决不会灭亡的；而新的更高的生产关系，在它存在的物质条件在旧社会的胎胞里成熟以前，是决不会出现的"。② 恩格斯晚年曾经对 19 世纪末的"世界革命"形势做过分析，他认为，由于现代大工业只是到 19 世纪中叶刚刚在欧洲大陆得以"确立"，因此，"资本主义还具有很大的扩展能力"，即使在欧洲这个世界最先进的区域，"还远没有成熟到可以铲除资本主义生产方式的程度"。③ 这一立足实际的判断对于我们分析 20 世纪"世界革命"的客观条件具有十分重要的启示意义。

以此观之，20 世纪人类社会的发展水平距离理论设定的"世界革命"前提条件仍然相当遥远。即使以 20 世纪后期最先进的发达国家为标尺，它们也远没有可能超越以资本的运行和增殖为发展动力、以市场经济为资源配置的基本手段、由物质资料生产的"必然王国"和生存竞争法则支配人们行为和生活方式的现代资本主义工业社会形态。至于大多数相对落后的发展中国家，实现工业化和现代化、赶超先进的发达国家至今仍然是社会发展的首要目标。20 世纪的国际社会继续以民族国家为行为主体，"世界历史"的整体性运动在经济层面虽有很大的拓展，但在政治层面仍然相当滞后，人类的相互依存程度因资本运动的全球化而不断提高，但资本运动造成的利益分化却加剧了民族国家间的矛盾和冲突。可见，当 20 世纪走完其百年历程时，人类社会并没有按照理论的"世界革命"发生社会形态质的飞跃，马克思主义创始人提出的"世界革命"理论逻辑仍然是一个有待实践验证的设定。如果我们尊重 20 世纪客观历史运动提供的经验事实，那么就不能拘泥于理论设定的"世界革命"逻辑来论证发生在 20 世纪初的

---

① 《马克思恩格斯选集》第 2 卷，人民出版社，1972，第 75 页。
② 《马克思恩格斯选集》第 2 卷，第 83 页。
③ 《马克思恩格斯全集》第 22 卷，人民出版社，1965，第 591~603 页。

十月革命的世界历史意义，而是应该转换视角，从十月革命对 20 世纪世界历史进程发挥的实际影响着眼，理解十月革命所具有的客观的世界历史意义。

当我们将十月革命放置在 20 世纪世界历史进程中加以考察时，这场革命对 20 世纪世界格局变化的巨大影响就会凸现出来。十月革命，因其带有强烈的将社会主义付诸实践的理想主义目标而对 20 世纪具体的历史进程产生了重要的导向作用，这在很大程度上改变了部分国家和地区的发展模式和发展路径，并因此塑造了 20 世纪特殊的世界格局形态。如果说，由于十月革命的发动者曾经以"世界革命"为自己的旗帜，并且在这面旗帜下确实形成了一场影响世界的革命运动，那么，尽管这场革命运动并非理论设定的"世界革命"，但在改变世界格局的意义上也可以称其为"世界革命"。问题在于，必须区别人类社会形态整体性变革意义上的"世界革命"与现代化发展模式替代及世界格局变动意义上的"世界革命"。

具体而言，十月革命对 20 世纪世界历史的影响主要表现在以下三个方面。

一 突破早期资本主义世界体系，开创
社会主义现代化的苏联模式

整体性世界历史的发生、发展与资本主义世界体系（首先是经济体系）的建构表现为同一个过程，这一过程约从 500 年前即已开始。但是，在 16~19 世纪早期现代化进程中所形成的世界体系的初级形态存在严重的结构性矛盾。那些率先走上现代化道路的欧美国家通过殖民主义和帝国主义方式向全球扩张，建立起"欧洲中心"的世界体系。这一体系在进入 20 世纪后因内外矛盾的激化而发生剧烈动荡和裂变。以战争与革命为基本特征的 20 世纪上半叶的历史进程也就是资本主义世界体系初级形态的解构过程，在这个过程中俄国十月革命发挥了重要影响。

早期世界体系的裂变开端于第一次世界大战，这场战争也是 1917 年俄国革命的直接动因。如果俄国革命结束于沙皇制度崩溃的二月革命，战败重建的俄国将由于专制统治的覆灭和西式民主制度的建立而更快地融入资本主义世界体系并继续其 1861 年改革后逐步推进的资本主义现代化。如此则世界体系的变化将主要表现为资本主义列强在"中心"位置上的权力重

组，反体系的革命力量将难以在 20 世纪初即获得释放，世界体系的裂变在表现形式上和时间进度上亦可能是另一种情景。十月革命的发生改变了俄国社会的发展路径，同时也改变了世界体系裂变的向度和进程。布尔什维克党领导的苏维埃政权在制度建构上将自己与资本主义世界分离开来，开创了"建设社会主义国家"的实践。尽管在 20 世纪上半叶社会主义实践还只是局限在一国范围内，但其影响已经通过与各种反资本主义力量的联结逐步扩散到全世界，成为解构资本主义世界体系的主导因素。因此，在第一次世界大战后，早期资本主义世界体系因为在俄国被打开了一个大缺口而不可能再恢复原型的稳定状态，同时，因为有了外在的挑战者而进一步加剧了内在的矛盾（阶级矛盾和民族矛盾），并最终导致第二次世界大战及遍及全球的民族解放运动。

以 1917 年俄国十月革命为起点、以苏联模式为代表的 20 世纪社会主义运动表达了人类社会试图克服资本主义生产方式的基本矛盾、选择非资本主义现代化道路的合理诉求。此种"替代性选择"的理论论证来自马克思对资本主义"现代性"的批判和共产主义理想，其社会基础则来自下层民众和被压迫民族对早期资本主义阶段阶级矛盾、民族矛盾的反应和对理想社会的向往。这是人类第一次试图按理论认识中的"历史规律"改变自然历史进程的努力，其中蕴含的理想主义曾发挥了强大感召力，尤其在资本主义经济危机严重时期以及阶级矛盾和民族矛盾尖锐的落后国家，得到了广泛的认同。

十月革命的发动者列宁和布尔什维克党曾将其主观动机设定为"引爆"西方世界的无产阶级革命，如列宁所说，"我们苏维埃社会主义共和国将作为国际社会主义的火炬……俄国人开始了，德国人、法国人、英国人将去完成"。[①] 领导俄国革命的列宁和布尔什维克党直至 1917 年革命发生也不认为自己是世界革命的引领者。列宁在说服党内同志抓住革命机遇、夺取政权时，曾反复申明，落后的俄国作为帝国主义链条中的"薄弱环节"可以率先突破，但世界革命的前途必须由先进的西方国家引导。所以，在俄国十月革命当时，布尔什维克党只是获得了夺取政权的历史机遇，新制度的建构尚待世界革命的成功。然而，在俄国苏维埃政权建立后，世界革命却并未如期而至，这一局面是新政权面临的第一次合法性危

①《列宁选集》第 3 卷，人民出版社，1972，第 434~435 页。

机。列宁必须向党内同志和社会民众说明，在这种形势下落后的俄国是否还具有实现"替代性选择"历史使命的条件，这也就是列宁晚年理论工作的重点所在。为了论证俄国革命的社会主义性质，他将历史合法性（即历史运动发生的客观根据）的基石从马克思的理论转移至布尔什维克党实际掌握的政权，并将世界革命的重心转向东方，开创了"无产阶级革命"与民族解放运动相结合的 20 世纪的"世界革命"运动。由此，"替代性选择"的历史合法性获得了新的含义，一方面，在引领民族解放运动的世界革命中俄国由原先的"落后国家"成为"先进国家"和革命基地，占据了世界革命的"中心"地位，苏维埃政权的制度建构摆脱了西方先进国家的羁绊，转而成为"第一个社会主义国家"的原创性实践；另一方面，作为资本主义世界中的"社会主义祖国"（斯大林语），布尔什维克党对国家的领导和苏维埃政权的安全被放在至上的位置，成为实现革命目标的前提条件。在此前提下，从实际需要出发的制度建构有理由将理论规范的社会主义原则作实践中的变通，并形成符合政权需要的国家意识形态。正是在"理论"转化为"实践"的过程中，苏联模式逐渐成形，并获得了后来为其他国家效仿的"社会主义正统"的历史地位。这就是我们在 20 世纪历史进程中看到的"社会主义运动"历史合法性的理论重构和实践转型。其中最具实质意义的变化是：马克思理论中共产主义社会替代资本主义社会的"历史必然性"被诠释为俄国十月革命开创了从资本主义通往共产主义的"历史必由之路"，于是在落后于资本主义先进国家条件下生成的苏联模式仍然可以被定义为替代资本主义现代化的社会主义现代化道路。显然，这种变落后为先进的"社会主义现代化"模式对同样是落后国家的东方地区各国具有强烈的吸引力，因而苏联模式向东方国家的扩展也具有实践的土壤和条件。

二 通过共产国际的"东方革命战略"，改变部分东方国家民族解放运动的路径和方向

"世界革命"重心东移的思想虽然有很强的策略性动因（按列宁的说法，当时世界政治的"中心点就是世界资产阶级反对俄罗斯苏维埃共和国的斗争"，因此，为了打破世界资产阶级对苏俄的围攻，"俄罗斯苏维埃共和国必然要一方面团结各国先进工人的苏维埃运动，另一方面团结殖民地

和被压迫民族的一切民族解放运动"① ），但在其指导下推进世界革命运动的实际操作，却是为东方落后国家展开左翼革命政党领导的"反帝反封建"的民族解放运动提供了来自革命基地的支持和帮助，从而促进了殖民地半殖民地人民的民族觉醒和革命意识，并为这些国家独立后的发展道路选择提供了苏联社会主义制度模式的样板。因此，十月革命开创的世界革命运动与民族解放运动的结合在很大程度上影响了 20 世纪非殖民化运动的进程和方向，在一定时期内使相当一部分新兴国家走上了类似苏联模式的社会主义道路。

在共产国际二大召开时，列宁已经将东方被压迫民族的解放问题纳入世界革命范畴，并将其作为重要议题提交大会讨论。会前，列宁撰写了《民族和殖民地问题提纲初稿》，并在会上作了《民族和殖民地问题委员会的报告》，为共产国际拟定了如何认识并处理民族和殖民地问题的战略和策略，首次提出世界革命的"东方路线"。列宁认为，苏俄与民族解放运动的联盟可以通过共产国际的世界革命网络加以推进，即通过在东方落后国家发动和支持共产党领导的民族解放运动，将殖民地和被压迫民族的解放纳入共产国际领导的世界革命，改变这些国家的发展方向，"用建立'劳动者苏维埃'等方法把苏维埃制度的基本原则应用到资本主义前的关系占统治地位的国家中去"，最终从各苏维埃国家的联邦走向"各民族劳动者"的"完全统一"。②

在这份提纲中，列宁的思路十分清楚，他已经意识到世界革命的欧洲方向在短期内将难以指望，如果没有来自其他方向的支援，苏俄将陷于"世界资产阶级"包围的困境。为了打破这一困局，必须转向东方，通过与东方国家民族解放运动的联合为苏俄开拓更广泛的世界革命战场。如果说共产国际建立之初，列宁还是将战略重心放在欧洲，那么一年后，列宁已经更多地考虑在东方发动革命的可能性，至少形成了"两条战线"的战略思路。这一思路对于后来的共产国际战略布局具有十分重要的指导意义，也是对马克思主义世界革命理论的一个重要发展。列宁世界革命战略的调整与其后国内政策的调整具有内在逻辑上的一致性，它们都是立足于客观形势提出的问题，都是以巩固俄国苏维埃政权为中心，都是以现实的

---

① 《列宁选集》第 4 卷，人民出版社，1972，第 272 页。
② 《列宁选集》第 4 卷，第 272~275 页。

"迂回过渡"路线取代不现实的"直接过渡"路线。

共产国际二大后，面向东方国家的"革命输出"即有组织地展开了。其中尤其重视以中国为主要对象的东亚地区，因为这一地区涉及苏俄东部边境的安全和原沙俄帝国势力范围的维持，同时这一地区也是"亚洲觉醒"的主角，正涌动着民族解放运动和民主革命的浪潮。

俄共（布）和共产国际在东亚地区的革命发动工作起步于 1919 年 8 月。当时，国内战争的东方战线已局势明朗，红军正向高尔察克白卫军发起最后的攻击。为了在击败高尔察克后稳住东方战线，苏俄领导人开始布局远东，其中一个重要举措就是在中国、朝鲜和日本策动革命，以反制美、日在远东对苏俄的武装干涉，并伺机将革命运动扩展到境外。为此，1920 年 5 月，俄共（布）和共产国际决定在上海设立"共产国际执行委员会东亚书记处"，作为这一地区"直属共产国际或俄共（布）中央的一个中心机构"。① 东亚书记处的一项主要工作就是在这一地区各国建立共产党组织，下设中国科、朝鲜科、蒙藏科和日本科。从 1921 年到 1930 年，在共产国际负责东亚地区执行机构的领导和运作下（包括组织联络、出版宣传和经费支持），中国及中国外蒙地区、日本、朝鲜、越南共产党先后成立。②

共产国际发动东方革命的另一个重要举措是为各国共产党及其他革命组织培养干部。20 世纪 20 年代在莫斯科先后建立了若干所专门培养各国革命干部的学校，如：东方劳动者共产主义大学（1921~1938）、中国劳动者共产主义大学（1925~1930，起初称中山中国劳动者大学以纪念孙中山，1928 年改名）、国际列宁学校（1925~1938）等。东方劳动者共产主义大学还在塔什干、巴库和伊尔库茨克设有分校，在那里学习的有日本人、朝

---

① 参见黄修荣、黄黎《共产国际与中国共产党关系探源》，人民出版社，2016，第 38 页。共产国际负责东亚地区革命运动的机构有多次改组，名称也多次变化，有些直属共产国际执委会，有些受俄共（布）中央西伯利亚局或远东局领导。

② 外蒙古在沙俄时期已脱离中国政府的控制，成为沙俄控制下的"自治体"。十月革命后苏俄承认外蒙古的"独立"地位，并出兵外蒙，建立"革命政权"，1921 年 3 月成立蒙古人民党（1925 年改称蒙古人民革命党）。朝鲜共产党的建立主要在苏俄西伯利亚、远东地区和中国上海及东北地区的朝鲜流亡者中进行。由于流亡者派系纷争和俄共（布）西伯利亚局和远东局之间的权力斗争，几经曲折最终未能建立统一的共产党组织。1925 年 4 月在汉城成立的朝鲜共产党曾经得到共产国际的承认，但不久因其内部分裂多次改组，1928 年共产国际认为朝鲜共产党已不复存在，直至 1945 年 10 月在苏联占领的朝鲜地区被重建。

鲜人、菲律宾人、马来人、印度尼西亚人、伊朗人、土耳其人、阿拉伯人、阿富汗人、印度人、非洲人和中国的少数民族维吾尔人、西藏人、蒙古人、东干人（回族汉人）等。国际列宁学校主要培训欧美国家的革命者，包括美国黑人，也有中国学员，后来以开设军事特训班为主。① 上述学校实际上发挥了共产国际的党校和苏联情报部门特别训练班的双重功能，因此在办学过程中，情报部门渗透其中，学员毕业后很多人也在情报部门领导下工作。除了这些专门为外国人设立的学校，当时还有不少外国学员直接进入苏联的军事院校接受正规的军事培训，有些军校学员后来成为各国革命军队中的著名将领。

"西方不亮东方亮"，从共产国际二大到四大，在列宁和布尔什维克党的引导下，共产国际基本完成了世界革命战略重心向东方的转移。与此同时，国际共产主义运动的中心也从西欧的资本主义国家转移到了莫斯科。于是，世界革命的含义发生了重大变化，原本理论上"无祖国"的无产阶级在现实的世界革命运动中有了一个超越其所在国家和民族、首都在莫斯科的"社会主义祖国"。因此，布尔什维克党的领导权和苏维埃政权的安全被放在至上的位置，成为实现世界革命目标的前提条件。正是在这个意义上，共产国际一方面是国际共产主义运动的组织载体，承担着推进世界革命的使命；另一方面也是服务于苏联的国家利益及其对外政策的工具。共产国际的这种两重性在其推进东方国家革命运动的实际操作中表现得十分明显。

三 随着二战后苏联崛起和势力范围建构，形成"两个世界"对抗的冷战格局

冷战格局是第二次世界大战后确立的一种二元两极世界体系结构。所谓"二元"，是指这一阶段的世界发生了横向的结构性分裂，这种分裂与此前（16 世纪以来）发生的纵向的发展性断层不同，它不是人类文明进化中因现代化进程的时序差异而自然形成的梯次结构，而是人类社会在应对现代性矛盾和危机过程中依据不同的政治理念而追求不同的发展目标所导

---

① 转引自〔俄〕乌索夫《20 世纪 30 年代苏联情报机关在中国》，赖铭传译，解放军出版社，2013，第 73~75 页。

致的制度性裂变。如果说，在发展的先进者与落后者之间既有对抗的一面，也有趋同和融合的一面，那么，在对立的发展理念和实践取向之间，对抗几乎是必然的选择。所谓"两极"，是指因制度性裂变而形成的两大国家集团各有一个支配性的力量中心，而且两者都具有世界性的影响力，从而构成了"两个世界"的对峙。所以，冷战史表达的结构性矛盾不仅仅是一般意义上的国家利益竞争和国际关系中的霸权之争，更具实质性的是两种对抗性社会制度及其指导性意识形态的斗争。冷战格局的形成虽然是在二战后，但造就这种格局的制度性分裂和意识形态对抗则起始于 20 世纪初的十月革命，即十月革命为起点的苏联模式社会主义制度的建构以及为推进世界革命而组建的共产国际所发挥的组织和宣传作用。

在冷战这种特定的国际斗争中，作为斗争一方的"世界革命"理念及其指导下的政策实践具有建构全球革命网络的特殊功能。诚然，高举"无产阶级革命"旗帜的苏联其实也在追求国家主义的霸权目标。但是，"世界革命"对于力求改变世界秩序的各种力量来说，毕竟提供了一种可以为种种"革命"动机服务并将它们联系起来的合法性符号。同时，对"世界革命"的疑惧也为斗争的另一方提供了为维护既有秩序和既得利益而结盟的理由。由于苏联模式的输出和冷战格局的形成，以美国的"威尔逊主义"为旗帜的西方自由主义国际体系陷入价值目标与工具目标冲突的困境，美国为首的"自由世界"为了对抗苏联为首的"社会主义阵营"，不得不利用各国的"反共专制政权"并与之结盟，从而在这些国家的民众中失去了"自由民主"的道义力量，并在非殖民化进程中处于民族解放运动的对立面。

因此，不管"世界革命"在各种具体场合所表达的实际含义如何，这种颇有感召力的话语体系曾经建构了 20 世纪具有广泛群众基础的政治观念，并成为冷战国际性的基本要素。而且，正是从"世界革命"这种国际性出发，冷战与第三世界各国革命之间的互动关系才构成了冷战时期"大国冲突的地区性"特征。20 世纪亚非拉地区的本土性革命就其发生的根源来说，原本与苏联倡导的"世界革命"没有必然的联系，它们大多属于现代化进程中争取民族独立的政治运动和内部社会转型的结构性变动。但是，当列宁和布尔什维克党通过建立"无产阶级革命与民族解放运动的联盟"将亚非拉地区的革命运动纳入"世界革命"的范畴，并通过共产国际及其各支部的活动，将亚非拉地区很多国家的革命运动纳入以自己为中心的"世界革命"网络,这些国家和地区的本土性革命就成为"世界革命"的组成部分。在苏联的力量还没有强大到足以影响整个世界的时候,这种以革命政党和革命运动为表现的东西方社会制度和意识形态分裂的格局还是隐性的。等到第二次世界大战后美苏对抗局面以冷战的形式出现时,随着殖民体系瓦解,各国的革命运动在"世界革命"的旗帜下进入苏联为中心的东方阵营就成为一股表现为国家行为的政治潮流,赋予冷战以一种特殊的国际性。也正是在这个意义上,战后国际政治中的"第三世界"现象其实是东西方冷战的产物。正如冷战史学者文安立(Odd Arne Westad)所言,"美苏干预主义在很大程度上影响了国际和国内结构,第三世界的政治、社会和文化变迁则孕育其中。若非冷战,当今的非洲、亚洲甚至拉丁美洲恐怕不会是这个样子","华盛顿和莫斯科都需要改造这个世界以证明他们意识形态的普世性,而新兴国家则为他们的竞争提供了场所"。[①] 如果说,美国对第三世界的干预是西方工业社会制度向全球扩展的历史延续,那么,苏联对第三世界的干预则是十月革命后建构的一种反资本主义的社会制度模式在"世界革命"的名义下向外部输出。因此,冷战格局作为一种结果,从整体上涵盖了十月革命在 20 世纪历史进程中所发挥的解构早期资本主义世界体系、推动民族解放运动、形成"二元两极"世界的重大影响。

总之,从以上三个方面,我们可以将十月革命的世界历史意义建立在客观历史的根据之上,而不是一种先验的理论设定或当事者主观理念的论证。今天,由于在现代化竞争中失败,苏联模式已成为过去时;而由于现代世界体系的内在矛盾在经济全球化背景下进一步深化,寻求新的"替代性"发展模式的运动正在兴起,冷战格局似有卷土重来之势。面对 21 世纪世界和中国的发展前景,我们回顾一百年前的十月革命,当可从中获得历史经验的启示。

---

① Odd Arne Westad, *The Global Cold War*, Cambridge University Press, 2005, pp. 3-4.

俄国革命散论

郑异凡[*]

【内容摘要】二月革命为十月革命创造了条件，但俄国并没有因为二月革命而具备社会主义革命的物质前提。列宁在从二月向十月转变过程中起了决定性作用。托洛茨基一直坚持的不断革命论同列宁在 1917 年提出的立即向社会主义革命过渡的主张一致，他也是十月武装起义的直接领导人。列宁认为，当时局势为布尔什维克夺取政权提供了千载难逢的机会，俄国社会主义革命将得到欧洲革命的支援。但是，列宁当年提出的先夺取政权、然后利用政权的力量赶上其他国家的设想在苏联存在的 70 年里并没有实现。

【关键词】二月革命 十月革命 列宁 托洛茨基

20 世纪初东方有两场伟大的革命——中国辛亥革命和俄国 1917 年革命。两者都是具有世界历史意义的大事件。最近，俄罗斯官方把 1917 年的俄国革命定名为"俄国大革命"，它包括三个阶段：二月革命、十月革命和国内战争。这个说法是可取的，这三个阶段是环环相扣，互相连接，不可分割的。没有二月革命不可能有十月革命，没有国内战争中的胜利，就不可能完成这场社会主义革命。认为十月革命仅仅是 10 月 25 日那几天的事情，那是把复杂的历史简单化了。

就评价而言，对二月革命，现在俄罗斯多数学者都予以肯定，认为是一场真正的人民民主革命。对十月革命的评价则有严重分歧，多数认为是

---

* 郑异凡，中央编译局研究员。

政变（否定意义上的），少数认为是革命。俄共领导人久加诺夫的评价恰恰与此相反，认为十月革命是伟大的社会主义革命，而二月革命仅仅是一场骚乱而已。

一　没有二月革命就没有十月革命

苏联时期的历史著作极力贬低二月革命。然而，二月革命是一场真正的人民革命，人民自发的反抗导致沙皇政权倒台，结束了罗曼诺夫王朝三百年的专制统治，在俄国成立了共和国。临时政府成立后的第一批法令是大赦政治犯，废除书报检查制度，给人民以言论、出版、集会、信仰、选举自由。列宁称赞当时的俄国是世界上最自由的国家。布尔什维克最初提出的三个口号是"自由、和平、面包"，后来大概鉴于当时实施的自由已经无法超越，就不再提"自由"的口号了。

不要小看这"自由"两字，正是由于有了这自由的环境，布尔什维克才有可能回到彼得格勒发动十月革命，夺取政权。

二月革命前，布尔什维克领袖列宁、季诺维也夫、布哈林以及托洛茨基等流亡国外，有国归不得。加米涅夫、斯维尔德洛夫、斯大林等在流放地，进不了首都彼得格勒或者莫斯科。他们有的人写文章、发传单进行革命宣传和理论研究，有的人则干脆停止了革命活动，如斯大林在最后一次流放期间没有留下任何文字的东西，《斯大林全集》显示，1914~1916年斯大林没有写作任何文章！正是由于二月革命大赦政治犯，有了自由的环境，他们才能纷纷结束流亡和流放生活，结束牢狱、苦役生活，回到全国政治中心的首都彼得格勒，利用这个自由的大舞台开展工作，壮大队伍，夺取政权。以布尔什维克的人数为例，一开始只有两万多人，短短几个月就发展成拥有几十万党员的政党。完全可以说，没有二月革命提供的自由环境就没有十月革命。

还没有加入布尔什维克队伍的托洛茨基在1905年革命失败后从流放地逃脱，长期流亡国外。二月革命后启程回国，途中在加拿大被英国军警扣押在集中营达一个月之久，最后还是被临时政府解救回国，成为列宁最得力的伙伴。

七月事变中布尔什维克进行了武装试探，实际上是一场武装暴动，这以后临时政府逮捕了加米涅夫、托洛茨基等人，通缉列宁、季诺维也夫等。不过，被捕者在狱中受到较好的待遇，所以后来他们得以全身出狱，从事推翻临时政府的活动。布尔什维克党则依然能够在半公开的状态下召开党的代表大会。

这就是传统认为的争取民主革命胜利，为无产阶级开展革命提供一个自由活动的环境，二月革命做到了这一点。不过还有一点，即为资本主义的发展扫清道路，发展生产力，为社会主义革命创造物质前提，短短八个月的二月革命显然是无法做到的，俄国并没有因为二月革命而具备社会主义革命的物质前提，仍然是一个落后的农业国家，吃资本主义不发达的亏！

二　没有列宁就没有十月社会主义革命

列宁在 1905 年曾经说过："如果认为只要社会经济发展的条件使变革完全成熟了，革命阶级就总会有足够的力量来实现这个变革。不，人类社会的安排对于先进分子来说并不是那样合适和那样'方便'的。变革可能成熟了，但这一变革的革命创造者还没有充分的力量来实现这一变革，在这种情况下，社会就会继续腐烂下去，有时能够拖延数十年之久。"[①]

这"充分的力量"首先就是那些领袖人物，他们个人在特定时刻是可以在历史上发挥决定性作用的，1917 年的列宁和托洛茨基就是这样的历史人物。

1917 年列宁一回到国内就打出社会主义革命的大旗，这同他此前的主张大相径庭，因此他的立即进行社会主义革命的主张，举行武装起义的主张，都曾经是相当孤立的主张，在党内遭到多数人的反对，特别是党内领导层的抗拒。

首先是《四月提纲》。列宁回国后发表概括其主张的《四月提纲》，认为俄国的资产阶级民主革命已经完成，应当向社会主义革命过渡，但在党的彼得格勒委员会表决的时候，遭到 13 票反对，1 票弃权，只有 2 票支持。从流放地回来的加米涅夫和斯大林在对待临时政府、对待战争等问题上都同列宁有重大分歧。4 月 7 日《真理报》刊载了列宁的《四月提纲》，次日报纸就刊载了加米涅夫的文章《我们的意见分歧》，反对《四月提纲》

---

① 《列宁全集》第 11 卷，人民出版社，1985，第 367 页。

的"瓦解作用"，强调提纲只表达了列宁的个人观点，"至于列宁同志的总的设计是我们所不能接受的，因为其出发点是认为资产阶级民主革命已经结束，打算立即从这个革命转向社会主义革命"。

1917年4月24～29日布尔什维克召开第7次（四月）代表会议，列宁作形势报告。加米涅夫则作了副报告，"反对立即推翻临时政府，反对立即从资产阶级民主革命转变为社会主义革命"。他说："按照老马克思主义的传统，首先应当对所发生的事情作一阶级分析。据我看，列宁同志说资产阶级民主革命已经结束了，这是不正确的。我认为，这个革命没有结束，我们的分歧就在于此。……我认为我们过高估计了俄国所发生的一切，我认为困难还没有暴露出来。在这个意义上讲，革命还没有结束，因为所有的地主土地还掌握在地主手中。……所以我们应当说，上述判断还为时过早。"加米涅夫提出的另一个理由是，"国家还没有改造成为民主社会，而既然资产阶级民主革命还没有结束，那么说资产阶级民主制已经发挥尽了自己的全部潜力，就还为时过早"。①

李可夫也在会上指出："如果我们提出无产阶级革命的口号，我们能不能指望得到群众的支持呢？俄国是欧洲小资产阶级最多的国家，指望群众同情社会主义革命是不可能的。"他认为，"社会主义革命的推动力应当来自西方"，"社会主义变革的太阳将从哪儿升起呢？我认为就全部条件，就居民水平而论，社会主义变革的发起者将不是我们，我们没有力量，没有客观条件这样做。而在西方这个问题已经接近到像我们这儿推翻沙皇制度的问题一样了"。②

正是由于在党内受到普遍反对，列宁提出开展反对"老布尔什维克"、反对"老布尔什维主义"的斗争。所谓"老布尔什维主义"，就是在二月革命后仍然坚持革命分两步走，坚持把民主革命进行到底，认为俄国缺乏搞社会主义的物质条件，反对进行社会主义革命的主张。持这种主张的"老布尔什维克"在当时党的上层是多数。加里宁对列宁反对老布尔什维主义表示不满说："列宁同志说老布尔什维克成了当前的障碍，我对此深感惊异！"加米涅夫一再声明："客观条件（严格按照马克思）妨碍立即在

① Седьмая （апрельская） всероссийокая конференция РСДРП （6）. Протоколы. М., Госиздат политлит. 1958. С. 78-86ю.

② Седьмая （апрельская） всероссийокая конференция РСДРП （6）. Протоколы. М., Госиздат политлит. 1958. С. 105-107.

俄国实行无产阶级革命。"捷尔任斯基暗示，列宁脱离了俄国实际。巴格达切夫说，列宁过早抛弃了老布尔什维主义观点。老布尔什维克认为无产阶级和农民专政并没有失去意义。伏龙芝也反对列宁的主张。施略普尼柯夫断言，那时党内发生了一场"大骚乱"。

因此有人说，列宁在发动十月政变之前，需要首先在党内完成一场"政变"，"更为复杂的政变"才行！这场政变就是放弃革命阶段论，毕其功于一役，直接进行社会主义革命。经过列宁的顽强工作，《四月提纲》才获得了党内支持。这就是说，如果不是列宁提出并且坚持社会主义革命的方针，1917 年在俄国不可能出现十月社会主义革命！

其次是武装起义。1917 年 9 月底，由于粉碎了科尔尼洛夫将军的叛乱，布尔什维克得以东山再起，掌握了彼得格勒苏维埃。列宁认为革命时机已经成熟，多次建议党的中央委员会准备武装起义。但是党中央对列宁的建议置之不理，迟迟没有行动。为对中央施加压力，列宁甚至以提出辞职作为最后通牒。在列宁的压力下，10 月 10 日召开中央会议，讨论武装起义问题。虽然会议通过了列宁的起义主张，但是两位重量级的中央委员加米涅夫和季诺维也夫坚持反对意见，会后给各党组织发去《论时局》的信，论证他们反对起义的理由。在 10 月 16 日的中央会议上两人继续反对武装起义。如果说，加米涅夫等反对《四月提纲》是鉴于俄国缺乏社会主义革命的客观物质条件，那么这一次反对武装起义则是因为觉得国际国内力量对比不利于布尔什维克一方，担心布尔什维克陷于孤立，招致失败。

《论时局》写道："据说：1. 俄国人民多数已支持我们；2. 国际无产阶级多数已支持我们。可惜，两者都不是，全部问题就在这里。"

关于俄国国内，两人认为，布尔什维克还没有得到大多数人民的支持。"在俄国，多数工人和相当部分士兵支持我们。但其余的人还是个问题。我们相信，例如现在进行立宪会议的选举，那么多数农民将投社会革命党的票。""我们从来没有说过，俄国的工人阶级单靠自己的力量就能完成目前的革命。""现在我们没有忘记，也不应当忘记，在我们与资产阶级之间存在第三大阵营：小资产阶级。……毫无疑问，这一阵营目前更加亲近资产阶级，而不是我们。"广大农民不是跟随布尔什维克党，而是支持社会革命党的。

"我们见到的第二个论断——现在国际无产阶级的多数似乎已经支持

我们。很遗憾，不是这样的……过高估计力量是极端有害的。"他们指出，德国军舰的起义只具象征意义，意大利仅出现运动的征兆，整个来说西方的革命运动进展缓慢，不可能给俄国的无产阶级革命以有力的支持，因此高估力量是极端有害的。"只有欧洲革命的发展才能使我们义不容辞、毫不动摇地立即去夺取政权。""我们深信，目前宣布搞武装起义不仅是拿我党的命运孤注一掷，而且是拿俄国革命的命运和国际革命的命运孤注一掷。"

在这种情况下他们主张参加立宪会议选举，利用苏维埃加立宪会议这种组合形式，以苏维埃为依靠，在立宪会议里做强大的反对党，影响国家政治的发展方向。"我党赢得立宪会议的几率是很高的"，"我们可以拿到三分之一或更多的立宪会议的席位"。"我们在立宪会议上的革命工作依靠的是苏维埃，这就是我们追求的联合型的国家机构。""我们在立宪会议上将是强大的反对党。在一个普选权的国家里，我的政敌将会每一步都向我们让步，或者我们同左派社会革命党及无党派农民等等组成执政联盟，它将基本上贯彻我们的纲领。这就是我们的观点。"

他们担心起义会以失败告终。"现在的问题是一场革命战斗，在这一战斗中失败也就是革命的失败。"他们说，"毫无疑问，会出现这样一种历史局面，那时被压迫阶级不得不承认，宁可失败也比不战而降要好。俄国工人阶级目前是处于这种状态吗？不是，完全不是!!!""面对历史，面对国际无产阶级，面对俄国革命和俄国工人阶级，我们现在没有权利把未来的宝押在武装起义上。"

接着他们列举了临时政府所拥有的实力：武器精良组织良好的5000名士官生、参谋部、突击队、哥萨克骑兵、相当一部分卫戍部队以及布防在彼得格勒四周的炮兵。他们认为，现在无产阶级党面对的是黑帮、立宪民主党人、克伦斯基、临时政府、中央执行委员会（社会革命党人和孟什维克）等，在中央执行委员会的帮助下一定会从前线调部队进首都来镇压革命的。他们警告说，现在的问题是要进行一场决战，决战的失败也就是革命的失败，"在当前情况下最有害的就是低估对方的力量，而高估自己的力量"。"现在我们有责任说明，在目前这一时刻低估敌人的力量和高估自己的力量是极端有害的。敌人的力量比他们自己感觉到的还要强大。""在这些条件下，严重的历史错误就是在政权转归无产阶级政党的问题上断言：不是现在就永远失去！"①

接着，加米涅夫在《新生活报》发表答记者问，再次表明反对起义的态度："按照马克思的说法，起义是个艺术。正因为如此，我们认为现在，在当前局势下，我们的职责是反对任何发起武装起义的企图，这种起义是注定要遭到失败的，会对党、对无产阶级、对革命的命运带来致命的后果。"②

列宁认为加米涅夫的声明泄露了起义的秘密，要求把加米涅夫和季诺维也夫开除出党。然而党的领导层并不这样认为。斯大林声明，加米涅夫和季诺维也夫仍然是志同道合的同志。他们两人并没有受到组织处理。10月24日上午部署起义工作的中央会议是加米涅夫主持的。

可以看出，1917 年间列宁的搞社会主义革命主张和立即举行武装起义的主张在党外受到社会革命党人和孟什维克的一致反对，在党内起初也应者寥寥，因为这违背了他们多年所熟悉的革命阶段论。如果不是列宁的坚持，如果坚持者不是像列宁这样在党内拥有极高威望的领袖，1917 年的十月社会主义革命是不可能发生的，要发生也得推迟好多年。临时政府的司法部长马连多维奇说，如果 1917 年夏或秋逮捕了列宁，俄国就会改变进程。值得注意的是，提出反对意见的都是党内重量级人物，他们在革命胜利后分别担任了党政要职：季诺维也夫是共产国际执委会主席，列宁格勒市委书记；加米涅夫是人民委员会副主席，莫斯科市委书记；李可夫在列宁去世后接任人民委员会主席。这种安排是否可以理解为列宁事后并不把当时的争论看得过于严重，甚至承认其中有某些合理的成分。"列宁遗嘱"中写道，"我只提醒一下，季诺维也夫和加米涅夫在十月的那件事当然不是偶然的，但是此事不大能归罪于他们个人，正如非布尔什维主义不大能归罪于托洛茨基一样"。③ 列宁这段辩护词值得我们思考。

三 托洛茨基——十月武装起义的直接领导人

社会主义革命和武装起义的方针确定后，下一步就是如何执行，把决

---

① Протоколы ЦК РСДРП（6）. М., Госиздатполитлитературы, 1958. C. 87-92。
② Протоколы ЦК РСДРП（6）. М., 1958. C. 116。
③ 《列宁全集》第 43 卷，人民出版社，1985，第 339 页。

定化为行动。列宁一直处于地下状态，那时的通讯联系很困难，列宁往往只能通过报纸获得有关形势的信息，根本不可能直接指挥起义工作。10月24日武装起义实际上已经开始，这天晚上列宁还致信中央委员会，要求立即举行起义，逮捕临时政府成员，说"现在拖延起义确实等于自取灭亡"[1]。这说明列宁没有能够及时了解和掌握起义的进程，直到深夜列宁化装走出地下，去到起义的指挥部斯莫尔尼宫才改变这种状态。

长期以来托洛茨基被严重妖魔化，他在十月革命中的作用被苏联时期的史书一笔抹杀。

实际上托洛茨基是十月革命中的二号人物、武装起义中的一号人物。这不是偶然的。

托洛茨基同1917年的列宁有共同的思想理论基础。他从1905年以来一直提倡和坚持不断革命论，认为俄国落后的国情决定必须直接进行无产阶级社会主义革命，在社会主义革命过程中顺便解决民主革命的任务，这个主张同列宁在1917年提出的立即向社会主义革命过渡的主张不谋而合。托洛茨基后来说，自己是经过战斗走向列宁主义的，这是他的谦辞，是他对列宁的尊重。

托洛茨基在1905年革命中就发挥过重大作用，曾短时间担任过彼得堡苏维埃主席。1917年回国后表现出众，既能写文章宣传，又会讲演鼓动，在群众中享有很高的声望，在当时的革命领袖中没有人能超过他。

科尔尼洛夫叛乱被粉碎后，布尔什维克走出七月事变后的困境，在彼得格勒苏维埃中赢得多数，刚刚缺席当选布尔什维克党中央委员的托洛茨基担任了彼得格勒苏维埃主席。他利用这个职位，控制首都的卫戍部队，阻止把支持革命的部队调出首都。他在苏维埃下成立军事革命委员会，成为组织和实施起义的机关。推翻临时政府后发布的正式公告就是宣布政权转归"军事革命委员会"的。

1917年9月底10月初，列宁给了托洛茨基以极高的评价："第一，托洛茨基一回来就采取国际主义者的立场；第二，他在区联派中为争取合并进行过斗争；第三，在七月事变那些艰难的日子里他能胜任工作，是革命无产阶级政党的忠诚拥护者。"[2]

---

① 《列宁全集》第32卷，人民出版社，1985，第430页。
② 《列宁全集》第32卷，第338页。

托洛茨基不是一个人战斗，回国后他领导了一个名为"区联派"的组织，该组织虽然只有 3000 左右，但能量很大，拥有诸多名人如卢那察尔斯基、乌里茨基、越飞、卡拉汉、弗拉基米罗夫、曼努伊尔斯基、利特肯斯，等等。担任彼得格勒苏维埃主席后，他成立了军事革命委员会，其中既有布尔什维克，也有左派社会革命党人，甚至有无政府主义者，成为直接组织和指挥武装起义的机构。拿下冬宫的是军事革命委员会的成员安东诺夫-奥弗申柯、波德沃伊斯基等战将，他们不是中央委员，但在起义中起了关键作用。①

斯大林在十月革命一周年的纪念文章中明确无误地写道："起义的全部实际工作是在彼得格勒苏维埃主席托洛茨基同志直接领导下进行的。可以坚定地说，无产阶级很快转到苏维埃方面来与军事革命委员会善于做日常工作是分不开的，这些方面党首先并主要应该归功于托洛茨基。"这是白纸黑字清清楚楚刊载在 1918 年 11 月 6 日的《真理报》上的。当时没有人能够取代托洛茨基的作用——思想上与列宁一致，事实上控制着起义的武装力量。他后来在国内战争中所起的作用也充分说明这一点。可以说，没有托洛茨基的组织工作，就没有武装起义的胜利！列宁在"政治遗嘱"中给托洛茨基的最后评价是"中央委员会中最有才能的人"！

四　10 月 25 日——革命还是政变？

"革命还是政变"，这是当今俄罗斯争论的一个问题。

依笔者看，十月事件是通过武装政变（或起义）实现的革命，手段是政变，实现的是革命。

说是政变，是指采取的手段——使用武装力量逮捕临时政府的部长，推翻临时政府。这边用武装力量（赤卫队、卫戍部队、舰队等）占领彼得格勒城的各战略要地（桥梁、车站、电报局、电话局等），开进军舰，攻打政府所在地冬宫，逮捕政府部长，另一边有各派代表参加的议会（苏维埃）在开会。在临时政府成员成为瓮中之鳖之时宣布起义取得胜利，政权

---

① 笔者编译了一本布尔什维克传记，选了 50 多名在十月革命中发挥了重要作用的人物，将以《他们搞成了十月革命》的书名由上海人民出版社出版。它充分说明，十月革命不是过去所说的那样是列宁和斯大林两人搞成的，而是由一个革命群体合力完成的！

转入"军事革命委员会"之手,这完全符合政变的做法。革命的方式是多种多样的——城市武装起义、国家政变、国内战争、通过选举上台执政,等等,都可以是革命夺权的手段。政变是一个中性词,有革命政变,也有反革命政变。政变可以是革命的形式之一,说政变并不贬低其意义。实际上当时彼得格勒全城相当平静,剧院照常演出,一支起义部队路过剧院时还进去欣赏了一阵音乐演出。当时人们的印象仅仅是又一次政府更迭而已。

说是革命,因为夺权成功后实行无产阶级专政,以消灭私有制为目标,这是根本性的变化。那时当政的布尔什维克党把国内全部生产和分配的大权掌握在国家手里,以为这就实现了共产主义,列宁后来名之为"军事共产主义"。这是同资本主义制度截然不同的社会制度。虽然实行"新经济政策"曾一度向某些资本主义机制回归,但仅限于经济上,而政治上继续加强无产阶级专政。列宁逝世后,经过激烈的党内斗争,斯大林取得胜利,建立了斯大林体制。

据查,革命之初,红白双方都曾经使用"政变"(переворот)的说法,"政变"是各方都接受并且使用过的词。白方一直指责布尔什维克发动政变,在他们的著作中都以"政变"称呼布尔什维克夺权。红方在革命胜利的初期也频繁使用"政变"的说法。例如斯大林在十月革命一周年发表的两篇文章《十月革命》《十月革命和民族问题》,俄文都是Октябрьский переворот——十月政变,只不过中文版《斯大林全集》统统译作"十月革命"了。国家出版社1918年曾出版一部十月革命文献集,书名也是《Октябрьский переворот》(《十月政变》)。还有一本1919年出版的季诺维也夫、布哈林等人的文集,书名叫《Октябрьский переворот и диктатура пролетариата》(《十月政变与无产阶级专政》)。

1920年11月7日,党史研究所举办十月纪念会,会议的正式名称叫"十月政变回忆晚会",出席晚会的有十月事件的亲历者托洛茨基、波德沃伊斯基、萨多夫斯基等。托洛茨基在会上的发言题目叫《关于十月政变的回忆》,后来在1922年《无产阶级革命》杂志第10期公开发表。

列宁也使用过"政变"的说法。布尔什维克掌权后不久,1917年11月21日(公历12月4日)列宁在全俄中央执行委员会会议上专门就罢免权作了一个报告,报告中提出罢免权对实施民主制的重要意义。他说:

在我国，不同政党相继掌过权；当政权最后一次由一个政党转到另一个政党的手里时，发生了一次变革，一次相当猛烈的变革，然而，如果有罢免权的话，只要进行一次投票就可以了。①

列宁这里所说的"变革"，俄文原文是 переворот，此处应译作"政变"。列宁是说，如果有罢免权，那么政权的更迭就无须通过政变，并且是那么猛烈的政变了。《列宁全集》译作"变革"，是不准确的。同样一个词，出于白方之口译作"政变"，出于红方之口译作"变革"是不符合规范也不符合逻辑的。

那时候列宁的目标很清楚，就是起义夺权，把权夺到手，至于以后怎么办以及革命的目的，暂且放下。他在 10 月 24 日致中央委员会的信中说得很明白："夺取政权是起义的任务，起义的政治目的在夺取政权之后就会清楚的。"② 这是不用表决而用强力解决的政权转换问题，这个强力就是武装政变！

10 月 26 日苏维埃第二次代表大会发布的关于成立工农政府的决定，说的也是成立"临时政府"：

> 成立工农临时政府，在立宪会议召开以前管理国家，临时政府定名为人民委员会，设立各种委员会，主持国家生活各部门的事务……行政权属于由这些委员会主席组成的会议，即人民委员会。③

请注意，这个决定说的完全是一次政府的更迭，"工农临时政府"取代了第四届临时联合政府，并且宣布在立宪会议召开之前临时管理国家，其合法性将由立宪会议来确认。所不同的只是政府的名称改为"人民委员会"，但政府仍然是政府，实质并没有变！

现在的俄罗斯史书经常把"十月革命"叫作"十月政变"，其意向有的是肯定的，有的是否定的，作者对十月革命到底持何种态度，要具体看，我们不必一见到"十月政变"就认定是否定十月革命！估计以后俄罗

---

① 《列宁全集》第 33 卷，人民出版社，1985，第 107 页。
② 《列宁全集》第 32 卷，第 431 页。
③ 《列宁全集》第 33 卷，第 22 页。

斯出版的史书会更多使用"政变"的说法。

五　列宁为什么在缺乏物质条件的情况下发动社会主义革命

俄国革命遇到的一个根本问题是其社会形态的更替是否合乎社会发展的规律，俄国是否具有进行社会主义革命的客观物质前提。这是一个难以回避的问题，在革命、建设过程中不断地遇到的问题。

二月革命后，普列汉诺夫向列宁挑战就是围绕这一根本问题展开的。

马克思有一个著名的唯物主义论点："无论哪一种社会形态，在它所能容纳的全部生产力发挥出来以前，是绝不会灭亡的；而新的更高的生产关系，在它的物质存在条件在旧社会的胎胞里成熟以前，是绝不会出现的。"[①]

十月革命的一个致命问题是缺乏社会主义革命所必需的物质前提。

俄国是一个落后的农业国家，无产阶级在人口中占绝对的少数，最多不超过 300 万人。二月革命取得了胜利，但是民主革命的任务远远没有完成，尤其是土地问题、民族问题、立宪问题等，都有待于立宪会议来解决。

1917 年列宁乘"铅封列车"取道德国回国后，立即宣布俄国的民主革命已经完成，应当向社会主义革命阶段转变，他回国后喊的第一个口号是"世界社会主义革命万岁！"

对列宁的在俄国进行社会主义革命的主张，党内外都有异议。1917 年4 月 3 日晚列宁回到彼得格勒，当夜在欢迎会上发表了即席演说，其内容即不久后发表的《四月提纲》。孟什维克苏汉诺夫在其《革命札记》中就列宁的讲话写道：

> 列宁结束了自己的讲话。在两小时时间里他说了许多东西……但其中缺少一点——这我记得很清楚并且非常值得注意，其中缺乏对俄国社会主义客观前提的分析、社会经济条件的分析。不仅没有完整的经济纲领，而且连初具轮廓的纲领也没有。只有一个列宁后来多次重复的苗头：正是由于我国的落后，正是由于其生产力的薄弱，使它无

---

① 《马克思恩格斯选集》第 2 卷，人民出版社，1995，第 33 页。

法支撑战争所要求的其整个机体的这种极端的紧张状态，因此早于其他国家发生了革命。但这种落后性，这种小资产阶级的、农民的结构，这种缺乏组织性，这种虚弱，怎么能够离开欧洲同社会主义改造直至"世界社会主义革命"相容，列宁对这一切都不置一词。在这种条件下代表国内微弱少数的工人和雇农苏维埃怎么能够违背多数的意志和利益在俄国建立起社会主义，关于这一点演讲者同样完全不置一词。最后，他的整个构想怎么能够同马克思主义的起码原理（这是列宁在自己的讲演中唯一没有否定的东西）相容，也没有片言只语。这些涉及被叫作科学社会主义的方方面面，列宁就像摧毁现行的社会民主主义纲领和策略那样完全熟视无睹。这是非常值得注意的。①

孟什维克的《工人报》这样评论列宁的提纲："只有革命保持在客观条件（生产力状况、人民群众相应的道德水平等等）决定的限度之内，它才能成功地同反动势力做斗争，并迫使反动势力退却。无视这一限度并力图突破它，这就是最好不过地帮助了反动派的忙。列宁来到我们中间，为的是要用这种方法来帮助反动势力。"②

普列汉诺夫以俄国缺乏社会主义的物质条件为理由反对列宁的立即进行社会主义革命的主张。

普列汉诺夫指出，"俄国不仅吃存在着资本主义的苦，而且也吃资本主义生产方式不够发达的苦"。他援引马克思恩格斯的论述指出：

> 远非在任何时候都能由一种生产方式转变为另一种更高的生产方式，例如不能在任何时候都从资本主义生产方式转变为社会主义生产方式。③

> 如果一国的资本主义尚未达到阻碍本国生产力发展的那个高级阶段，那么号召城乡工人和最贫苦的农民推翻资本主义就是荒谬的。④

---

① Н. Н. Суханов Записки о революции. М., 1991. Том 2. С. 14-15.
② 亚伯拉罕·阿谢尔编《俄国革命中孟什维克》，石菊英、余瑞先译，中共中央党校科研办公室，1985，第 102 页。
③ 普列汉诺夫：《在祖国的一年》，王荫庭、杨永译，三联书店，1980，第 22 页。
④ 普列汉诺夫：《在祖国的一年》，王荫庭、杨永译，第 24 页。

布尔什维克夺权后，普列汉诺夫继续写道："对于一个阶级来说，最大的历史性灾难莫过于在由于不可克服的客观条件而不能达到它的最终目的的时候就夺取政权。"①

普列汉诺夫在这里指出了马克思主义的一个重要论断：社会革命，即生产方式的更换是以生产力的发展为前提的，一个国家的资本主义还有发展余地，还没有到阻碍生产力发展的阶段，是不应当去推翻它的，无产阶级在条件不成熟的时候，过早夺取政权将会是最大的历史性灾难。

列宁当时没有就普列汉诺夫的理论挑战作出应有的回应，但是他不能不承认普列汉诺夫说的真理。在《大难临头，出路何在》一文中，列宁在一个括弧里写下了一句非常重要的话："如果社会主义在经济上尚未成熟，任何起义也创造不出社会主义来。"②

长期以来，列宁这句非常重要的话没有引起人们的注意。这段话说明，列宁对社会主义需要一定的经济前提条件心里是明白的，但在有机会取得政权的情况下，列宁首先考虑的不是这条真理，而是权力，是夺取政权！所以他在1917年10月24日晚上给中央委员会的信中再次要求立即夺权，并且声明，谁来夺取政权并不重要，"让军事革命委员会'或者其他机关'取得政权吧，只要它声明，政权只交给真正代表人民利益、军队利益（立即提议媾和）、农民利益（立即夺取土地，废除私有制）和饥民利益的人"。还特意说明，"夺取政权是起义的任务，起义的政治目的在夺取政权之后就会清楚的"。③ 这就是说，先把政权夺到手，然后再谈夺权的政治目的。1917年10月夺取政权后发布的由彼得格勒苏维埃军事革命委员会接管政权的公告以及发布的文件——和平法令、土地法令都不具有社会主义性质，这都体现了列宁上面所说的精神，十月武装起义时并没有打出社会主义的旗帜！

列宁立即向社会主义革命转变的唯一论据就是革命的根本问题是政权问题，既然民主革命中的政权问题已经解决，那就可以转入社会主义革命了。

1917年4月列宁在《论策略书》中写道："无论从革命这一概念的严

① 普列汉诺夫：《在祖国的一年》，王荫庭、杨永译，第24页。
② 《列宁全集》第32卷，第218页。
③ 《列宁全集》第32卷，第430~431页。

格科学意义来讲，或是从实际政治意义来讲，国家政权从一个阶级手里转到另一个阶级手里，都是革命的首要的基本的标志。就这一点来说，俄国资产阶级革命或资产阶级民主革命已经完成了。"①

这种说法是不够全面的，二月革命仅仅为继续和深入民主革命创造了条件，作为社会革命，远远不是取得政权就能完成的。二月革命推翻沙皇专制制度后，俄国还有大量的民主革命任务有待完成。

社会主义革命需要一定的物质基础，这是马克思主义的基本常识，应该说，列宁对此是非常清楚的，熟读马恩著作的他，不会不知道这个真理。那么列宁为什么不顾马克思主义的基本常识，不顾党内外的激烈反对而毅然决然地坚持社会主义革命的方针，搞武装起义呢？有两个因素发挥作用。

第一，列宁看到当时俄国的局势，认为这是千载难逢的夺取政权的机会。对普列汉诺夫等提出的反对立即在俄国搞社会主义革命的论据列宁并没有直接予以反驳，而是避开物质前提的话题，环顾左右而言他，去批驳什么"梦话"之类的东西。列宁采取的做法是"先投入战斗，然后再见分晓"，夺权是第一位的。他多次说明，机不可失时不再来，错过这次机会，也就永远不再有了。

第二，寄希望于欧洲革命的支援。列宁认为，只要俄国揭竿而起发动无产阶级革命，西方各国就会立即发生革命，支援俄国。他多次表示，如果没有西方革命的支援，俄国革命是注定要灭亡的。在俄共第七次代表大会上列宁多次声明，"如果德国革命不爆发，我们就会灭亡，这是绝对的真理"。② 夺得政权后虽然布尔什维克采取了各种措施试图引发西方革命，但是世界革命或者西方革命并没有发生，这个指望落空了。1921年列宁在共产国际第三次代表大会上还是说："我们懂得，没有世界上国际革命的支持，无产阶级革命是不可能取得胜利的。还在革命以前，以及在革命以后，我们都是这样想的：要么是资本主义比较发达的其他国家立刻爆发或至少很快爆发革命，要么是我们灭亡。"③ 列宁说得很清楚，无论在革命以前还是在革命以后，都把胜利的希望寄托在发达国家立即或很快爆发革命

---

① 《列宁全集》第29卷，人民出版社，1985，第137页。
② 《列宁全集》第34卷，人民出版社，1985，第12页。
③ 《列宁全集》第42卷，人民出版社，1985，第40页。

上。抱着这种希望和期待，列宁在不具备必要的物质条件的情况下在俄国发动了社会主义革命！

然而，社会主义需要一定的物质前提是绕不过去的问题。十月革命后俄国遇到的种种问题和困难都同俄国落后，同农民占人口的大多数这个国情联系在一起。这也是列宁一直在思考的问题。

1923 年初，病中的列宁口授《论我国革命》，实际上承认了 1917 年普列汉诺夫等人的全部论点。文中写道，"俄国生产力还没有发展到可以实行社会主义的高度"，这是"无可争辩的论点"。当然，对列宁来说，退回去是不可能的。他提出另一种论据为 1917 年夺权辩护，这就是世界历史的一般发展规律并不排除个别发展阶段在发展的形式或顺序上表现出特殊性，既然建立社会主义需要一定的文化水平，那我们可以首先用革命手段取得达到这个一定水平的前提，然后在工农政权的基础上赶上别国人民。①

列宁的这个说法有一定的道理，不过就苏联存在的 70 年而论，并没有做到利用获得前提为社会主义创造必要的物质条件，赶上并且超过发达的资本主义国家。十月革命后的头三年实行了军事共产主义政策，把全国的生产和分配集中在国家手里，其目的完全是为了把有限的物资用来保证军事上的需要，这时期根本谈不上发展经济。粮食征收制抢夺了农民的所有粮食，引发农民的武装反抗，农民暴动遍及全国，严重危及布尔什维克政权的存在。为拯救政权，列宁中止粮食征收制，改行"新经济政策"，恢复商品市场机制，几年的实践证明这场改革是有效的，平息了农民暴动，迅速恢复了国民经济。但是斯大林在击败各反对派之后，废除了"新经济政策"，在农村搞全盘集体化，不仅剥夺了所谓富农，而且剥夺了全体农民，把他们变成束缚在集体农庄内的"国家农奴"，其后果是直到斯大林逝世苏联的粮食产量还没有达到沙俄 1913 年的水平！为解决粮食问题赫鲁晓夫不得不以破坏生态为代价大规模开垦荒地，虽然粮食供应有所改善，但并没有从根本上解决问题，其后任不得不从国外进口粮食，俄国从粮食出口国变成粮食进口国！苏联以牺牲农业和轻工业的办法片面发展重工业和军事工业，在短时间内重工业有了长足发展，但是并未超过先进的资本主义国家，军事工业最多只能说同美国打了一个平手。赫鲁晓夫提出的"赶上并超过美国"的口号并没有兑现！这就是说，列宁当年提出的先夺

---

① 《列宁全集》第 43 卷，第 369~372 页。

取政权，然后利用政权的力量赶上其他国家的设想在苏联存在的 70 年里并没有实现！1936 年斯大林匆匆宣布苏联已经建成社会主义，这时苏联人刚刚摆脱饥荒，有一口饭吃而已，与人民生活息息相关的轻工业还非常落后，而政治生活方面一个新的镇压高潮正在掀起，离自由民主的社会主义何止十万八千里！这是一个非常不合格的"社会主义"！

20 世纪 90 年代笔者说过，俄国革命"先天不足，后天失调"。先天不足犹可补，而后天失调则是致命的！

2017 年 6 月 4 日初稿

2017 年 8 月 16 日定稿

二月革命中的政权问题

【内容摘要】二月革命推翻旧制度后形成了临时政府执政、苏维埃监督的双重权力结构，其实质是国家缺乏强有力的政权，不能适应结束混乱、重建秩序、向新制度过渡的需要。四月危机最重要的结果是苏维埃代表参加临时政府、以自由派与民主派组成联合政府的形式对双重权力结构作了重大调整。但联合政府充满政治理想主义，盲目崇拜群众自发性，既拿不出应对社会崩溃的任何措施，又不能尽快处理和平、土地、面包等迫切问题，最终使得彼得格勒工人和士兵群众失去了对二月革命政权的信心和耐心，为十月革命创造了条件。

【关键词】二月革命 双重权力结构 联合政府 无政府主义

1917 年二月革命中，形成了自由主义反对派掌控的国家杜马临时委员会和革命民主派主导的彼得格勒苏维埃两个政治中心。双方就成立临时政府问题进行的谈判决定了二月后的双重权力格局，即临时政府掌握执政权、苏维埃行使监督权。双重权力结构意味着国家缺乏强有力的政权，是二月革命后出现政治和社会乱局的重要原因。四月危机削弱了自由派对政权的控制，促使苏维埃民主派加入临时政府。联合政府的成立虽然缓和了政府与苏维埃之间的矛盾，但并未有效加强政权，其主要领导人的政治观念和对于解决迫切问题的迟滞使得临时政府依旧是没有权威和无所作为的。这种情况为布尔什维克十月起义夺取政权开辟了道路。

＊ 姚海，苏州科技大学亚太国家现代化与国际问题研究中心、历史学系教授。

一　杜马临时委员会抢先接管政权

1917 年二月革命是俄国社会对第一次世界大战的反应。虽然在欧洲国家中并非只有俄国因战争而崩溃，但俄国确实是链条上最薄弱的一环，俄国人民遭受的苦难甚于其他国家。二月革命也是自 19 世纪中期以来俄国政治演变过程的高潮，并以最极端的方式结束了大改革以来政权与社会之间的长期对立和冲突。与 1905 年第一次革命以政权与社会妥协而结束不同的是，1917 年二月革命是社会与政权之间的决斗，其结果不仅是沙皇政权的垮台，而且是俄国君主制被彻底埋葬。

在很长时间里，苏联史学对自由主义反对派在二月革命中的作用持否定态度。但在实际上，自由主义反对派及其掌控的国家杜马临时委员会在二月革命推翻旧制度、实现政权更迭过程中发挥了重要作用。特别是杜马临时委员会抢先接管政权，事实上掌握了组建新政府的主动权。

从 2 月 26 日晚上开始，杜马主席罗将柯一再向尼古拉二世施加压力，要求他立即下令成立对杜马负责的责任政府。同时，罗将柯还积极争取军队主要将领支持自由主义反对派。在士兵起义开始后，反对派领袖加快了接管政权的步伐。27 日下午 1 点罗将柯与第一批起义部队的代表会面时明确表示，杜马各党团领袖会议认为，"当前的基本口号是废黜旧政权并以新政权取代它"。[①] 一个小时后成立了由罗将柯任主席的国家杜马临时委员会，着手"恢复国家和社会秩序"。杜马临时委员会的成立是二月革命中的关键事件，比民主派政党发起成立彼得格勒苏维埃早了几个小时。

杜马临时委员会成立后，马上就成为革命的中心并开始领导起义，迅速组建了包括军事委员会在内的几个专门委员会，事实上成为革命俄国的第一个临时政权。

杜马临时委员会立即通电全俄各城市，宣布了国家杜马临时委员会的成立及其组成。罗将柯向最高统帅部参谋长和各战线、各舰队司令发去电报：鉴于原大臣会议已停止履行管理职能，政府权力现已转归国家杜马临时委员会；国家杜马临时委员会已着手建立正常生活秩序和管理首都；临时委员会在帮助首都部队、支持居民群众的同时，将尽快恢复后方的安

---

① *Николаев А. Б.* Государственная дума в Февральской реаолюции. Рязань，2002. c. 47.

定，重新开始政府机构的正确活动。①

国家杜马临时委员会立即成为获得广泛支持的权力机关。它得到自由派和民主派高层的支持、彼得格勒起义士兵的拥护、旧政权一些大臣和官员的效忠。在国际上，杜马临时委员会也得到了主要盟国的承认。3月1日，法国和英国驻俄大使正式向国家杜马主席罗将科表示："法国和英国政府决定与俄国人民意志的真正表达者、唯一合法的临时政府——杜马临时执行委员会——建立事务联系。"②

作为接管政权的主要措施，杜马临时委员会立即任命一些杜马代表担任政治委员，派往各政府部门和彼得格勒市政府接管权力。这些政治委员基本上都是属于自由主义政党的杜马代表，他们一般都在武装卫队的护送下到达相关政府机关，开始发号施令。到3月2日，国家杜马临时委员会总共任命了38名政治委员。

建立政治委员制度是杜马临时委员会组织新政权以及控制政府权力的最初的也是最重要的措施。这一制度成为临时权力机制的主要因素，它保证了中央政府正常发挥职能，是实现政权更迭的重要环节。杜马临时委员会通过实行政治委员制度不仅使自己成为政府权力机构，并且实际上赋予自己最高权力职能。

随着局势的发展，国家杜马临时委员会及其领导人的态度和行动，在迫使尼古拉二世退位、终结罗曼诺夫王朝和君主制度方面继续发挥了关键作用，决定了俄国未来国家制度的性质。

28日清晨，尼古拉二世乘专列离开莫吉廖夫大本营，前往彼得格勒郊外的皇村。国家杜马临时委员会派往交通部的政治委员布勒利科夫下令铁路部门以杜马临时委员会命令的方式控制其专列的运行，最终迫使沙皇专列掉转方向开往普斯科夫。3月1日傍晚沙皇专列停靠普斯科夫后，北方战线司令鲁兹斯基向沙皇转告了杜马主席罗将柯关于成立责任政府的要求。深夜，罗将柯又说服大本营参谋长阿列克谢耶夫将军给尼古拉二世发电报，要求他立即发表宣言授权国家杜马主席选择得到全俄国信任的人士

---

① *Галушкин Н. В.* Собственный Его Императорского Величества Конвой，М.，2004. с. 237. （http：//www.regiment.ru/Lib/A/5/9.htm）

② *Николаев А. Б.* Государственная дума в Февральской революции. Рязань，2002. с. 76~77.

组织责任内阁。① 军方的态度迫使尼古拉二世作出重大让步，同意组织责任内阁，并命令已经带部队到达皇村准备镇压彼得格勒动乱的伊万诺夫将军不要采取任何行动。② 此事对于革命的彼得格勒免遭军事讨伐具有重要意义。因为当时无论是杜马临时委员会还是彼得格勒苏维埃都对沙皇政权可能采取的军事镇压行动存有畏惧之心。

在杜马临时委员会与社会各界代表磋商时，涉及了尼古拉二世的去留问题。杜马临时委员会派遣古契柯夫和舒尔金作为特使前往普斯科夫，敦促尼古拉二世退位。3 月 2 日夜里 11 点 40 分，尼古拉二世签署诏书，宣布退位，并决定由其兄弟米哈伊尔·亚历山大罗维奇大公继位。尼古拉二世让位于米哈伊尔的方案引起了杜马政治家和临时政府内部最早的分裂。米留可夫和古契柯夫坚持认为米哈伊尔无条件接受皇位是保存俄罗斯国家的最后机会，但克伦斯基、罗将柯等多数人主张，未来国家制度的问题应该由立宪会议来解决，米哈伊尔大公在立宪会议之前应该拒绝接受皇位。米哈伊尔最后表示，在由临时政府召集的立宪会议就未来国家制度作出决定以前，他拒绝接受皇位。③ 俄国君主制就此终结。

二　彼得格勒苏维埃发号施令

如果说在上层政治斗争中发挥了决定性作用的自由主义反对派代表了工商资产阶级、资产阶级化的地主以及随着新一轮工业革命高涨迅速成长起来的中产阶级，那么革命民主派政党孟什维克和社会革命党就是揭竿而起的彼得格勒工人和士兵的政治代表。

27 日，国家杜马中的孟什维克党团代表齐赫泽、斯科别列夫以及孟什维克活动家苏汉诺夫、斯切克洛夫与刚从监狱中出来的中央军事工业委员会工人部领导人、孟什维克 К. А. 格沃兹杰夫，П. О. 波格丹诺夫，Г. Е. 勃列依多等人宣布组成彼得格勒工人代表苏维埃临时执行委员会，掌握了

---

① Отречение Николая II. Воспоминания очевидцев. Документы. 2-е издание дополненное. Москва. Советский писатель. 1990. № 12. Телеграмма генерала Алексеева, посланная в Псков на имя Николая II. http://publ.lib.ru/ARCHIVES/SCH/SCHEGOLEV _ Pavel _ Eliseevich/_ Schegolev _ P. _ E. html#01

② *Боханов А. Н. и др.* История России. XX век. М., 1996. С. 138.

③ Из истории борьбы за власть в 1917 году. Сборник документов, с. 25.

成立彼得格勒苏维埃的主动权。

彼得格勒工人代表苏维埃临时执行委员会发出通告，要求各工厂和部队按照每1000名工人和每1个连士兵产生1名代表的比例，立即选出苏维埃代表到塔夫里达宫集中。当天晚上召开了彼得格勒工人和士兵代表苏维埃第一次会议，与会者超过1000人。

彼得格勒苏维埃第一次会议讨论了一些迫切问题并作出了相应的决定。会上首先提出了粮食问题，决定成立粮食问题特别委员会，并责成其与国家杜马临时委员会一起研究采取必要的措施来保证彼得格勒军队和居民的粮食和食品供应；决定对国家的、军队的、公众的和其他仓库中现存的面粉实行统一管理，并供应给面包房。会议决定，成立由社会革命党人姆斯基斯拉夫斯基和菲里波夫斯基为首的军事委员会，负责进一步组织军队参加革命运动。会议成立了文献委员会，负责出版报纸、传单和呼吁书。会议还选出了10名临时特派员，负责彼得格勒各区苏维埃的组织工作。会议讨论了苏维埃与国家杜马临时委员会的关系问题，决定派齐赫泽和克伦斯基作为苏维埃代表加入国家杜马临时委员会。①

彼得格勒苏维埃成立后采取的行动，使它很快成为影响革命进程的主要政治力量之一。苏维埃第一次会议通过了告彼得格勒和俄国居民书，其中明确提出了政权问题。"斗争还在继续，要把它进行到底，要彻底推翻旧政权并以新的人民政府取而代之，唯有如此才能拯救俄国。为了顺利完成争取民主的斗争，人民应该建立自己的政权组织。……工人代表苏维埃认为自己的基本任务是团结人民力量进行斗争，使政治自由和人民政权在俄国得到彻底巩固。"告人民书宣布，"为在彼得格勒各区组建人民政权，彼得格勒工人代表苏维埃已经任命各区政治委员。请首都全体居民立即团结在苏维埃周围，在彼得格勒各区成立地方委员会，把全部地方事务的管理权掌握在自己手里。同时，我们将以共同的力量为彻底消灭旧政府和在普遍、秘密、直接、平等基础上选举并召集立宪会议而斗争"。②苏维埃任命彼得格勒各区政治委员、掌握地方事务管理权，可以看作是对国家杜马临时委员会向各政权机关派遣政治委员的一种反应，同时也反映出苏维埃

---

① 这实际上是对现状的确认。27日国家杜马临时委员会成立之时，齐赫泽和克伦斯基已是其成员。

② К населению Петрограда и России. От Совета рабочих депутатов. Известия. 1917. 28 февр. № 1. С. 1.

把掌握群众运动、控制彼得格勒基层政权作为自己的直接目标。

彼得格勒工人代表苏维埃执行委员会还作出决议：1. 立即成立各区委员会；2. 设置武装的工人和士兵的集中点；3. 由工厂工人组成民警——每1000工人出100人并以严整队列前往集中点。①

根据彼得格勒工人代表苏维埃临时执行委员会的决定，成立了粮食委员会，立宪民主党杜马代表沃斯特罗金和盛加略夫也进入粮食委员会。《彼得格勒苏维埃消息报》上发表的粮食委员会公告中，它把自己称为苏维埃与国家杜马临时委员会的联合机关。② 粮食问题联合机构的成立使得稍后苏维埃执行委员会与国家杜马临时委员会就成立临时政府问题进行的谈判比较顺利地达成了协议。

苏维埃执行委员会还就金融问题作出决定：立即剥夺旧政权对全部金融资产的支配并对国家银行、国家和省的金库、造币厂等实施武装警卫；工人代表苏维埃授权国家杜马临时委员会立即执行该决定；在临时政府任命财政部长之前，全部缴获的货币资产应置于目前相关负责人员管理之下并受到保护；工人代表苏维埃和国家杜马临时委员会选出一个联合的金融委员会负责金融监管事务。③ 这个决定表明，苏维埃主要是表达自己的主张，而具体的措施则要由杜马临时委员会组织实施。这也是临时政府成立后，苏维埃与临时政府相互关系的一个基本形式。

彼得格勒苏维埃成立后最重要的举措，是发布了关于军队民主化的"一号命令"。3月1日，在有士兵代表参加的苏维埃执行委员会扩大会议上，决定把有关组织部队和保证士兵权利的措施综合起来并以命令形式发布，为此选举产生了一个由彼得格勒苏维埃执行委员会委员 Н. Д. 索科洛夫为首的、有士兵代表参加的专门委员会起草命令。3月2日凌晨，《彼得

---

① 1917. Рождение《Известий》: как создавался первый номер. https：//100izvestia. ru/news/657488.

② ПЕТРОГРАДСКИЙ СОВЕТ РАБОЧИХ И СОЛДАТСКИХ ДЕПУТАТОВ в 1917 году. Протоколы, стенограммы и отчеты, резолюции, постановления общих собраний, собраний секций, заседаний Исполнительного комитета и фракций. 27 февраля—25 октября 1917 года. ТОМ ПЕРВЫЙ.

③ ПЕТРОГРАДСКИЙ СОВЕТ РАБОЧИХ И СОЛДАТСКИХ ДЕПУТАТОВ в 1917 году. Протоколы, стенограммы и отчеты, резолюции, постановления общих собраний, собраний секций, заседаний Исполнительного комитета и фракций. 27 февраля—25 октября 1917 года. ТОМ ПЕРВЫЙ. ЛЕНИНГРАД, 《НАУКА》, ЛЕНИНГРАДСКОЕ ОТДЕЛЕНИЕ, 1991. С. 41-42.

格勒苏维埃消息报》公布了这份被称为"一号命令"的文件。一号命令的主要内容是：彼得格勒军区范围内所有连、营、团和相应军事单位立即选举产生由下级军人代表组成的委员会；各部队的政治活动应服从工人和士兵代表苏维埃和自己部队的委员会；所有武器应该由连、营的委员会掌握；士兵在作战队列中以及派出执行勤务时应该严格遵守军人纪律，但非执勤时和不在作战队列时，享有全体公民都享有的权利；取消士兵在非执勤时必须对军官立正、敬礼的规定，取消对军官的尊称，禁止粗暴对待所有等级的士兵等。

尽管一号命令形式上只是针对彼得格勒军区部队和彼得格勒工人而发的，但它立即传遍整个俄国军队。由一号命令开始的"军队民主化"，实际上瓦解了俄国旧军队。

一号命令是以彼得格勒工人和士兵代表苏维埃的名义发布的，但彼得格勒苏维埃并没有直接制定这个文件，也没有对这个文件进行表决。苏维埃只是顺着形势走，默认了士兵们的要求和行动。它不能反对也不能取消这个命令，因为那将可能失去自己在军队中的威望和影响。

三　双重权力格局的形成

彼得格勒苏维埃成立之初，它与杜马临时委员会之间基本上是一种相互合作关系。

先于苏维埃成立的国家杜马临时委员会主动准备与苏维埃分享自己的影响和权威，这奠定了杜马和苏维埃合作的基础，而这种合作的倡导者也是杜马。[①] 在二月革命中，自由派与民主派的合作主要是由杜马临时委员会倡导，并且通常都得到了苏维埃的响应。例如，在军事问题和粮食问题上的妥协结果，是成立了苏维埃和杜马联合的军事委员会和粮食委员会。在其他一些问题的处理上虽然没有成立联合机构，但双方也有交流和协调。

杜马临时委员会采取与苏维埃合作的方针，其目的是扩大自己作为临时权力机构的基础，因为苏维埃吸引了相当一部分卫戍部队士兵和工厂工

---

① *Николаев А. Б.* Революция и власть： IV Государственная дума 27 февраля-3 марта 1917 года. СПб.，2005. С. 159.

人，并且对他们具有很大影响力。而苏维埃在其成立之初也经常求助于杜马临时委员会，对国家杜马临时委员会采取了妥协的姿态。

杜马临时委员会与彼得格勒苏维埃最重要的合作，是通过谈判达成了关于成立临时政府的协议。

杜马临时委员会成立之后，很快就成立临时政府问题与苏维埃协商。

在苏维埃中占主导地位的孟什维克认为，目前的革命是资产阶级民主革命，在革命过程中成立的国家杜马临时委员会得到了俄国军队、金融界和工商界的支持以及英国和法国政府的承认，是新的资产阶级民主政府的雏形，如果它能够公开与旧制度残余做斗争，就能够同苏维埃形成一种同盟关系，从而更快地实现俄国革命的目标。至于苏维埃自身，它应该是革命群众的自治机关，其政治作用是"人民的喉舌""革命的控制器"；苏维埃应该领导工人的斗争、行使自治权，向政府施加压力、进行监督，但不能成为政权机关；苏维埃领导人不应加入政府、不应为资产阶级政府的活动承担责任；苏维埃可以给予政府有条件的支持，并积极影响政府的路线。

3 月 1 日，彼得格勒苏维埃执行委员会就组织政府问题召开会议。会上没有一人反对由国家杜马临时委员会来组织临时政府，即便是执委会中的布尔什维克代表也不反对。当时执行委员会 39 名成员中，有 11 名布尔什维克及其支持者，此外还有三位布尔什维克党中央委员扎鲁茨基、施略普尼科夫和莫洛托夫出席了会议。

当晚，彼得格勒苏维埃执行委员会的代表齐赫泽、苏汉诺夫、索科洛夫、斯切克洛夫、菲利波夫斯基与杜马临时委员会进行了谈判。双方讨论了关于把政权转交给由杜马临时委员会组成的临时政府的条件。苏维埃同意由杜马临时委员会组织政府，但要求在其施政纲领中包括以下内容：彻底的政治和宗教大赦、公民自由（并将其扩大至军人）、取消一切等级的民族的和宗教的限制、建立人民警察机构、保留卫戍部队、宣布成立民主共和国、立即召开立宪会议等。

杜马临时委员会对最后两条提出了不同意见，认为俄罗斯国家的管理形式最终应由立宪会议决定，而召集立宪会议应该是临时政府的近期目标。

苏维埃在这两条上作了让步，但其他要求都在最终协议中得到了肯定。协议确认，临时政府在自己的活动中应该遵循八点原则：立即赦免政治犯；实行言论、出版、结社、集会和罢工的自由；取消阶级、等级和民族的限制；立即准备根据普遍、平等、直接、秘密原则选举并召开立宪会议；以隶属于地方自治机关的民警取代旧警察；按四项原则选举地方自治机关；不解除参加革命的部队的武装、也不把他们调离首都；士兵享有一切公民权利。① 应该说，这是一个把国家引向宪制和民主的纲领，体现了一般资产阶级民主的精神，是自由主义立宪派和革命民主派的联盟的基础。

在达成上述协议之后，米留可夫代表杜马临时委员会要求苏维埃执行委员会发表一项宣言，说明临时政府是根据杜马临时委员会和苏维埃执行委员会的协商组成的，因此应该被人民群众视为合法政府并得到他们的支持；宣言还应号召士兵承认全体指挥员、信任军官。苏维埃执行委员会代表同意这个要求，并在米留可夫的参与下拟定了这项宣言。②

在 3 月 2 日的苏维埃全体会议上，执行委员会报告了同杜马临时委员会进行谈判和达成协议的情况。出席会议的 400 名代表中只有 19 人反对把政权交给资产阶级，而当时在苏维埃中仅布尔什维克党团就有 40 人左右。这种情况说明了国内布尔什维克的政治立场。③ 全体会议对执行委员会报告提出的主要修改意见，是要求由苏维埃成立一个监督委员会对临时政府进行监督。为此，会议决定成立一个专门的联络委员会。

自由派与民主派就成立临时政府问题进行的谈判，确定了过渡期权力结构的安排，形成了自由派掌控的临时政府执政、民主派主导的苏维埃实行监督的双重权力格局。④ 这个权力格局的形成表明了杜马临时委员会与彼得格勒苏维埃这两个政治中心在革命进程中的全面政治合作。

---

① *Федор Гайда*，Которые тут временные? У кого на самом деле была власть в России после Февральской революции//Журнал 《*Живая история*》№9（*15*）*2016 г.* https：//www.sovrhistory.ru/events/special/57.

② 宣言文本参见 ПЕТРОГРАДСКИЙ СОВЕТРАБОЧИХ И СОЛДАТСКИХ ДЕПУТАТОВ в 1917 году. ТОМ ПЕРВЫЙ. ЛЕНИНГРАД，《НАУКА》，ЛЕНИНГРАДСКОЕ ОТДЕЛЕНИЕ. 1991. С. 59.

③ *Троцкий Л. Д.* История Русской Революции. Т. 1. Февральская Революция. М.，1997. С. 282.

④ 俄文 двоевластие，通常译作 "两个政权并存"，但就当时实际情况来看，似译为 "双重权力格局" 或 "双重权力现象" 较为合适，因为临时政府和苏维埃分别代表了行政权和监督权。

四　双重权力格局的实质

通常认为，二月革命后俄国政治局势的基本特点是"两个政权并存"。应该说，双重权力结构的形成是二月革命中主要政治力量相对平衡状态的具体表现，是革命特定阶段上自由派和民主派两者利益一定程度重合的结果，也是它们试图以相互妥协合作来完成革命任务的尝试。但是双重权力格局只是表象，其实质是国家没有强有力的政权。这种权力格局注定了二月后的俄国缺乏必要的政治权威来解决革命的迫切任务。后来的事态发展证明，政权问题的这种解决方式，是二月革命后政局混乱、社会动荡、无政府主义泛滥的重要原因。

根据杜马临时委员会与彼得格勒苏维埃达成的协议，临时政府的地位十分脆弱，其权力也十分有限。3 月 2 日晚上的谈判确认了关于立宪会议法律地位的三项原则：一、立宪会议将代表"全民的意志"；二、在立宪会议之前"不预先解决"所有迫切问题；三、立宪会议是"俄罗斯国家的主人"。[①]

这三项原则实际上同时确定了临时政府的地位并限制了它的权力：首先，临时政府只是一个临时机构，仅存在于未来立宪会议决定政府和宪法形式之前；其次，临时政府将在立宪会议召开之前管理国家，但它无权解决当时俄国面临的任何重大问题，也不能建立任何常设的管理制度；再次，所有重大而又迫切的问题都必须由立宪会议来作出决定。在这种情况下，临时政府不比之前的沙皇政府更有权威。

临时政府成立之后，立即就自己的政治地位作出重要表态：临时政府既不从属于旧的议会即国家杜马，也不从属于其临时委员会。[②] 这是一个非常重要的政治决定，对于二月后双重权力结构的性质具有直接和确定的影响。它意味着临时政府与国家杜马临时委员会的切割，表明临时政府在现存所有政治机构中只承认苏维埃，政府的所有决定都将在与苏维埃协商

[①] Учредительное собрание и его историческое значение. http：//refhist. ru/history/the _ constituent_ assembly and _ its_ historical_ value/m/28516/1. 3. html.

[②] *Федор Гайда*, Которые тут временные? У кого на самом деле была власть в России после Февральской революции. //Журнал 《*Живая история*》 №9 （15） 2016 г. https：//www. sovrhistory. ru/events/special/57dfe73688368e5a39e2a5c7.

后作出。作出这个决定的原因应该与自由派内部的分歧有关，最主要的自由主义政党立宪民主党领导人米留可夫认为二月革命中最有影响力的自由主义政治家罗将柯立场偏右，不愿意让临时政府受罗将柯领导的国家杜马及其临时委员会左右。临时政府还郑重声明，它绝不试图利用战争状态推迟实现改革措施。①

而苏维埃对临时政府的支持是有条件的。苏维埃虽然表示它只是行使监督权，但它强调，新政府只有在实现自己的承诺、保卫革命成果、继续同旧秩序斗争的情况下，才能获得苏维埃的支持。孟什维克领导人策列铁里很清晰地表明了孟什维克的立场："一旦临时政府抛弃革命的道路而选择妥协的道路，那么，同志们，你们和我们一起将毫不畏惧地示威游行反对政府，并且像废除旧制度一样把它推翻。"② 可见，孟什维克虽然同意由自由主义政党掌握政权，但并未完全承认和信任他们，而是保持着警惕。而且，在孟什维克的主导下，苏维埃很快形成了自己在内外政策上的立场，在一系列迫切问题上提出了自己的明确主张，对临时政府施加了更为具体的压力，要临时政府服从自己所代表的"革命人民的要求"。凭借在全俄范围建立起来的组织网络，苏维埃很快加强了自己的影响力，并认为自己与临时政府享有同等的地位。

虽然彼得格勒苏维埃在整个3月份和4月上半月奉行有条件支持临时政府的方针，尽量避免在最初时刻就同自由派占绝对优势的临时政府发生冲突，但由于代表了革命高潮中的群众，苏维埃在双重权力格局中的地位和作用超出了对临时政府进行监督的范围，实际上拥有了否决权。

临时政府与苏维埃之间一方面通过3月10日成立的联络委员会来协调政策，另一方面也因为政治斗争的发展和群众情绪的激进而不断发生矛盾。来自苏维埃的牵制和压力，比临时政府作为临时性政权这一特点更加明显地限制了它履行政治和管理职能的范围和能力。

通常认为，临时政府是反人民的资产阶级政府，只是在彼得格勒苏维埃的压力下才被迫作出了一些政策让步。但实际上，临时政府是按照苏维埃执行委员会与杜马临时委员会达成的八点协议来施政的。它宣布并实行

---

① Декларация Временного правительства о его составе и задачах. http://his95.narod.ru/04.htm.

② Abraham Ascher, *The Mensheviks in the Russian Revolution*, New York, 1976, p. 93.

了一系列措施，使俄国从沙皇制度迅速转变为推崇普世民主的国家，各种社会和政治力量"拥有最大限度的合法性"，而政府"没有用暴力压迫群众的现象"，俄国成为世界各交战国中"最自由的国家"。[1] 这也是临时政府开始时得到俄国社会广泛支持的主要原因。

临时政府初期的施政充分考虑了苏维埃的意见。根据苏维埃的要求，临时政府逮捕了前沙皇一家，关闭了一些右翼报刊，停止出版杜马临时委员会的《公告》，撤销杜马军事委员会，由临时政府和苏维埃共同管理彼得格勒卫戍部队、国家财政和首都粮食分配等事务。为了争取来自广大城乡居民的支持，临时政府甚至不惜削弱自己同地方自治机关的联系，在地方政权的组成上作出重大妥协。

但是，双重权力结构及其实践不能适应二月革命后结束混乱、重建秩序、向新制度过渡的需要。

在临时政府内部，克伦斯基、涅克拉索夫、科诺瓦洛夫和捷列申科等人全力主张与苏维埃紧密合作，他们在自己负责的领域内尽量采取与苏维埃立场一致的措施，甚至更进一步。司法部长克伦斯基把大赦对象从政治犯扩大到刑事犯，结果导致了二月后社会秩序的严重恶化；商业和工业部长科诺瓦洛夫支持在战争时期在企业中普遍实行 8 小时工作制，尽管这不可避免地加剧经济崩溃；交通部长涅克拉索夫把铁路置于社会委员会控制之下，而对铁路运输存在的一系列严重问题无所作为。对这些做法，临时政府总理李沃夫的态度是完全支持，他认为任何行政措施都是"旧的心理"的表现。

古契科夫和米留可夫是临时政府中主张恢复秩序并把国家引向立宪会议的代表人物。但在一系列具体问题上，他们也是很"革命"的。古契科夫在担任军事部长的两个月中，以与旧制度有联系为由解除了 60% 高级军官的职务，其中包括 8 位战线司令和集团军司令，68 位军长中的 35 位，240 位师长中的 75 位。米留可夫在回应立宪民主党内同事提醒他必须采取"传统的老办法"即行政强制手段应对混乱局面时表示，他"宁愿失去权力也不会采取这样的措施"。[2]

---

① 《列宁全集》第 29 卷，人民出版社，1985，第 114 页。

② *Федор Гайда*, Которые тут временные? У кого на самом деле была власть в России после Февральской революции. // *Журнал 《Живая история》 №9（15）2016 г.* https://www.sovrhistory.ru/events/special/57dfe73688368e5a39e2a5c7.

3月初，临时政府固化了二月革命产生的变化，如撤销了警察局、宪兵队、保安机关和最高刑事庭，停止了各省省长和地方行政管理机关的活动。临时政府总理李沃夫公开宣布："政府撤掉旧的省长，也不会任命任何人，而将由地方自行选举产生。这样的问题不应由中央来解决，而要由地方居民自己决定。"① 国家在地方上的唯一代表是临时政府派出的省和县的政治委员，政治委员的任命由临时政府与地方各社会组织协商后形成。但事实上如果得不到地方苏维埃的支持，政治委员的权力等于零。地方的政治委员们向彼得格勒抱怨，地方苏维埃通常控制了当地民警局，地方各种权力机构失去了保护，原先警察局和宪兵队的档案散失，犯罪记录库被破坏，抢劫成为家常便饭。由于时有政治委员遭到逮捕的情况发生，有些地方的政治委员不辞而别，地方组织则自行选举新人。在城市中，守备部队成为主要力量，他们往往很容易接受布尔什维克的反战宣传。地方政权处于瘫痪状态，到处都在自行其是，无视临时政府的指示。政治委员忙着处理一大堆电报，但没人把他们当回事；检察机关无所作为，法院干脆就没有了。在4月召开的各省政治委员代表大会上，要求结束无序状态、制止抢占地主庄园的呼声强烈，但得不到答复。由于地方政权形同虚设，社会革命党报纸《人民事业报》在3月份就指出："没有地方政权。有些机关已被破坏，有些名存实亡，更主要的是它们在居民眼中已失去任何权威。"其实，中央政府的情况并不更好。在临时政府中，管理不善的官僚机关自由散漫，无所作为。战时最重要的政府部门军事部的官员们，居然在为每天6小时工作制而斗争。无政府主义在整个社会蔓延。"士兵们不再挖战壕、执勤、作战。工人停止工作。官员忘了自己的办公室。这个巨大国家的一切事务工作、劳动生活都停顿了。到处都在进行的只有无休无止的演讲、辩论和争吵。"②这是克伦斯基对当时俄国生活发出的无奈声音。

五 双重权力格局的调整

双重权力格局注定是不可能长久的。自发性左右事态发展是非常状

---

① *Федор Гайда*, Которые тут временные? У кого на самом деле была власть в России после Февральской революции. // *Журнал 《Живая история》№9（15）2016 г.* https：//www.sovrhistory.ru/events/special/57dfe73688368e5a39e2a5c7.

② *Керенский А. Ф.* Опыт Керенского // ГА РФ. Ф. 5881. Оп. 1. Д. 725. Л. 71. См.

态，而社会需要起码的秩序，完成民主改造的任务需要强有力的政权。一个多月后发生的四月危机，不仅是临时政府的危机，也是二月革命产生的权力格局的危机。

四月危机表面上是因临时政府与苏维埃在战争问题上的不同立场而引起的冲突，但实际上反映了双重权力格局的困境。面对彼得格勒苏维埃支持的工人和士兵反对临时政府战争政策的街头抗议，时任彼得格勒军区司令的科尔尼洛夫主张用强力恢复秩序。米留可夫和古契科夫要求临时政府联合反对苏维埃的力量，同彼得格勒苏维埃决裂。但临时政府大部分成员完全是另外的想法。连李沃夫总理都对政府内部主张加强秩序的意见不以为然，认为不必对无政府主义骚动采取行动。他心平气和地表示："他们（街头群众）现在只是在表现自己，就像以前黑色百人团流氓所做的那样。"

为了避免出现极端的对抗，临时政府认为唯一的办法是苏维埃中的革命民主派政党派代表进入政府，与自由派合作组成联合政府。而孟什维克和社会革命党在四月危机中也意识到，他们无法回避对俄国革命前途的责任，苏维埃不参加政府的立场无助于民主改造任务的实现。主要的"资本家部长"古契科夫和米留可夫辞去军事部长和外交部长的职务，为成立联合政府扫清了障碍。孟什维克和社会革命党人加入临时政府和第一届联合的临时政府成立，标志着临时政府与苏维埃在政权问题上达成了新的一致。由此开始，布尔什维克党成为唯一反对临时政府的主要政治力量。

六　联合政府仍然不能控制局面

联合政府的成立在一定程度上改变了双重权力格局，政府中自由派的力量受到削弱，民主派的影响力得到加强。虽然临时政府的合法性基础扩大了，它的执政能力却没有加强。即便是后来民主派占据了优势的新的联合政府，也仍然不能控制局面，无力满足群众的迫切要求。

造成这种局面主要原因，首先是临时政府的性质和使命没有实质变化，联合临时政府的成立没有改变早已明确的临时政府的法律地位和职责权力。其次，也是更为关键的因素，是联合政府中的民主派和自由派对于俄国革命的任务和临时政府应该承担的责任的认识陷入误区，两者对群众运动和自由民主的理解，对和平、土地等迫切问题的认识，是十分接近甚至一致的。

四月危机以后，各方政治力量继续围绕是恢复秩序还是放任自由的问题展开激烈斗争。自由派和民主派作为俄国政治版图中的中间偏右和中间偏左力量，对革命中的自发势力都持有承认现实甚至盲目崇拜的态度。

在社会失范崩溃、无政府主义空前泛滥的情况下，代表民主派的温和社会主义政党并没有为局势的严峻感到特别的担忧，相反还希望保持这种局面存在。孟什维克和社会革命党迎合广大居民阶层中渴望尽快为所有人解决所有问题的情绪，对群众自发成立各种组织来解决自己关心的问题的现实持充分肯定态度。孟什维克领袖策列铁里认为："这些组织吸引了几乎所有工人、农民、士兵、知识分子，是同人民联系在一起的新型民主国家的萌芽。"①

起先基本由俄国著名自由主义活动家组成、后来又有著名社会主义者加入并逐渐占有优势的临时政府，是一个充满政治理想主义的政府。组成联合临时政府的那些旧制度下的反对派、革命者突然一下子成为执政者之后，对于俄国的未来抱有十分幼稚的想法，希望在俄国这样一个还未能摆脱专制制度和农奴制度遗产的国家，而且还是在战争时期，就立即按照西方模式甚至是超西方模式，以剧变的方式实现迅速彻底的民主化。克伦斯基曾表示，"我们要建立的不是某种英国式或德国式的制度，我们要建立的是真正意义上的民主共和国"。② 李沃夫认为："俄罗斯人民的精神已经显示出，它在本质上就是一种普世民主的精神。它不仅准备融入普世民主之中，并且准备在进步的道路上身先士卒。在这条道路上矗立着法国大革命的三大原则：自由、平等、博爱。"③ 难以想象这些不着边际的言论出自战争时期的俄国临时政府的总理。临时政府一再呼吁全体公民、所有居民阶层，为建立自由的、民主的俄国的共同目标而团结起来。然而这在当时是不可能实现的任务，全民团结的局面也根本没有出现。④

1917 年俄国生活的现实是，突然获得了自由的俄国人民不再承认任何权威，自行其是、为所欲为，掀起了席卷俄国大地的无政府主义狂潮，

---

① История России XX：1894—1939. Под ред. *А. Б. Зубова*. М.，2009. С. 402.

② История России XX：1894—1939. Под ред. *А. Б. Зубова*. М.，2009. С. 425.

③ 参见〔俄〕尼古拉·韦尔特《1917 年，革命中的俄罗斯》，上海人民出版社，2007，第47 页。

④ Из истории борьбы за власть в 1917 году. Сборник документов. М.，2002. С. 22.

就像高尔基所看到并指出的那样，"俄国人民从本性上讲是倾向于无政府主义的；俄国人民历来是消极的，但是在政权落到他们的手中时，却又是非常残酷的；……俄国人民对人道主义与文化的劝导是极端地缺乏悟性的"，"人民在利己地、牲畜般地、愚蠢而丑陋地享受着自由"，"人民确实半饥半饱，受尽折磨；人民确实在犯着许多罪行"。① 群众自发性爆发的结果虽然迅速破坏了旧的束缚和压迫，但是也造成了社会的失范和崩溃。

而在当时，众多的革命参与者和崇拜者都将群众自发性的爆发视为"革命的成果""群众的创造"。临时政府的多数政治家沉醉于对普世民主的浪漫主义想象和对群众自发性的盲目迷信之中，采取的不少政策措施明显助长了无政府主义，恶化了社会秩序，也进一步削弱了自己的地位。

4 月 26 日临时政府发表的告人民书是一个值得充分关注的文件。告人民书称："临时政府认为自己是人民意志的执行者和保卫者，它认为国家管理的基础不是暴力和强制，而是自由的公民自愿服从他们自己选出的政府。政府寻求的不是物质上的而是道德上的支持。临时政府从掌权开始就从未背离这个原则。它绝不允许由于自己的原因而让人民流一滴血，也绝不会为某一种思想流派建立强制的防护栏。……在排除采用旧的强制性管理手段和排除使用外在的人为的方式提升政权威望的情况下，临时政府完成其任务的困难将很难克服。"②

这些文字表明，临时政府中占主导地位的力量意识到了 1917 年革命的特点及其现实表现，但是并不准备主动地解决问题。自发开始的二月革命意味着既有的一切都土崩瓦解了，自发性的狂潮摧毁的不仅是国家，还有整个社会。而临时政府除了表示相信道德的力量和自由将最终胜利之外，没有提出应对这一崩溃过程的任何措施，只是希望"自由的公民自愿服从他们自己选出的政权"。临时政府排除了强制性的管理方式，即不准备通过国家和法律的手段来制止崩溃。纳波科夫指出，"这种思想与无政府主义思想极为相似"，事实上否认了国家、政权与法律的作用。四月危机后参加临时政府的温和社会主义政党的代表，比自由主义政治家更加鲜明地

---

① 〔苏〕高尔基：《不合时宜的思想》，江苏人民出版社，1998，第 59、84~85、60 页。

② *Новгородцев П. И.* Об общественном идеале. M.，1991. C. 562.

支持"群众的创造"。联合政府的政治理念以及对于俄国局势和任务的看法与第一届临时政府相比没有根本变化，只是由于苏维埃民主派的加入而具有了更"左"的色彩。

临时政府是一个缺乏执行力的政府，它缺少既有权威又有魄力、还能审时度势的领导人。临时政府第一任总理李沃夫是一个理想主义者，也是一个蹩脚的政治家，虽然"坐在驭手的位置上，但都懒得提缰绳"。他认为革命人民正在自行组织一切，不准备采取任何措施应付日益发展的混乱局面。他宣称："我相信俄罗斯人民的伟大心灵充满了对别人的爱，我相信这是真理、真实和自由的首要根源。在这里蕴含着俄罗斯人民全部的光荣和所有的一切。"[1] 七月事件后李沃夫辞去总理职务，他表示，为了制止混乱和崩溃必须采取强制手段，而他不愿意做这样的事。先后出任临时政府司法部长、军事部长和总理的克伦斯基对民主自由的理解极其片面，甚至极其荒谬。他以自己的刚愎自用把这种理解拿来指导政府的活动，从而使临时政府的很多政策具有十分幼稚的色彩，甚至沦为笑柄，譬如将大赦政治犯扩大到刑事犯，盲目迷信群众自发性，听任无政府主义泛滥，反对重建秩序，反对加强军队纪律，撤销政治保卫机关，等等。但对于群众迫切要求的和平、土地问题，李沃夫和克伦斯基都拿不出具体办法，都推给立宪会议解决，而立宪会议的选举和召开则因战争仍在继续而被推迟。临时政府的政策陷入困境。

俄国历史学家谢洛哈耶夫认为："二月到十月这个时期非常清楚地表明，对于建立公民社会和法治国家的任务而言，仅有缺乏相应社会经济前提保障的政治自由是远远不够的。"[2] 二月后的政治和社会现实证明，自由主义政党和温和社会主义政党都还没有为掌握政权做好准备。虽然他们在革命以前都已形成自己的政治主张，有自己的纲领和策略，但又都没有预料到群众自发性爆发的能量，没有引导群众的能力，也没有在战争条件下处理最紧迫问题的办法。二月革命政权的无力和无为，最终使得群众对它失去信心和耐心。而布尔什维克正是以立即实现和平、土地和面包的口号逐渐获得了彼得格勒工人和士兵的拥护，在短短几个月后夺取了政权。

---

[1] 转引自 История России XX：1894—1939. Под ред. А. Б. Зубова. М., 2009. С. 395—396.

[2] В. В. Шелохаев. История, деформированная властью.//Кентавр. 1994. 2. С. 16.

十月革命与苏联民族区域自治政策

黄立茀[*]

【内容摘要】沙俄帝国对被征服民族实行殖民政策，各民族没有官方的民族识别和认定、没有领土权、没有独立行使权力的政权机关、没有主权，成为血缘、文化、宗教意义上的族群——族裔民族。十月革命以后，在沙俄帝国的废墟上建立了一批独立国家，苏维埃政权承认了这些国家的独立。遵循马克思民族平等的理论，为避免国家分崩离析，列宁确定了给予新政治体以民族自决和补偿原则为核心的民族区域自治权利。今天回顾十月革命后列宁民族区域自治政策，既应看到其历史必要性以及对苏联民族文化、经济、社会发展的积极促进作用，同时也应当看到其导致民族政治化的内在缺陷。

【关键词】十月革命　民族自决权　苏联宪法　苏联解体

本文探讨苏联民族区域自治政策产生的历史背景，实施民族区域自治政策对苏联民族发展以及对苏联国家统一的影响。

首先确定基本概念。根据国内外研究成果，民族区分为两个层次：族裔民族与国家民族。族裔民族亦称族群（俄语 этнос 或 народ；英语 Ethnic group 或 Ethnicity），是因血缘、宗教、文化联系形成的族群，可称之为文化化的民族；国家民族（нация，英语为 Nation）是政治化的民族，即国

＊　黄立茀，中国社会科学院世界历史研究所研究员，北京师范大学历史学院特聘教授，中国苏联东欧史研究会副会长。

家民族①，也称民族国家，其有四个基本要素：确定的领土、定居的居民、一定的政权机关、国家主权。

民族区域自治理论是布尔什维克党夺取政权以前列宁提出的理论，主要包括民族平等、民族自治、民族自决直至分离成立独立国家三个基本原则。在资本主义上升时期，马克思基于民族平等的理念，曾提出了被压迫民族享有民族自决权的问题。1896 年第二国际伦敦代表大会重申了马克思主义的这一基本观点。列宁继承了马克思关于民族自决的理论，并基于对俄国特定历史背景下壮大革命队伍以完成革命任务的考量，提出了民族自决的原则。

一 沙俄帝国对被征服民族实行强制俄罗斯化的政策，帝国境内各民族停留在文化民族的发展阶段，客观上出现民族融合的趋势

13 世纪末，俄罗斯民族建立了莫斯科公国，面积只有 1300 平方公里。从 1547 年伊凡四世自称沙皇到 1917 年罗曼诺夫王朝覆灭的 370 年间，历代沙皇向周边国家大肆侵略扩张，俄国版图从 280 万平方公里扩大到 2280 万平方公里，比原来扩大了 7 倍多。俄国从原来单一俄罗斯民族的国家，

---

① 表述文化层面的民族，俄语中除使用与英文基本一致的 "этнос" 以外，还使用 "народ" 一词。对此，俄罗斯民族学权威瓦列里·季什科夫在解读叶利钦总统 1996 年 6 月 15 日签署的《俄罗斯联邦国家民族政策构想》时有清晰的阐释。他指出："'народ'这个单词是多义词，其最广泛的一个意思是'整个公民的共同体，国家的居民'，也就是我们常说的'人民'，而'构想'却作了让步，让对'народ'这个术语的民族学的理解（即'民族'——作者注）占了上风。在构想的理解下，народ 表述的民族指的是其成员具有共同称谓和文化成分，首先是共同语言的人的共同体，这些共同体的成员拥有共同的起源和历史记忆，拥有一致的情感。在这些特征中，自我意识起决定的作用。"同时，季什科夫强调在表述政治民族时，应使用 "нация"。他说："'нация'这个概念的使用通常有两种含义：作为政治或者公民的民族，以及作为文化或者族裔的民族。所有的国际司法实践和现代国家的术语语言都使用这个词的第一种含义。许多文化、政治组织和民族分离运动甚至国家内部的结构都使用该术语的第二种含义。"参见 Валерий Тишков "О КОНЦЕПЦИИ ГОСУДАРСТВЕННОЙ НАЦИОНАЛЬНОЙ ПОЛИТИКИ"，http：// valerytishkov. ru/cntnt/publikacii3/publikacii/o_ konzepzi. html。当然，笔者赞同国际司法实践和现代国家术语语言通常的用法。因此，本文在表述国家民族时，使用俄语单词 "нация"；在用俄语单词表述文化层面的 "族群" 时，除使用与英文表示基本一致的 "этнос" 以外，还使用了 "народ" 一词。

变成了拥有 100 多个大小民族的帝国。

尽管沙俄帝国境内民族的经济、政治、文化处于不同的发展阶段，但政府对被征服民族一律实行殖民政策。从 1863 年开始，政府加快了帝国境内民族边区的行政一体化，并为强制推行俄罗斯化加强了对各地语言和文化的统一。[①] 根据强制俄罗斯化的方针，俄国政府不进行民族识别，民众没有官方的"民族成分"，民族没有相应官方确认的地域归属，沙俄政府不允许建立独立国家——民族没有主权，处于非政治民族，亦即族裔民族（народ，этнос；Ethnic group，Ethnicity）的阶段。

沙俄采取多种措施保持帝国的统一。在异族地区设置行省体制，既对同一个民族分而治之，又使一个地区中多民族混居，以此来弱化民族意识。例如，苏联时期的乌克兰地区在沙皇时期大致被划分为 9 个行省，同一个民族的散居和多民族混居，淡化了民族意识。

沙俄政府还通过对被征服地区进行经济、军事移民，促进民族的融合。1678~1915 年，移民数量逐渐加大。迁入俄国北部、西伯利亚、哈萨克斯坦、中央黑土地区、新俄罗斯、伏尔加河流域、乌拉尔山前南部地带、北高加索等地的移民数量达到 1283 万人，[②] 向中亚的移民最为强劲。原本中亚的民族进程极度落后，各民族之间的界限相当模糊，[③] 频繁的军事移民与经济移民带来与中亚不同的文化，中亚出现伊斯兰文化、突厥文化、斯拉夫文化三足鼎立，[④] 以及文化的相互影响与结合。俄罗斯民族学权威、俄罗斯科学院人类学与民族研究所所长、曾任俄罗斯联邦民族事务委员会主席的瓦列里·季什科夫（Валерий Тишков）指出了这一特点，他说，中亚地区"几个世纪各族之间的交流和接触，产生了高度的相互文化影响和文化结合，特别是在斯拉夫各族与突厥各族之间更为显著"。[⑤]

---

① 〔俄〕鲍里斯·尼古拉耶维奇·米罗诺夫：《俄国社会史——个性、民主家庭、公民社会及法制国家的形成（帝俄时期：十八世纪初至二十世纪初）》，张广翔等译，山东大学出版社，2006，第 19 页。

② Бескровный Л. Г. и др. Миграции населения России в X VII_ начале XX в. //Колесников А. Д .（ред.）Проблемы исторической демографии СССР. Томск, 1982. С. 26-32；Брук С. И., Кабузан В. М. Миграции населения России в X VIII_ начале XX века //ИСССР. 1984 . No4. C. 41—59.

③ 石岚：《中亚费尔干纳：伊斯兰与现代民族国家》，民族出版社，2008，第 40~41 页。

④ 吴宏伟：《中亚人口问题研究》，中央民族大学出版社，2004，第 26 页。

⑤ 〔俄〕瓦列里·季什科夫：《苏联及其解体后的族性、民族主义及冲突——炽热的头脑》，中央民族大学出版社，2009，第 54 页。

沙俄在民族地区强制俄罗斯化，于被征服民族而言，具有反动性，必须受到批判和废止。但是在俄国经济的现代化发展背景下，沙俄政府的俄罗斯化政策客观上带来了民族的融合，维护了国家的统一。

二 十月革命前以民族自决为核心的民族区域自治政策的提出，苏联的建立

1893 年，以马克思主义为指导的俄国社会民主工党（布尔什维克党前身）诞生。布尔什维克党斗争的目标是建立无产阶级领导的社会主义制度，其第一个阶段的任务，是进行资产阶级民主革命，推翻沙皇封建统治。但是，20 世纪初，工人阶级仅占俄国人口 14.6%[①]——工人阶级的力量过于单薄。伴随着沙皇政权对异族的征服和压迫，各族人民反抗沙俄殖民统治，争取民族解放的斗争持续不断。民族解放运动的领导者有民族主义者、资产阶级自由主义者、民主主义者等各种流派，尽管他们在政治理念和运动目标上与布尔什维克党不同，但是反对沙皇统治的目标却是相同的，民族解放运动天然地成为无产阶级革命的同盟军。为了争取民族解放运动对布尔什维克革命的支持，也为了将被压迫民族从沙皇殖民统治下解放出来，列宁提出，无产阶级夺取政权以后，将给予民族以自决权利。1902 年 2 月，列宁在《俄国社会民主工党纲领草案》中提出，"俄国社会民主工党的最近的政治任务是推翻沙皇专制制度，代之以建立在民主宪法为基础上的共和国，民主宪法应保证：……承认国内各民族都有自决权"。[②]

1917 年二月革命推翻了沙俄帝国的封建统治。沙俄帝国崩溃以后，乌克兰、白俄罗斯、波兰、芬兰，以及高加索、中亚、波罗的海沿岸受到沙皇压迫的民族纷纷提出自治的要求。在民族解放运动风起云涌的形势下，1917 年 4 月，俄国社会民主工党（布）第七次代表会议召开，重申并进一步阐述了列宁关于民族自决的主张。会议认为，必须承认俄国境内一切民族自由分离和成立独立国家的权利。无产阶级只有承认民族分离权，才能

---

① *Государственный комитет СССР по статистике информационно-издательский центр*，Социальное развитие СССР статистический сборник. М:，Финансы и статистика. 1990. С. 46.

② 《列宁全集》第 6 卷，人民出版社，1986，第 194~195 页。

促进各民族真正地接近。其时，资产阶级临时政府深陷帝国主义战争自顾不暇，又误判沙俄遗留的民族问题的尖锐性和民族解放运动的能量，未及时满足各民族提出的自治要求。临时政府对民族运动的怠慢，给了布尔什维克党联合民族解放运动进行十月革命夺取政权的机会。十月革命胜利前夕，上述被沙俄压迫的民族独立建国已成大势，在这种局势下，列宁不能撤回之前对民族自决权的承诺，失信于其他民族。基于这样的考量，1917年 10 月列宁在《论修改党纲》的长文中说："我们希望俄罗斯（我甚至想说大俄罗斯，因为这样更正确）人民的共和国能把其他民族吸引到自己方面来，但用什么方法呢？不是用暴力，而是完全靠自愿的协议。否则就要破坏各国工人的团结和兄弟般的联盟。"① "'自决'一词曾多次引起曲解，因此我改用了一个十分确切的概念'自由分离的权利'"，② "我们尤其必须承认分离的自由，因为沙皇制度和大俄罗斯资产阶级的压迫在邻近的民族里留下了对所有大俄罗斯人的极深的仇恨和不信任；必须用行动而不是用言论来消除这种不信任"。③ 苏维埃政权根据列宁重申和兑现民族平等自决原则的基调，承认了这些新近独立的国家的主权地位，并且与之建立了双边关系。在内战时期，苏维埃俄国与这些苏维埃民族国家建立了经济联盟与军事联盟，共同御敌。

内战结束以后，提出建立苏联的问题。当时以斯大林为首，提出在各苏维埃共和国"自治化"基础上加入苏维埃俄国，建立单一俄罗斯苏维埃联盟社会主义共和国。而列宁仍然坚持民族平等、民族自决的原则，主张各民族共和国以独立自治体地位，平等组成苏维埃社会主义共和国联盟——苏联。为了表示贯彻民族平等原则的真诚，列宁还提出了对非俄罗斯民族的补偿原则："应该不仅表现在遵守形式上的民族平等，而且表现在压迫民族即大民族要处于不平等地位，以抵偿在生活中事实上形成的不平等"。④

综上所述，列宁作为马克思主义者提出民族自决权的原则，一是对革命导师马克思理论上的继承，二是为壮大革命队伍、夺取政权以及巩固社会主义政权需要的形势所迫。当时，列宁不能作出别的选择。也必须看

① 《列宁全集》第 32 卷，人民出版社，1985，第 370 页。
② 《列宁全集》第 32 卷，第 369 页。
③ 《列宁全集》第 32 卷，第 370 页。
④ 《列宁选集》第 4 卷，人民出版社，1995，第 758 页。

到，列宁重申民族自决权、提出补偿原则，对实现民族平等表现出相当的真诚。

三 苏联贯彻以民族自决为核心的民族区域自治政策促进了各民族政治、经济、文化、社会的发展

世界上有两种构建联邦国家的形式：以行政区为单元和以民族为单元。1922 年苏联建立，正如美国历史学家理查德·派普斯指出的，"苏维埃俄国……成为把民族原则作为联邦结构的基础的第一个现代国家"。[①]

苏联贯彻以民族平等为基础、以民族自决为核心的民族区域自治政策，促进了各民族政治、经济、文化、社会的发展。

第一，经济方面，苏联对落后民族实行补偿政策，中亚、高加索经济发展速度超过苏联平均水平。

苏联贯彻对落后民族补偿的原则，在两个时期最为明显。赫鲁晓夫时期，中央向地方下放经济管理权，加盟共和国与自治地方获得了额外的超计划预算收入。1955~1960 年，加盟共和国预算占全苏联预算总额比重从 11.6% 上升到 39.1%，[②] 这一时期，加盟共和国计划预算收入主要用于经济建设。勃列日涅夫时期实行经济拉平的政策，在投资、工业建设方面向民族地区倾斜。根据官方统计数据，1975 年各加盟共和国有权留下在自己领土上征收的周转税的比率是：俄联邦 42.3%，乌克兰 43.3%，拉脱维亚 45.6%，摩尔达维亚 50%，爱沙尼亚 59.7%，白俄罗斯 68.2%，阿塞拜疆 69.1%，格鲁吉亚 88.5%，亚美尼亚 89.9%，塔吉克斯坦 99.1%，吉尔吉斯斯坦 93.2%，乌兹别克斯坦 99.8%，哈萨克斯坦 100%，土库曼斯坦 100%。[③] 从上述数据看到，中亚五个共和国留归自己使用的周转税比例是俄联邦的 2 倍，中央对这些共和国优惠支持的力度相当大。

经济拉平政策还体现在，发达民族共和国对联盟国家做贡献。例如

① 参见马戎《对苏联民族政策实践效果的反思——读萨尼教授的〈历史的报复〉》，《领导者》2010 年总第 35 期。

② 许新等：《超级大国的崩溃——苏联解体原因探析》，社会科学文献出版社，2001，第 158 页。

③ *Пихоя Р. Г.* Почему распался Советский Союз//Трагедия великой державы: национальный вопрос и распад Советского Союза. М., 2005. С. 409.

"俄罗斯共和国为其他共和国提供经济援助，供应廉价的能源和原材料。
1989 年，俄罗斯共和国为其他共和国提供了 670 亿卢布的援助"。[①] 在经济
补偿政策指引下，昔日落后民族的经济发展获得更多的进步。例如，1986
年工业总产值全联盟是 1940 年的 26.6 倍，是 1960 年的 5.1 倍；白俄罗
斯，中亚的哈萨克斯坦，高加索地区的亚美尼亚、摩尔达维亚等国无论
1986 年对 1940 年，还是 1986 年对 1960 年，经济发展速度远高于联盟平均
水平（参见表 1）。

表 1　加盟共和国 1986 年工业总产值对 1940 年与 1960 年的比率

苏联	1940 年的 26.6 倍	1960 年的 5.1 倍
白俄罗斯	1940 年的 40.2 倍	1960 年的 9.6 倍
哈萨克斯坦	1940 年的 39.6 倍	1960 年的 5.4 倍
摩尔达维亚	1940 年的 69.5 倍	1960 年的 7.8 倍
亚美尼亚	1940 年的 63.2 倍	1960 年的 8.1 倍
俄罗斯	1940 年的 22.9 倍	1960 年的 4.6 倍
乌克兰	1940 年的 17.7 倍	1960 年的 4.8 倍
格鲁吉亚	1940 年的 22.6 倍	1960 年的 5.7 倍
立陶宛	1940 年的 76.2 倍	1960 年的 7.3 倍
爱沙尼亚	1940 年的 56 倍	1960 年的 4.9 倍
拉脱维亚	1940 年的 56.7 倍	1960 年的 4.7 倍

资料来源：*Государственный комитет СССР по статистике информационно-издательский
центр*，Социальное развитие СССР статистический сборник. М：，Финансы и статистика.
1990. С. 17.

中亚的五个加盟共和国，在 20 世纪 60~70 年代，工业生产增长速度
接近或超过全苏平均水平，工业产值在国民生产总值中超过 50%，已由昔
日落后的农牧业地区变成工农业地区。

第二，文化方面，苏联遵循民族平等原则，发展民族文化教育，中
亚、高加索民族地区文化教育某些指标甚至超过发达国家水平。

苏联成立初期，在民族地区实行"本土化"政策。大量建立民族学

---

① 〔俄〕瓦列里·季什科夫：《苏联及其解体后的族性、民族主义及冲突——炽热的头脑》，
中央民族大学出版社，2009，第 79 页。

校，进行母语教育；在中小学、大学用民族语言授课，加盟共和国所有的
报刊图书用本地民族语出版；绝大多数剧院用本地语言演出；为 46 个无语
言的民族创造文字……这些措施有力地推动了民族语言、文化、教育事业
的发展。赫鲁晓夫时期重新实行"民族本土化"政策，扩大民族地区文化
建设权限；勃列日涅夫时期为了提升经济发展质量，加大全苏，包括民族
地区科技人才的培养……这些措施使民族地区文化教育机构数量和居民受
教育水平迅速提高。各加盟共和国不仅扫除了文盲，而且各类教育事业也
迅速发展。据统计，1984~1985 学年，在 14 个非俄罗斯民族共和国中有普
通中小学 6.84 万所，在校学生 2430 万，占全苏 54%；中等专业学校 1924
所，在校学生 201.84 万，占全苏 45%；高等专业学校 392 所，在校学生
223.89 万，占全苏 42%。外高加索和中亚地区 8 个加盟共和国每万名居民
中拥有大学生数已超过英、法、德、意、日等发达资本主义国家。[1]

第三，在政治方面，苏联宪法赋予以民族自决为核心的自治权，苏联
民族向政治民族演进。

1922 年底，苏维埃社会主义共和国联盟成立。1924 年 1 月 31 日，第
二次全苏联苏维埃代表大会通过了第一部宪法《苏维埃社会主义共和国联
盟（根本法）》。[2]苏联宪法赋予各民族以自决权为核心的自治权、命名
权、疆土权，自治民族拥有了国家民族的三要素，向政治化发展。

1924 年宪法第二章给予苏联加盟共和国四项政治权利。在第一篇"苏
维埃社会主义共和国联盟成立的宣言"中宣告，"不久以前召开了自己的
苏维埃代表大会并一致通过了关于成立'苏维埃社会主义共和国联盟'的
决议。各苏维埃共和国各族人民的意志，可靠地保证了下列的情况：这个
联盟是各平权民族的自愿联合；每一共和国均有自由退出联盟之权；一切
社会主义苏维埃共和国，不论是现有的，或将来要产生的，均可加入联
盟"。具体说来，1924 年宪法第二章确认了四项权利。第一项，"国家主
权"："加盟共和国的主权，仅受本宪法所定范围和联盟所属职权的限制。
除此以外，每一加盟共和国均得独立行使自己的国家权力"（第三条）。[3]
第二项，"退盟权"："每一加盟共和国均保有自由退出联盟的权利"（第

① 陆南泉等主编《苏联真相——对 101 个重要问题的思考》，新华出版社，2010，第 1266
　　页。
② 姜士林等主编《世界宪法大全》，中国广播电视出版社，1989，第 1051 页。
③ 姜士林等主编《世界宪法大全》，第 1051 页。

四条）。第三项，"制宪权"："各加盟共和国得根据本宪法的规定对自己的宪法进行修改"（第五条）。第四项，"领土权"："各加盟共和国的疆域，非经各该共和国同意不得变更。而本宪法第四条的修改、限制或废除，则须征得苏维埃社会主义共和国联盟全体共和国的同意"（第六条）。[①] 1924年宪法庄严宣告了民族自治实体的四项主权，确认了列宁对民族自决权的承诺。

1924 年宪法上述条款是苏联民族发展的关键一步，因为它规定了各民族分离、分立，即成为独立"民族国家"的权利。民族国家是指近代以来通过资产阶级革命或民族独立运动建立起来的，以一个或几个民族为国民主体建立起来的国家，它是一个独立自主的政治实体。民族国家的构成要素至少要包括：定居的居民、确定的领土、一定的政权组织、主权。1924年宪法给予各民族的恰恰是上述的因素。苏维埃政权初期，多数民族处于族裔民族的阶段，[②] 各民族因从宪法中获得了这四项权利，向政治民族演进。

四 半个多世纪苏联以民族为基本单位构建联盟，使族裔民族向政治民族嬗变的物质条件与精神条件不断成熟，演变的进程不可逆转；戈尔巴乔夫改革苏共对政治失控，致使民族共和国独立，苏联解体

自不待言，民族区域自治，直至民族自决政策符合受压迫民族的愿望与利益，但是，苏联建立以后，民族区域自治开启了与民族自然融合相反的进程。

1. 对自治民族进行政治化的改造，使之具备了民族分立基本完备的物质基础。苏联实践宪法赋予命名民族权利的过程，是一个对命名民族族性脱胎换骨的改造过程——进行民族识别、划界、自治定级，命名民族有了官方认定的族称、领土、居民，从而使民族与领土之间构建起明确的归属关系——领土民族化。继领土民族化之后的，是民族政治化的进程：自上

---

① 姜士林等主编《世界宪法大全》，第 1051~1052 页。
② 在沙俄帝国废墟上独立并成为苏联创始国的乌克兰、白俄罗斯和外高加索联邦等政治体，尽管可视为先于其他民族共和国开始向政治民族演进，但是他们加入苏联，就与其他后成为政治体的民族有了向政治民族演进的相同的起点。

而下建立起民族共和国党、苏维埃、政府等政权机关；建立了青年团、妇联、工会等社会组织；建设了国有化的企业、集体所有制的集体农庄；建设了电台、报社、科学院、大中小学等宣传、文化教育机构；以指令性计划领导经济；马克思列宁主义统一意识形态；以实际上的等额选举制、中央选拔任免的官员制、学位学衔制组织政治精英、知识精英的升迁……除去外交与军事机构以外，民族共和国领土上建设了完备的国家机关、制度与机制，具备了基本完整的国家形态，实现了民族的政治化。苏联民族政治化，除主权不完备以外，拥有了国家民族的另外的三个要素。完成这一步，就为1991年民族分离建设了基本完备的物质基础。

2. 文化与政权建设的本土化政策，培养了分离的组织力量与领导力量。苏联政府采取本土化政策提高民族地区文化水平，培养本土人才管理民族地区，培育、壮大了知识精英、民族政治精英的队伍。民族知识精英队伍掌握民族历史、文化、宗教等软性的资源，政治精英掌控强大的国家组织资源，这两支精英队伍的民族意识最为强烈，他们的成长使分离分立有了宣传鼓动力量和领导力量。

3. 以民族为自治单位的实践，培育了不断强化的民族意识，奠定了分离的社会基础。民族自治政策，是以自治民族为封闭单位，享受自治权利，包括优惠政策，因而形成了封闭的民族利益共同体。这一共同体在与中央和其他民族争夺资源与利益的社会实践中，形成了包括四个层面的民族意识——对民族群体的认同；对民族领土、自然资源所有权的认同；对资源支配权的认同；资源自我服务及排他性的认同。概言之，民族意识是民族群体内部的认同，具有封闭性、排他性与独立性的特征。这种特征，使其不仅与其他民族疏离对立，而且与国家认同相对立，从而对国家认同形成了冲击。半个世纪民族自治的实践，使民族意识不断强化，国家认同不断弱化，为民族分离分立奠定了社会基础。

4. 自治民族与中央利益冲突未得到解决而产生的挫败感，使民族对立情绪不断积聚、发酵为分离的驱动力。苏联实行高度集权体制，中央不与民族共和国分享权利，宪法权利与实际之间显现出巨大的差距。苏联成立之后，争取民族权利的抗议运动连绵不断，但是中央一直以高压应对，使矛盾、怨恨不断积累，民族与中央对立和分离的情绪滋生、发育，成为部分居民，主要是民族精英企望摆脱莫斯科控制的驱动力。

5. 民族自治政策不可克服的内在矛盾，形成了新的民族不平等，孕育了新的民族矛盾，陷入所有民族均不满意的"俄罗斯套娃困境"，民族区域自治体制失去社会基础，到了必须改变的时刻。半个世纪以前，苏维埃政权构建了自治层级由高至低、自治权利递减，像"俄罗斯套娃"一样的民族自治结构。戈尔巴乔夫改革以前，"俄罗斯套娃"式的自治结构，使民族关系形势看似稳定，领导人作出了苏联民族融合、形成了新的民族共同体——"苏联人民"的判断。但实际上，以民族平等为出发点的固定的"套娃"结构，既不能适应苏联复杂的民族历史遗产与差异化的诉求，也不能适应时代变化民族诉求的合理变动，产生了新的不平等与矛盾。其结果如美国萨尼教授所言，苏联几乎所有的民族都对这个国家和社会制度感到不满：（1）在俄罗斯联邦的俄罗斯人不满，因为他们看到本地的资源和资金被输送到其他共和国，在其他共和国的基础建设和社会福利明显提高的同时，俄罗斯自身状况却改善有限；（2）在其他加盟共和国的俄罗斯人也不满，因为即使他们能力和资格都占优势，在这些加盟共和国里只是二等公民，不仅许多职位和机会轮不到他们，而且受到歧视和排俄情绪的影响，他们面临不得不回乡的选择，而由于家乡的位置已经被其他人占有，因而前途堪忧，内心焦虑；（3）加盟共和国的命名民族也不满，因为作为"民族国家"他们还必须接受克里姆林宫的所有指示，自己的领袖即使当上共和国一把手，也有被解职的可能，而且他们感到自己的语言在现代化进程中面临衰落的前景，这使民族自尊心受到打击；（4）没有自己的共和国，居住在俄罗斯联邦或其他共和国的各民族成员也不满，他们既不是"命名民族"，无法享受各种政策优惠，又不是俄罗斯人，没有强大的俄罗斯联邦和中央政策作"靠山"，在努力保障自己文化和各种权益方面显得有心无力，由于面临被"边缘化"的前景而内心焦虑。①

总之，半个世纪以后，不仅"套娃"中每层的内部均是人心浮动，"套娃"面孔上露出苦涩的笑，而且 15 个"套娃"之间也心生龃龉。苏联部分民族获得自治权、多层自治结构的联盟体制出现了危机。苏联民族政策失去社会基础，到了必须改变的时刻。

6. 戈尔巴乔夫民主化公开性改革提供了民族嬗变为国家的契机与条

---

① 参见马戎《对苏联民族政策实践效果的反思——读萨尼教授的〈历史的报复〉》，《领导者》2010 年总第 35 期。

件。戈尔巴乔夫改革摈弃了苏共维护社会、民族稳定的高压机制，导致政治和民族形势失控，民族分立运动借民主派夺权运动之力，族裔民族向政治民族嬗变，民族国家破壳而出——苏联分解为 15 个独立国家。

回顾十月革命之后列宁民族区域自治政策，应当看到三点：

第一，列宁和布尔什维克党实行该政策有历史的必要性；

第二，该政策对苏联民族文化、经济、社会发展产生了积极的促进作用；

第三，苏联解体的事实说明，这一政策有导致民族政治化、使族裔民族向国家民族嬗变的内在缺陷。正如俄罗斯联邦总统普京 2016 年 1 月 25 日在斯塔夫罗波尔会见一批政府支持者时所言，列宁的民族区域自治政策"认为国家、苏联的成立是建基于各成员完全平等，并拥有退出苏联的权利，这是我们国家底下埋下的定时炸弹"。①

---

① РИА новости. 25. 01. 2017. URL：https：//ria. ru/politics/20160125/1365138857. html http：// mil. news. sina. com. cn/world/2016-01-26/doc-ifxnuwfc9555594. shtml.

十月革命与非洲发展道路

舒运国[*]

【内容摘要】十月革命对于非洲大陆的影响，主要表现为苏联的意识形态、发展模式与非洲民族主义在一定程度上的结合。第二次世界大战后，由于苏联强化了对非洲的渗透，非洲社会主义思潮与运动明显打上了苏联模式的烙印，它的兴起、发展和消亡，无不与苏联有关。非洲国家独立后近30年的社会主义实践表明，苏联意识形态和苏联模式不适合非洲国家。苏联解体后，走社会主义道路的非洲国家大多放弃了苏联意识形态和社会主义的旗号。

【关键词】十月革命　非洲社会主义　苏联意识形态　苏联模式

十月革命的胜利，为人类开创了一种新的社会制度，即以苏联意识形态为指南的社会主义制度。这种意识形态和社会制度对20世纪的人类社会产生了巨大影响。在非洲，这种影响表现为与民族主义的结合，推动了非洲社会主义思潮和社会主义运动的产生和发展。

一

十月革命对于非洲大陆的影响，在各个历史时期是不同的。

第一时期，十月革命至二战。

十月革命胜利之时，非洲大陆正处于西方殖民统治时期。因此，有关

---

[*]　舒运国，上海师范大学非洲研究中心教授。

十月革命的消息是通过间接的渠道，传入与外部世界交流较多的北部非洲和南非。客观地说，其影响十分有限。在 20 世纪 20 年代，在阿尔及利亚、突尼斯、摩洛哥和马达加斯加成立了法国共产党下属的支部（20 世纪 30、40 年代成为独立共产党）。

第二个时期，二战后至苏联解体。

二战后，社会主义制度由一国扩展到欧亚多国，出现了社会主义阵营。当时的世界政治格局是苏美争霸的雅尔塔体制，苏联为了夺取霸权，强化了对非洲的渗透。在赫鲁晓夫时期，除了对北非少数国家提供军事援助外，主要向撒哈拉以南非洲国家进行意识形态渗透，宣传所谓的"走非资本主义道路"。勃列日涅夫时期，借助不断扩大的经济和军事援助，加强了对非洲国家的渗透，鼓吹建立马列主义政党，号召非洲国家以社会主义为发展方向。这一时期不但与埃及、索马里等国家签订"优惠合作条约"，而且武装干涉安哥拉。苏联在非洲的影响达到空前的程度。苏联渗入非洲，与非洲民族主义发生了广泛接触和交流。民族主义程度不同地接受了苏联的意识形态和发展模式，从而推动了非洲社会主义思潮和运动的发展。

第三时期，苏联解体之后。

苏联解体后，走非洲社会主义道路的国家也发生了明显的变化。许多非洲国家在行动上迅速作出反应，放弃了苏联意识形态和社会主义旗号。1989 年 7 月，莫桑比克召开党的五大，对党纲作出重大修改，删除了所有马列主义的词句。同年，阿尔及利亚召开特别党代会，取消了社会主义的提法。贝宁、圣多美和普林西比也宣布不再以马列主义为官方思想。埃塞俄比亚革命广场上的马恩列巨幅画像一夜间被摘除。一些非洲国家开始抛弃苏联模式。在政治领域，通过政治结社法为多党制开了绿灯。在经济领域，进一步实行市场经济或混合经济，向西方敞开大门。

总之，随着苏联解体，非洲社会主义也走向衰落。

二

众所周知，非洲国家的国情完全不同于欧洲。欧洲殖民主义者进入非洲后，虽然引入某些资本主义因素，诸如市场、货币、技术等，但是他们并没有把资本主义的社会制度、科学技术和阶级关系完整带入非洲。

因此，非洲大部分地区的社会组织长期处于氏族、部落和村社阶段，尚处于农业社会，生产力发展水平十分低下，距离资本主义社会还有很大距离。十分明显，非洲大陆基本上不存在产生共产党和社会主义制度的社会基础。在非洲大陆，长期占据主导地位的意识形态是非洲民族主义，比如泛非主义。然而，苏联的意识形态与苏联模式对于非洲国家又具有很大的吸引力。其一，马列主义提倡的共产主义社会是没有人剥削人、人压迫人的社会，人人平等，生产资料共有，生产产品共享的社会。许多非洲民族主义领导人认为，共产主义的奋斗目标与前殖民时期的非洲传统社会是完全一致的。其二，苏联与其他社会主义国家在经济建设上取得的成就，对非洲国家产生了巨大的吸引力。因此它们愿意仿效苏联模式。于是，非洲的民族主义与苏联模式结合起来，有力推动了非洲社会主义思潮和运动。

非洲社会主义不是一个单一的思想体系和社会运动，大致而言，它包括阿拉伯社会主义、村社社会主义、民主社会主义和所谓的科学社会主义。尽管流派不一，但是却有共同的理论基础。其一，认为非洲可以超越资本主义，直接进入社会主义。尼雷尔的说法具有代表性："我们必须从部落公社或没有建立起许多资本主义的殖民主义遗产中开始建设社会主义。"其二，非洲具有跨越资本主义的可能性。因为非洲的传统社会是以公有制为基础的部落村社社会，土地公有、集体劳动、平均分配、互助互爱，说明非洲传统社会已经具有社会主义的基础因素。其三，只要效仿社会主义国家的做法和经验，就可以加快进入社会主义。

非洲社会主义思潮和社会主义运动在非洲国家独立后曾经风行一时，54 个国家中有 30 多个奉行社会主义。它们与苏联的意识形态、苏联模式有许多联系。

第一，在思想领域，马列主义是非洲社会主义的来源与重要组成部分。

马列主义对于非洲社会主义有着重要影响。在一战和十月革命后，马列主义得到世界范围的传播，许多非洲人赴欧洲或者美国留学，接触了马列主义，并且开始用马列主义的观点分析非洲问题，得到了有益的启示。比如，马列主义的奋斗目标是建立没有压迫和剥削、人人平等的社会，这些思想对非洲民族主义者产生了巨大的吸引力。非洲社会主义的倡导者从不讳言马列主义对他们的指导作用。桑戈尔指出，"辩证唯物主义可以用来分析塞内加尔社会",并认为科学社会主义的基本思想是"关于人、计划化和社会公正的思想",是他的社会主义观点的来源。恩克鲁玛创立的加纳人民大会党 1962 年通过的名为《劳动和幸福》的新纲领宣布科学社会主义是党的思想基础,并宣布在加纳建设社会主义是党的目标。尼雷尔反对关于非洲社会主义与科学社会主义相对立的说法,"不能说我们正在坦桑尼亚试图进行的事业在各方面都是同科学社会主义相对立的,只是在一些方面不同",而这些不同主要是为了适应非洲社会的特殊情况。当然,也有一些非洲社会主义的倡导人不承认科学社会主义的普遍指导意义,但这并不妨碍他们不自觉地将科学社会主义的一些原理引进自己的思想理论。同时,从 20 世纪 50 年代至 80 年代,科学社会主义对非洲的政治影响也越来越大。刚果、贝宁、安哥拉、莫桑比克、埃塞俄比亚等国家都曾经公开提出以马列主义为指导,这反映了马克思主义对于非洲社会的影响。

第二,在实践中,苏联模式为非洲社会主义运动提供了样本。

在政治领域,走"非洲社会主义"道路的非洲国家,诸如几内亚、阿尔及利亚、莫桑比克和安哥拉等国,学习苏联的集权体制,政党制度实行一党制,干部制度实行领导人终身制,有的甚至在党章或者宪法上公开规定。坦桑尼亚宪法规定,坦桑尼亚革命党是唯一合法政党,拥有最高权力,政府是执行党的政策的工具,所有议会议员和军官都必须是革命党党员。党的领导人又是国家领导人,几内亚的塞古·杜尔,既是几内亚国家党的总书记,又是几内亚人民革命共和国的总统。莫桑比克的萨姆莫拉·马谢尔既是莫桑比克解放阵线主席,又是莫桑比克人民共和国总统。许多领导人实行终身制,比如马拉维的海斯廷斯·班达被宣布为马拉维国民大会党终身主席,也是马拉维共和国终身总统。

在经济领域,非洲国家学习苏联模式,实行计划经济,大力发展公有经济,消灭私有经济,以国有化和农业集体化推动经济发展。坦桑尼亚的实践是一个十分典型的例子。1967 年坦桑尼亚发表了《阿鲁沙宣言》,宣布开展大规模的社会主义运动,其内容包括三个方面。其一,大规模推行国有化。凡对国民经济有重大影响的部门和企业,一律实行国有化。国有化政策不断扩大,后来也推行到中小型企业和其他部门。其二,在工业化基础上,逐步建立国有经济的垄断地位。至 20 世纪 70 年代,坦桑尼亚的国有经济已经基本上控制了国家的经济命脉。其三,在农村推行集体化运动,大规模建立乌贾马村。

三

走非洲社会主义道路的国家，先后出现了与苏联模式相同的问题。

第一，在政治体制方面，在一党制下，党政合一，党的领袖高度集权，实行终身制和家长制统治，导致体制僵化，腐败严重，治理效率低下。一党制也不能很好地反映非洲国家复杂的部族利益和要求，采取高压统治的措施，往往使部族矛盾激化，不断引起内乱和政变。

第二，在经济领域，过度的国有化沉重打击了外国资本和私人资本，还遏制了本国私营经济的发展，使国民经济失去了活力。国有企业由于缺乏资金、技术和治理人员，其结果则是经营不善，效率低下，亏损严重。计划经济使不少非洲国家也采取了对经济的直接行政干预，结果政府对经济统得过死，造成资源配置失当和浪费，产品和劳务的价格扭曲，限制了市场发育和市场机制的运行，严重抑制了经济的增长和发展。在农村，通过强制措施在较短时间内大搞农业集体化、合作化，将分散、落后的小农经济改造成规模较大的集体经济。这些措施大大超越了非洲国家群众的觉悟水平，因而对生产力造成了极大的杀伤。坦桑尼亚的"乌贾马"、莫桑比克的"公社村"等，都是这种过激的农业集体化政策的产物。这种做法迅疾地改变了传统的农业生产模式，但是并不适应非洲农业发展条件的需要，从而引起了经济关系的混乱，造成农业生产发展缓慢、停滞，甚至下降。

在 20 世纪 70 年代，上述问题已经开始暴露，苏联解体和东欧剧变后，走社会主义道路的非洲国家发生了更加明显的变化。

其一，大多数走社会主义道路的国家放弃了社会主义或马克思主义的旗号。这些国家对苏联东欧剧变都流露出失望的情绪，并在行动上迅速作出相关反应。1989 年 7 月，莫桑比克召开党的五大，对党纲作重大修改，删除了所有马列主义的词句。同年，阿尔及利亚召开特别党代会，取消了社会主义的提法。贝宁、圣多美和普林西比也宣布不再以马列主义为正式的意识形态和官方思想。

其二，许多国家开始向政治多元化方向发展。有的国家通过政治结社法，为多党制开了绿灯。此外，莫桑比克、埃塞俄比亚等国的执政党改变党的性质的提法，由"工农联盟的先锋党"改为代表全体人民的"人民先锋党"，并允许商人、私有财产者、宗教人士入党。

其三，实行市场经济或混合经济，向西方敞开大门。阿尔及利亚政府切断了与国营企业的关系，让它们自负盈亏，允许外资在合资企业中拥有大部分股权。

四

综上所述，本文得出以下结论。

第一，十月革命的胜利产生了世界范围的巨大影响。十月革命在世界各地的影响因地因时而异。它对非洲大陆的影响，主要表现为苏联的意识形态、发展模式对非洲民族主义产生了较大影响，促成两者在一定程度的结合。具体表现为非洲社会主义吸取了马列主义的部分内容，并且推动了社会主义运动在非洲的开展。20 世纪 60 至 80 年代，非洲社会主义思想和运动曾经十分普及，因而对于非洲国家发展道路产生了较大的影响。

第二，十月革命胜利后马列主义和苏联发展模式对于非洲国家产生上述影响，有其必然的主客观因素。其一，非洲国家长期受到西方殖民主义统治，对于资本主义有天然的排斥感，因此倾向社会主义是十分自然和正常的。其二，非洲独立之初，世界正处于两极格局，在苏美争霸的挤压下，非洲国家自主探索发展道路的空间十分有限。因此，大部分国家或者学习苏联模式，或者继承原宗主国的制度。其三，非洲国家在历史上没有现成的经验可以参考，借鉴外部世界的发展经验是其可取的方法。

第三，非洲社会主义实质上是非洲民族主义，它之所以比较特殊，是因为非洲民族主义披上了带有社会主义色彩的外衣。它与科学社会主义存在本质上的区别。非洲国家领导人一方面承认非洲社会主义与科学社会主义之间的区别，如非洲社会主义不承认阶级和阶级斗争，却承认有神论等；另一方面又把非洲传统社会与共产主义社会某些相似之处，诸如生产资料共有、具体劳动、劳动产品分享等，混为一谈，从而在本质上混淆了两种不同社会制度的区别。这种错误决定了非洲社会主义思想和运动必然失败。

第四，非洲国家兴起的非洲社会主义思潮与运动，明显带有苏联模式的烙印，它的产生、发展和消亡无不与苏联有关。

第五，苏联的意识形态和苏联模式，不适合非洲国家。非洲国家独立后近30年的社会主义实践，应该属于非洲国家对于自身发展道路的一次有益探索。尽管这次探索利少弊多，但是给非洲国家的发展或者现代化进程提供了宝贵的经验和教训。

十月革命前后《犹太人贤士议定书》的生成与传播

王本立[*]

【内容摘要】《犹太人贤士议定书》不仅由俄国人炮制，而且首先在俄国正式发表，然后逐渐扩散，使得犹太人阴谋统治世界论从俄国传播至世界各地。《议定书》本身所构筑的阴谋论，从严格意义上讲应该称为犹太—共济会阴谋论。十月革命发生之后，这一阴谋论又演变为所谓的犹太—布尔什维主义。《议定书》的生成和传播，从一个侧面展示了19世纪末期以来俄国政局变动的大致历程及其影响，也可见十月革命对犹太民族的深远影响。《议定书》的生成和传播过程，也是犹太人一再遭受诬陷和迫害的过程，从中不难窥见似是而非的诽谤和阴谋论在人类历史长河中所发挥的恶劣作用。

【关键词】《犹太人贤士议定书》　十月革命　犹太—共济会阴谋论　犹太—布尔什维主义

犹太人自从被迫从巴勒斯坦流散，成为寄居世界各地的少数民族之后，曾历经各种似是而非的指控，可谓史不绝书。指控之一是犹太人阴谋统治世界论："中世纪以来，基督教社会一直流行着许多声称世界上的犹太人阴谋将非犹太人沦为奴隶，毁灭基督教文明之类的谣传。其中一些谣传甚至声称犹太人中存在一个秘密的拉比大会组织。该组织经常秘密集

---

* 王本立，苏州科技大学亚太国家现代化与国际问题研究中心、历史学系教授。

会，制定瓦解基督教社会的行动计划。早在文艺复兴时期的西班牙，就已经出现过犹太人计划以阴谋政治手段，而不是以宗教手段去实现这一罪恶目的的说法。19 世纪初，类似的谣言在法国和德国出现，但均未受到人们的重视。"①

到 20 世纪初，随着一份伪造文件的公开发表和时局的变化，不仅犹太人阴谋统治世界论又有了新的版本，而且犹太人所面临的构陷又进入一个新的也是更广泛和更严重的历史时期。

这份文件即是被后人称为"世纪性的欺世赝品"② 的《犹太人贤士议定书》（以下简称《议定书》）。③ 值得注意的是，它不仅由俄国人炮制，而且首先在俄国正式发表，然后逐渐扩散，使得犹太人阴谋统治世界论从俄国传播至世界各地，在反犹主义的进一步升级和全球扩散过程中发挥了强有力的推动作用，直到当代仍然被反犹势力所利用，④ 其影响既深远又恶劣。

一　十月革命前《犹太人贤士议定书》的生成与传播

《议定书》的炮制者名叫马特威·戈洛文斯基，是俄国"一个显赫家族的继承人、俄国秘密警察在法国的间谍"。他在巴黎编辑了《议定书》文本的最后版本，这个版本于 1897 年开始私下传播。因此，它的制作者是俄国人，发源地是法国，完稿时间应该是 1897 年。几年以后，1903 年 8月 28 日至 9 月 7 日，此前几个月曾在基什尼奥夫对犹太人发动过大屠杀的

---

① 徐新、凌继尧主编《犹太百科全书》（修订版），上海人民出版社，1993，第 340 页。
② 张倩红：《〈复国长老议定书〉与 20 世纪的反犹主义》，《史学月刊》1993 年第 2 期，第107 页。
③ 该文献在国内有多种译法，其他的译法包括《郇山长老议事录》《郇山贤达议事录》《犹太贤达议定书》《犹太人贤哲议定书》《锡安贤达议事录》《锡安长老会纪要》《复国长老议定书》《复国长老谈话录》《长老会议与世界革命》等。本文除在引文中援引其他译法外，其他各处只采用这一译法。
④ 据称，"1972 年，新版的《议定书》成为黎巴嫩首都贝鲁特最畅销的书。在伊朗，自1979 年霍梅尼上台后，政府和大使馆的官员对《议定书》大加宣传、利用。1984 年 5月，在霍梅尼的出版物《祭司》中，就大量引证了《议定书》，它还以《议定书》为例证，说犹太人是数世纪以来在世界各地都犯下了弥天大罪的魔鬼"。见张倩红《〈复国长老议定书〉与 20 世纪的反犹主义》，《史学月刊》1993 年第 2 期，第 109 页。

帕韦尔·赫鲁谢瓦，在《旗帜报》上以连载的形式，首次公开发表了《议定书》的主要内容。再到 1905 年，一位当时只有 16 岁，名叫谢尔盖·尼卢斯的"神秘的俄国人"，在其著作《小中有大：反基督的到来与地球上的撒旦王国》的第 3 版中，"以附录形式发表了《议定书》的全文"。① 就这样，在大约 8 年时间里，《议定书》经历了从完稿、私下传播、择要发表，再到完整发表的过程。

那么，作为犹太人阴谋统治世界论的新版本，《议定书》究竟透露了怎样的基本信息呢？根据一般的说法，"犹太人和共济会员于 1897 年在瑞士巴塞尔召开它的第 24 次会议，会议制定了一项瓦解基督教文明、建立一个在他们联合统治下的世界性国家的计划，宣布实现这一计划的主要手段为自由主义和社会主义。议定书还暗示，万一颠覆失败，他们将不惜采取一切手段摧毁欧洲的所有都市"。② 而参与密谋的犹太人，是那些被称为贤士、贤达、贤哲或长老的犹太人核心成员，由他们结成的议事会"被描述为一个秘密的国际犹太人团体，控制着全世界，是全球性苦难、动乱和邪恶的罪魁祸首"。③ 于是，一项集世界犹太人意志，不仅针对基督教文明而且针对整个人类社会，目标和手段均相当明确的新版犹太人阴谋统治世界论，通过《议定书》这份"自供状"专门而完整地勾画出来，以文字形式呈现在世人面前。

《议定书》很早就被证明是伪造的。因为它破绽百出，"就连沙皇尼古拉二世也怀疑其真实性"。④ 不仅如此，他还下令查禁过它。1905 年，斯托雷平下令就《议定书》的编辑问题进行一项秘密调查，调查很快就揭示出该文本的来源在巴黎的俄国秘密警察范围中。尼古拉二世得悉这项秘密调查的结果之后，下令查抄《议定书》，但无论如何这本书在继续传播。⑤ 大约从 1920 年起，"一些有声誉的欧洲报纸，如伦敦的《泰晤士报》，对它的真实性提出了疑问"。⑥ 《泰晤士报》在发表文章时加了如下按语：

---

① 〔意〕姜·埃·瓦洛里：《犹太人的大灾难》，罗晋标、陆素珍译，世界知识出版社，2007，第 167 页。

② 徐新、凌继尧主编《犹太百科全书》（修订版），第 340 页。

③ 〔美〕雅各·瑞德·马库斯：《美国犹太人，1585～1990 年：一部历史》，杨波、宋立宏、徐娅囡译，第 121 页。

④ 潘光、余建华、王健：《犹太民族复兴之路》，上海社会科学院出版社，1998，第 57 页。

⑤ 〔意〕姜·埃·瓦洛里：《犹太人的大灾难》，罗晋标、陆素珍译，第 168 页。

⑥ 徐新、凌继尧主编《犹太百科全书》（修订版），第 340 页。

"我们的驻君士坦丁堡记者首次提出了结论性证据：该文件顶多是一个粗劣的剽窃。他给我们寄来了一份法文本，文件正是从这个法文本抄袭的。"在美国，一个名叫赫尔曼·伯恩斯坦的作者发表的一本书揭露《议定书》整个是虚假锁链。然而，《议定书》继续在传播。① 可见，内容的虚假并不妨碍、甚至可能更有利于这份小册子的传播。

由上可知，《议定书》不仅内容虚假，而且有一个方便改造利用的底本。"它是根据 75 年前的一本用来讽刺拿破仑三世的著作改编的"。② 它的"原始来源是 1864 年的一个法国文本，题为《马基雅维利与孟德斯鸠之间在冥府中的对话》"，作者是喜剧作家莫里斯·若利。在原作中，阴谋家是有共济会背景的"耶稣会会长们"，然后几经反犹分子对这一文本的传承和改造，到了《议定书》这里，和共济会形成共谋并且起主导作用的不再是耶稣会会长们，而是犹太人。"共济会是犹太教的真正工具"。相当巧合的是，马特威·戈洛文斯基在炮制《议定书》期间，"在其居住的巴黎与莫里斯·若利的儿子夏尔·若利一起在《费加罗报》工作"。③

不过，经这部伪作勾画而成的，分明是犹太人的全球阴谋，或至少是欧洲阴谋，却为什么会出自一位俄国秘密警察之手，随后不久又首先在俄国境内公开发表？作伪者和传播者的真实动机是什么呢？

关于《议定书》炮制者和公开发表者的真实动机，学界已经给出了一些大致相同的结论。有论者称，"这本书是伪造的，19 世纪后期由俄国秘密警察编造出来以平息俄国人民的骚乱"。④ 另有论者称，"它基于这样一种想法，犹太人腐蚀所有国家，他们在那里散播自由思想和对血统贵族的仇恨、引起人民之间的内部斗争以及革命，就像 1789 年的法国革命"。⑤ 稍后，黑色百人团作为直接指责 1905 年的自由党人为一个"国际犹太人阴谋"的走狗的第一个政党，它同沙皇的秘密警察 Okhrana 一起传播《议定书》。"那是在 1903 年至 1906 年之间席卷俄国的对犹太人的大屠杀浪潮

① 〔意〕姜·埃·瓦洛里：《犹太人的大灾难》，罗晋标、陆素珍译，第 171 页。
② 〔英〕塞西尔·罗斯：《简明犹太民族史》，黄福武、王丽丽等译，山东大学出版社，2000，第 519 页。
③ 〔意〕姜·埃·瓦洛里：《犹太人的大灾难》，罗晋标、陆素珍译，第 165~167 页。
④ 〔美〕雅各·瑞德·马库斯：《美国犹太人，1585~1990 年：一部历史》，杨波、宋立宏、徐娅囡译，第 121 页。
⑤ 〔意〕姜·埃·瓦洛里：《犹太人的大灾难》，罗晋标、陆素珍译，第 164~165 页。

的所谓'理论依据'，由当局组织的这些大屠杀显而易见是为了把人民的造反转向一个目标：东正教的反犹太主义，这与贵族和沙皇宫廷的封建思想是一致的。"① 除此之外，还有一个与《议定书》同源、在1881年沙皇亚历山大二世遇刺后在俄国传播的小册子，也被俄国秘密警察用来中伤自由改革者，"这些自由改革者当时正在人民中、特别是在俄国的犹太人中打开缺口"。② 还有论者称，"1903年至1909年间，俄国掀起了第二次集体迫害犹太人的浪潮……沙皇政府为了镇压革命运动，允许反动报刊自由刊登反犹宣传和无端指责犹太人的文章，借以转移人民对政府的不满情绪，以及制造俄国的革命运动是犹太阴谋一个组成部分的假象"。③

总之，在上述学者看来，《议定书》的出现，是应对某种时势的需要。作为沙俄政权的捍卫者，其炮制者和公开发表者的真实动机，在于阻止俄国自由主义的发展、稳定俄国动荡而复杂的政治局势。为了达到这样的目的，他们试图转移矛盾，嫁祸于人，把犹太人塑造成罪魁祸首。

的确，秘密警察和黑色百人团等沙俄政权的捍卫者，对犹太人、共济会、自由主义和社会主义所实施的组合性舆论攻击，与当时沙俄政权所面临的复杂而危险的局势具有很大的契合性。例如，自由主义运动在当时进一步发展并且趋于激进化。"从19世纪90年代开始，俄国自由主义运动在成分、组织、纲领和策略、活动方式等方面都经历了重大的更新和发展，逐渐成为沙皇政权不妥协的反对派，并在一定程度上同工农运动结成了联盟，促进了革命危机的成熟。"其中一个很重要的体现是，"自由主义运动中的激进倾向从90年代中叶开始就逐渐发展，而1902年之后则成为自由主义运动的主流"。④ 不仅如此，"俄国的自由主义者对犹太人的革命情绪也起到了推波助澜的作用，他们利用犹太问题作为与专制政权进行斗争的有分量的政治牌，竭尽全力使人们相信，犹太人在俄国的平等不能走其他任何道路，除了完全推翻专制政府"。⑤ 另外，"19世纪末20世纪初，俄国解放运动中的革命派别也在发生深刻变化。劳动解放社的成立标志着俄国马克思主义流派的形成，列宁主义的诞生宣示了马克思主义俄国化进程

---

① 〔意〕姜·埃·瓦洛里：《犹太人的大灾难》，罗晋标、陆素珍译，第167页。
② 〔意〕姜·埃·瓦洛里：《犹太人的大灾难》，罗晋标、陆素珍译，第166~167页。
③ 徐新：《反犹主义解析》，上海三联书店，1996，第189页。
④ 姚海：《世纪之交俄国自由主义运动的演变》，《世界历史》1993年第6期，第2、5页。
⑤ 郭宇春：《犹太人与俄国革命运动》，《黑龙江社会科学》2007年第5期，第48页。

的开始，俄国社会民主工党的成立使社会主义工人运动进入了一个新阶段"。①

再如，犹太人在革命运动中的参与率和影响力迅速上升。在 19 世纪 70~80 年代，俄国犹太人还很少参与革命运动，但是到了 90 年代，"随着社会—民主运动和工人运动在俄国的兴起，犹太青年学生和大批犹太工人开始投入到俄国的解放运动中"。并且很快成为其中一支令人瞩目的力量。一方面，犹太革命者的增速很快，到 1903 年时，根据维特的估计，"占全体居民 5%的犹太人输送了 50%的革命者"。另一方面，他们广泛参加政党组织并且在其中担任重要职务，其中包括 1883 年成立的劳动解放社和 1895 年开始酝酿成立的"立陶宛、波兰和俄国犹太工人总联盟"。② 对别有用心的人而言，如果说以上只能表明犹太人在国内正有所图谋的话，国际图谋的证据至少有一条是现成的：经过长期国际游说和多方准备，世界各地的犹太复国主义代表于 1897 年聚会巴塞尔，召开了第一届犹太复国主义者代表大会，不仅形成了国际组织，而且公布了犹太人准备在巴勒斯坦建立民族家园的政治纲领，令世界为之侧目。

又如，共济会也在蓄势待发。俄国很可能从 17 世纪末就已经有了从西欧传入的共济会。③ 1789 年法国大革命之后，俄国共济会也将自由、平等、博爱作为自己的口号。"1905 年革命前后，由于俄国国内政治形势的剧烈变化，俄国共济会已逐渐变得政治化。1910 年之后更是将'在俄国推翻君主专制制度，建立民主国家体制'列为自己的目标。"④ 另外，在俄国近代史上，"从保罗一世的莫名死去，到十二月党人起义，再到 1917 年的二月革命，俄国政界中到处都充斥着有关共济会密谋的言论"。⑤ 如此看来，共济会作为犹太人的共谋者出现在《议定书》中也不足为怪。

因此，有理由认为，《议定书》的内容，一方面比较真实地反映了当时俄国所面临的政治局势，另一方面却别有用心地歪曲了事实，虚构了情

① 姚海：《1917 年俄国革命的根源》，《俄罗斯研究》2007 年第 4 期，第 71 页。
② 郭宇春：《犹太人与俄国革命运动》，《黑龙江社会科学》2007 年第 5 期，第 48~49 页。
③ 赵世锋：《20 年来中俄学术界的俄国共济会研究综述》，《太原大学学报》2007 年第 2 期，第 8 页。
④ 赵世锋：《共济会：十月革命史被忽视的新形象》，《俄罗斯文艺》2007 年第 4 期，第 22 页。
⑤ 赵世锋：《世界上最大的秘密社团——共济会》，《世界文化》2006 年第 9 期，第 50 页。

节，把犹太人置于世人皆可诛之的不利境地。

当然，比这一点更为重要的是，在《议定书》公开发表之后，俄国政治局势的发展在某些方面与《议定书》的某些指控形成更加有力的呼应，似乎在进一步证明它的正确性。这种情况不仅发生在 1905 年革命时期，而且发生在 1917 年二月革命时期。比如，"在二月革命前，俄国共济会在实际上成为除布尔什维克党之外所有社会政治力量的协调和指挥中心，它与俄国自由主义运动的关系尤为密切"。"稍后，在整个二月革命以及临时政府成立过程中，共济会继续发挥了重要作用。"① 也许正因为如此，《议定书》不仅能从秘密走向公开，而且在公开问世之后，能够产生持久、广泛、强大的蛊惑力。

《议定书》的早期传播给犹太人造成的灾难是巨大的。如前所述，它成了 1903 年起俄国人对犹太人实施集体迫害的"理论依据"，"大屠杀直到 1907 年内务大臣彼得·斯托雷平开始害怕事情失控时，才开始减缓"。② 然而，《议定书》的炮制者和利用者打错了算盘，因为试图通过嫁祸犹太人而平息内乱、阻止革命、稳固政权的目的最终落了空。

二 十月革命后《犹太人贤士议定书》在苏俄境内的传播

十月革命之后，随着俄国政局的剧变，《议定书》在俄国的传播动机及其政治功能也发生了明显的变化。特别值得注意的是，它的传播利用者转而把犹太人塑造为十月革命的主谋，从而把对犹太人的攻击和对布尔什维克乃至新生政权的攻击合而为一。

因此，到了此时，虽然《议定书》的内容早已定型，但以它为蓝本的犹太人阴谋论却发生了变化。其中，出现在十月革命以前的那一段，即《议定书》本身所构筑的阴谋论，从严格意义上讲应该称为犹太-共济会阴谋论，因为它实际上是通过谎称犹太人已渗入共济会，并且正在利用后者来推进自己的事业，把共济会阴谋论和犹太人阴谋论这两条古老的阴谋论

---

① 姚海：《俄国革命》，人民出版社，2013，第 68、69 页。
② 〔以〕埃利·巴尔纳维主编《世界犹太人历史：从〈创世纪〉到二十一世纪》，刘精忠等译，中国人民大学出版社，2007，第 190 页。

合而为一了。① 而十月革命发生之后，紧随俄国政局的巨变，这一阴谋论又演变为所谓的犹太-布尔什维主义，即十月革命的主谋是犹太人，他们倚仗的政治力量不再是共济会，而是布尔什维克，他们使用的主要理论武器不再是自由主义，而是社会主义。因此，犹太人至少从理论上变成了包括自由主义者在内的一切反对新生政权者的敌人。

一些犹太人在十月革命和新生政权中的突出地位，以及犹太大众对新生政权的支持态度，无疑给这样的犹太人阴谋论提供了可资利用并且非常有力的证据，使之具有极大的迷惑性和煽动力。比如，还在十月革命之前的 1917 年 8 月，"在俄共（布）选举产生的 21 名中央委员会委员中，犹太人就占了 6 名，其中包括托洛茨基、加米涅夫、季诺维也夫、索科利尼科夫、斯维尔德洛夫、乌里茨基"。② 十月革命胜利后，犹太人在新政权高层领导中所占的比例更加突出，"仅在新政权——俄共（布）中央委员会的七名成员中，犹太族出身的就占了四名，他们是托洛茨基、季诺维也夫、加米涅夫和斯维尔德洛夫"。③ 如果从血统看，革命导师列宁也存在着被视为犹太人并且加以发挥的可能，因为他的外祖父是一名改信基督教的犹太人。④ 另据统计，"当时在 556 名党、政、军高级领导人中有 448 名是犹太人，占 80%以上"。⑤ 这样的数量及其所占比例如果属实，显然是惊人的。至于犹太大众，原本主要支持自由主义，但由于上述犹太人的行为感召，也自动认同了新政权。⑥

新生政权的反对者也的确充分利用了这些证据，并且以散播《议定书》为辅助手段，发动了对犹太人和苏维埃政权的舆论进攻。"在列宁和托洛茨基的革命之后，反革命的白军系统地利用《议定书》来作为反布尔什维克宣传的手段。"⑦ 而且，在整个 1918～1920 年俄国国内战争期间，

---

① Judeo-Masonic conspiracy theory. https：//en. wikipedia. org/wiki/Judeo-Masonic _ conspiracy _ theory.

② 肖瑜：《试论第二次世界大战前苏联的犹太民族政策》，《世界历史》2012 年第 3 期，第 22～23 页。

③ 张建华：《简论苏联的犹太人问题》，《当代世界与社会主义》2003 年第 2 期，第 117 页。

④ 〔英〕马丁·吉尔伯特：《五千年犹太文明史》，蔡永良、袁冰洁译，上海三联书店，2010，第 167 页。

⑤ 余建华、康璇：《苏联对犹政策的历史考察》，《史林》2007 年第 2 期，第 158 页。

⑥ 〔以〕埃利·巴尔纳维主编《世界犹太人历史：从〈创世纪〉到二十一世纪》，刘精忠等译，第 214 页。

⑦ 〔意〕姜·埃·瓦洛里：《犹太人的大灾难》，罗晋标、陆素珍译，第 168 页。

"'白军'宣传人员到处散布'议定书'的内容,把1917年革命说成是犹太人阴谋,借此达到反革命目的"。① 在此期间,《议定书》的散播功效也是显著的,"《议定书》在亲布尔什维克的俄罗斯国内也取得了群众性的巨大成功,这是由于列宁主义革命似乎是《议定书》的预言的实现:所有统治集团突然被推翻,往往是由犹太人来源的布尔什维克领导人所组织的"。②

当然,舆论进攻只是手段,真正的目的是杀戮犹太人和颠覆苏维埃政权。《议定书》在这一时期的广泛传播,在煽动反革命情绪、纠集反革命力量方面发挥了不小作用,给苏维埃政权带来的威胁也不言而喻。但受害最直接、最严重的,还是被树为罪魁祸首的犹太人。正是基于这种逻辑,白军在国内战争期间对犹太人大肆屠杀,使俄国犹太人伤亡惨重。

从有关叙述看,在国内战争期间惨遭白军杀害的犹太人至少在10万人以上,其中又以邓尼金的军队杀人最多。如,"在160个以上犹太聚集区所进行的屠杀中,安东·邓尼金的'白军'杀害了成千上万人;仅在乌克兰,就有约10万犹太人被杀"。③ 也有相对保守和审慎的估计。"有关这一次集体迫害的严重后果难以作出正确估计。根据已知的材料,在约530个地区先后发生过一千余起屠杀事件,有6万多犹太人丧生,受伤人数是这个数字的几倍。"④ 即便如此,犹太人在国内战争期间惨遭大难,蒙受了巨大生命损失,这一基本事实是确然的。

而白军对犹太人残酷无情的杀戮,最终却导致了事与愿违甚至对自身更加不利的结果。"反动势力对犹太人的大规模屠杀使得许多犹太人投身红军和加入苏维埃政府。另一方面,这次集体迫害浪潮促使犹太人希望建立一个独立犹太家园的愿望得到了加强,建立一支独立的、强大的犹太人武装的思想也得到确立并付诸行动。"⑤ 也就是说,白军不仅没有打垮和摧毁犹太人,或使他们屈服,反而促使他们进一步迈上了觉醒和自强之路。与此同时,屠杀犹太人的残暴行为还使得白军失道寡助,进一步失去协约

---

① 徐新、凌继尧主编《犹太百科全书》(修订版),第340页。
② 〔意〕姜·埃·瓦洛里:《犹太人的大灾难》,罗晋标、陆素珍译,第169页。
③ 〔以〕埃利·巴尔纳维主编《世界犹太人历史:从〈创世纪〉到二十一世纪》,刘精忠等译,第214页。
④ 徐新:《反犹主义解析》,第191页。
⑤ 徐新:《反犹主义解析》,第190~191页。

国的支持，从而也使得他们的最终落败更加不可避免。"反布尔什维克的俄国军队孤立了，部分由于他们中许多人拥护反民主的和帝国的目标。一些白军犯下的过度反犹太人的行动也引起英法政府的反感。……尽管担心布尔什维克主义向西方传播，协约国不希望看到带着社会和民族不平等的俄罗斯帝国复辟。"①

三　十月革命后《犹太人贤士议定书》在苏俄和苏联境外的传播

借助十月革命的巨大影响，犹太—布尔什维主义阴谋论及其蓝本《议定书》也跨出俄国国门，逐渐传遍整个世界。

从若干译本的出现时间和传播情况，大体可以看出《议定书》世界性影响的迅速和持久程度。"第一个德文版是在1919年7月由路德维希·米勒·冯·豪森（Ludwig Müller von Hausen）出版。它到1933年为止共重印了33次；希特勒上台时由弗里奇出版的大众版发行了数十万册。"② 也有人指出，这个版本出现于1920年。英文版《议定书》则最晚诞生于1920年的俄国，其译者是"被布尔什维克关在圣彼得和保罗古堡中"的伦敦《早邮报》记者维克托·马尔斯丹。③ 英译本出现后，很快被传入英国和美国等英语国家。同一年，英国的《早邮报》和《泰晤士报》都刊登了《议定书》，并且进行过相关讨论。④ 也是在1920年，"仅在一年之内，在英国，《议定书》的5个版本全部卖光"。同一年，汽车大王亨利·福特"在美国资助出版从尼卢斯的俄文版翻译成英文的50万册《议定书》"。⑤ "第一个意大利文版是在1921年，但是《议定书》的最大的发行量是从1927年以后。"⑥

甚至在20世纪30～40年代，在遥远的东方，这种犹太人阴谋论也曾

---

① 〔英〕马丁·吉尔伯特：《二十世纪世界史》第1卷，陕西师范大学出版社，2001，第623页。

② 〔德〕克劳斯·费舍尔：《德国反犹史》，钱坤译，江苏人民出版社，2007，第159页。

③ 〔意〕姜·埃·瓦洛里：《犹太人的大灾难》，罗晋标、陆素珍译，第169页。

④ Todd M. Endelman, *The Jews of Britain, 1656 to 2000*, Berkeley and Los Angeles: University of California Press, 2002, p. 202.

⑤ 〔意〕姜·埃·瓦洛里：《犹太人的大灾难》，罗晋标、陆素珍译，第169页。

⑥ 〔意〕姜·埃·瓦洛里：《犹太人的大灾难》，罗晋标、陆素珍译，第173页。

大行其道。日本陆军的安江仙弘大佐，不仅翻译过《议定书》，而且写过一些反犹小册子。他的如下言论，在 20 世纪上半叶的犹太人阴谋论中，可以说非常具有代表性："布尔什维克革命是犹太人搞阴谋的一个部分；犹太人的目标看起来好像是犹太复国，但实际上他们是想控制世界的经济、政治、外交。除非日本人理解到这种危险，否则日本将在夺取世界霸权的斗争中落在后面。什么国际联盟啊，共济会啊，五一庆祝会啊，都为犹太人所操纵。"①

同一时期，日本海军的犬冢惟重大佐在海军军需学校的一次讲演中，称犹太人为"邪恶思想的根源"，并且危言耸听地警告日本人，犹太人正在一个广阔的国际背景下谋害日本，给日本人酝酿着非常严重的民族危机："我警告你们，存在着比武装冲突的风险更大得多的民族危机，就是说，自从满洲事件以来，有一帮'共济会'的犹太人在英、美、中、俄等国的幕后，不断策划国际阴谋对付日本。对于这些阴谋，日本没有充分准备。"②

《议定书》之所以能够得到如此广泛而深远的传播，除了因为十月革命自身具有巨大而且多面的影响力之外，还与传播者的具体努力、犹太人在十月革命及其引发的欧洲革命领导层中所占的突出比例，以及相关国家的特殊背景或相关势力的特殊需求有着很大的关系。

从某些传播者所付出的巨大努力中，不难看出他们在《议定书》传播过程中所起的重要作用。以德国为例，《议定书》的早期狂热传播者是十月革命导致的流亡者。"这份文件由逃离共产主义的俄国移民携入德国。这些移民在德国的大型城市，特别是柏林和慕尼黑形成了大型的聚居地，他们在白天就大肆宣传，酝酿复仇。例如在柏林，一个前沙皇军官出版了一份俄文日报，提出对犹太问题的'最终解决方案'是，将犹太人全部处死。"德文版《议定书》的问世，也是由他们促成的。③ 再以美国为例，亨利·福特为了传播《议定书》，不惜付出巨资代价。如前所述，美国当时的 50 万册英文版《议定书》就是由他资助出版的。根据其他的说法，1920 年，他将《议定书》发表在迪尔伯恩的《独立报》上。"他花费了数

① 〔美〕戴维·克兰茨勒：《上海犹太难民社区》，许步曾译，上海三联书店，1991，第 89~90 页。

② 〔美〕戴维·克兰茨勒：《上海犹太难民社区》，许步曾译，第 92 页。

③ 〔德〕克劳斯·费舍尔：《德国反犹史》，钱坤译，江苏人民出版社，2007，第 158 页。

百万美元，进行全国性的宣传活动以说服美国人民相信犹太人对自己构成了威胁。直到 1927 年，他才停止宣传，并做了公开道歉。"①

　　当然，传播者付出的努力能够得到相应回报，与犹太人在十月革命及其引发的欧洲革命领导层中所占的突出比例有很大的关系。没有这样的事实作注脚，《议定书》的蛊惑力可能会大打折扣。因此，可以说，这一情况在很大程度上成就了《议定书》的传播及其惑众效果。"由于第一次世界大战期间以及战后席卷欧洲的革命领导人中有犹太人，特别是在布尔什维克革命的领导人中有犹太人，犹太人因此受到指责。犹太人在这些革命中发挥的作用十分突出：像俄国的列奥·托洛茨基，匈牙利的贝拉·库恩，德国的罗萨·卢森堡和康特·艾斯纳这样的著名人士都出生于犹太人家庭，尽管他们的政治观点和革命行动早就使他们疏远了犹太教，然而，这些人以及其他革命者的犹太出身还是被所有人强调，并引起许多原本不是反犹主义者的人的怀疑。"② 而"犹太人在革命运动中不成比例的巨大成分，加剧了欧洲社会中旧秩序拥护者中的反犹情绪，他们有一切理由惧怕一个'崭新的新世界'……它使人相信反犹主义的'犹太-布尔什维主义'口号"。③ 相应地，"尽管在俄国国内，布尔什维主义对犹太教的作用可以说是灾难性的，但是在国外，犹太人却反而受到诬蔑，就好像他们便是这种新型体制赖以生存的罪魁祸首。……主要是由于这一点，或至少是利用它作为借口，一场反犹主义的浪潮席卷了整个西方世界，从而整个地污染了曾在巴黎的会议桌上如此辛辛苦苦地开辟出来的那一片崭新的天地"。④ 以至于在所有的地方，犹太人和布尔什维克都被当作是同义词。"许多伪科学的著作纷纷出笼，以证明犹太人就是'革命的发酵剂'，是过去的一个半世纪中所发生的每一场动乱的罪魁祸首，不管当时是不是在我们所说的这个国家中能够找到他们的身影。"也正是在这种背景下，《议定书》"这本书不间断地一版又一版用各种语言出版发行"。⑤

---

① 〔美〕雅各·瑞德·马库斯：《美国犹太人，1585~1990 年：一部历史》，杨波、宋立宏、徐娅囡译，第 121 页。
② 徐新：《反犹主义解析》，第 172 页。
③ 〔以〕埃利·巴尔纳维主编《世界犹太人历史：从〈创世纪〉到二十一世纪》，刘精忠等译，第 196 页。
④ 〔英〕塞西尔·罗斯：《简明犹太民族史》，黄福武、王丽丽等译，山东大学出版社，2000，第 518 页。
⑤ 〔英〕塞西尔·罗斯：《简明犹太民族史》，黄福武、王丽丽等译，第 519 页。

另外，传播者付出的努力能够得到相应回报，还与相关国家的特殊背景或相关势力的特殊需求有着很大的关系。换言之，《议定书》的传播正好迎合了当地的某种需求，特别是反犹的需求。以《议定书》传入之际的德国巴伐利亚为例，"纳粹运动起始于战后动荡的巴伐利亚，在短短6个月里（1918年11月~1919年5月），政府就被一系列政治剧变搞得四分五裂……艾斯纳和大部分无政府主义者及苏联式的激进分子都是犹太人，这个事实给普通的巴伐利亚人民留下了深刻印象，增强了数个世纪以来就已潜伏在那里的基督教徒对犹太人的歧视。……早在1918~1919年的革命剧变之前就已具有恐犹情绪的巴伐利亚人比以前更加确信……左翼革命是由'低劣的犹太种族构成，意在腐蚀德国社会……从现在起我们必须以牙还牙，以眼还眼'"。① 对于纳粹头子希特勒而言，情况更是如此。"希特勒……回去后所发现的是，巴伐利亚成为一个社会主义共和国，他战前的家乡，慕尼黑市，在一个俄国出生的犹太人库特·艾斯纳统治之下。……7年后，他在《我的奋斗》中回忆说，'我想我不再能认识这座城市了。'他写道，敌人，是'人民中的犹太败类'。……'所有军事力量的武器'，希特勒说，'应该无情地用来消灭这些危害社会的家伙。'"② 因此，在受十月革命影响而发生过革命的巴伐利亚乃至整个德国，《议定书》的传入，无疑正好迎合了右翼分子的反犹需求，起到了火上浇油的作用。

再以20世纪20年代的美国为例。"19世纪80年代后，来自东欧和俄国的犹太移民涌入美国，美国犹太人数量激增……这一发展趋势引起美国一些既得利益集团的不满，千方百计企图抑制犹太社团的发展，终于在20年代初掀起了第一次反犹浪潮。"③ 由此可见，亨利·福特极力传播《议定书》，也是正好迎合了当时美国的排犹需要。

《议定书》在日本的传播，则反映了另一种需求。当时的日本并没有多少犹太人，也不存在排犹的国内需求。但这并不足以妨碍传播者的热心，因为他们另有需求，即通过宣扬和抨击犹太人统治世界的野心，伸张军国主义者让日本称霸世界的企图。从前述安江仙弘和犬冢惟重的言辞中不难看出，他们对犹太人发动攻击，只不过是为日本称霸世界的野心张目

---

① 〔德〕克劳斯·费舍尔：《德国反犹史》，钱坤译，江苏人民出版社，2007，第153页。
② 〔英〕马丁·吉尔伯特：《二十世纪世界史》第1卷，第592页。
③ 潘光、余建华、王健：《犹太民族复兴之路》，第93页。

罢了。

由于上述种种原因，《议定书》在败坏犹太人声誉、恶化其处境和命运方面发挥了难以估量的作用。

在有较多犹太人生存的国家中，一些国家虽然没有因为《议定书》的传播而引起大规模的反犹主义，但反犹主义者的鼓噪仍然给当地的非犹太人士造成了困惑，也给当地的犹太人造成了不小的压力。以英国为例，在英文版《议定书》传播过程中，犹太人的非犹太朋友会非常认真地咨询他们，在俄罗斯、德意志和奥地利三大帝国急剧垮台的背后，是否真的存在一支犹太势力。一小撮反犹主义者则伺机而动，企图掀起反犹浪潮，只不过由于呼应这种鼓动的人为数不多，并未形成多大的规模。[1] 即便如此，《议定书》的传播给当地犹太人造成的不利影响，也是显而易见的。

在另一些国家，后果则要严重许多。例如，在美国，《议定书》的传播对国家的犹太政策和移民政策构成了强大影响。"1920 年 5 月，美国汽车大王亨利·福特亲自出面宣传伪造的《锡安贤达议事录》，并发表一系列反犹文章，使反犹活动达到高潮。在此期间，美国不少大学规定了犹太学生限额，剥夺了许多犹太青年接受高等教育的权利；报纸上的招工广告中出现'不欢迎犹太人'的字样，一些房产主甚至拒绝向'希伯来人后裔'出售出租房屋；在医务界，也出现了要为犹太裔医生（特别是精神科和牙科医生）规定从业限额的主张。1921 年和 1924 年的移民法，对外来移民严加限制，将犹太移民的配额减少到最低限度。……而在此之前的几十年里，有近 200 万犹太人正是从这几个国家移民美国的。"[2]

而与美国这样的国家相比，"在当时，事态的情形在中欧和东欧地区甚至还要严重得多。……罗马尼亚政府显然不顾它庄严的承诺，依然坚持一种极端的反对犹太人的政策。在波兰，犹太人被有条不紊地从各政府部门的岗位上'请'了下来，从国家的垄断企业中排挤出来。……在整个东欧地区，已经开始系统地实施一项计划，有时（如在匈牙利），甚至由政府采取行动强制执行，那就是严格限制大学中犹太学生的人数，按照犹太总人口的比例分配名额——所谓的 'numerous clauses' （最高限额条款）——因而学生骚乱变得司空见惯。不止一个国家，它们根本无视少数

---

① Todd M. Endelman, *The Jews of Britain, 1656 to 2000*, p. 202.
② 潘光、余建华、王健：《犹太民族复兴之路》，第 93~94 页。

民族条约，通过强制星期天关门停业，甚至那些已经在星期六失去了一天的营业时间的人也必须执行，从而把那些犹太商人推向了倾家荡产的边缘"。①

当然，事态最为严重且更为持久的，当属德国。首先，从右翼代表人物的部分言论中，可以窥见《议定书》对这些人乃至整个德国的深刻影响。比如，"鲁登道夫坚信，就如他在回忆录中写的，犹太人是真菌和寄生虫，和布尔什维主义分子及国际金融资本家勾结在一起"。② 又如，希特勒不仅在《我的奋斗》中把马克思主义看作是"犹太人的一种谋略、一种圈套"，③ 而且在他死后 15 年才出版的《希特勒的秘密著作》中认为，"犹太人威胁着人类，他们的目标是征服整个世界。因此他宣称，他与犹太人进行斗争，不仅是为德国人谋福利，也是为整个世界谋福利"。④ 虽然这部著作很晚才出版，但实际上希特勒早已通过各种各样的演说把其中的内容兜售给了德国人。"希特勒已在 10 万名纳粹党员中散布了他的观点。这些观点也为那些投票给他的 85 万德国人所熟知。此外，在 1928 年，人数为二三百万的民族主义投票人也了解了希特勒的上述思想。"⑤

其次，从第一次世界大战结束到第二次世界大战期间纳粹对犹太人的措施和政策中，也不难发现《议定书》的重要利用价值和强大而持久的影响力。"《犹太人贤士议定书》对德国的影响尤为深远。早在希特勒上台之前，就有了大批信奉者。把犹太人说成是一种具有巫术的民族，以及是德意志-基督教文化不共戴天敌人的说法，正好与反犹分子所宣扬的德国人之所以在第一次世界大战中战败是由于'背后刺来的刀子'的观点不谋而合。纳粹党人从一开始就热衷于这方面的宣传，其目的分明是借此掀起德国人对犹太人的仇恨。"更有甚者，"第二次世界大战期间，《犹太人贤士议定书》成了希特勒当局大规模屠杀犹太人的一个极好的口实和理论根据。在第三帝国灭亡之前，纳粹分子一直以此为武器开展反对犹太人的宣传，致使这一伪造文件对犹太人的危害达到了顶点"。⑥

---

① 〔英〕塞西尔·罗斯：《简明犹太民族史》，黄福武、王丽丽等译，第 520 页。
② 〔德〕克劳斯·费舍尔：《德国反犹史》，钱坤译，第 157 页。
③ 〔英〕马丁·吉尔伯特：《二十世纪世界史》第 1 卷，第 767 页。
④ 〔英〕马丁·吉尔伯特：《二十世纪世界史》第 1 卷，第 823～824 页。
⑤ 〔英〕马丁·吉尔伯特：《二十世纪世界史》第 1 卷，第 825 页。
⑥ 徐新：《反犹主义解析》，第 172 页。

四　结语

综上所述，《议定书》的生成和传播过程，从一个侧面展示了 19 世纪末期以来俄国政局变动的大致历程及其影响，并且在实际上体现为犹太人阴谋统治世界论新版本的生成、演变与传播过程。该阴谋论起先以犹太人、共济会和自由主义为主要攻击对象，在十月革命之后，又转为以犹太人、布尔什维克和社会主义为主要攻击对象，并且开始跨出俄国，走向世界。这在很大程度上应该是由十月革命本身的巨大影响所决定的。或者说，使这一文本及其论调得以在俄国境外迅速传播并且具备相当说服力的，主要是十月革命。因为对传播者而言，无论是为了反犹、反俄、反共，还是仅仅为了曲解俄国革命的根源，或者出于其他特定目的，《议定书》都有相当大的传播和利用价值。从这个意义上讲，十月革命对犹太民族的影响也是相当广泛和深远。十月革命影响世界的多面性，也由此可见一斑。

《议定书》的生成和传播过程，也是使犹太人一再遭受诬陷和迫害的过程。从 1903 年起俄国主体民族对俄国犹太人实施集体迫害，到白军在国内战争期间屠杀俄国犹太人，再到希特勒对欧洲犹太人实施大屠杀，作恶者无不以《议定书》为辅助工具。从这一连串事件中，不难窥见似是而非的诬谤和阴谋论在人类历史长河中所发挥的恶劣作用。而在犹太人的历史上，这样的诬谤和阴谋论及其所导致的恶果，只不过是长河中的一小段、整体中的一部分。

十月革命后俄国贵族在中国的流亡

张宗华　姜艳红[*]

【内容摘要】 俄国十月革命后，贵族家庭成员大量死亡、被迫移民，以贵族为中心的 200 多万俄侨流亡到世界各地。俄侨贵族在中国流亡历经三个阶段：十月革命爆发到中苏建交；中苏建交到"九一八"事变；日本侵占东北到二战结束。20 世纪 20 年代俄侨贵族主要活动在中东铁路沿线的哈尔滨等地，30 年代俄侨贵族主要活动在上海。尽管近代中国社会性质及中外关系动荡多变，俄侨贵族的命运跌宕起伏，他们中的多数人仍保持了东正教信仰和俄罗斯文化传统，也促进侨居地的经济文化发展。

【关键词】 十月革命　俄国贵族　政治流亡

侨民作为一种社会政治现象由来已久。1917 年十月革命导致俄国政治、社会、经济和文化结构的根本变化，数百万俄侨流亡到世界各地。俄侨贵族自 1898 年修筑中东铁路以来，历经中国清朝、中华民国、日伪统治和新中国各历史阶段。中国学者对十月革命后俄侨在中国的流亡研究翔实，笔者拟从俄国贵族群体在华流亡的角度进一步深化该课题。

一　十月革命前后的俄国贵族

由于特殊的地缘政治，俄国贵族历经四个发展阶段。[①] 彼得一世颁布的

---

*　张宗华，苏州科技大学亚太国家现代化与国际问题研究中心、历史学系副教授；姜艳红，苏州大学外国语学院副教授。

① 基辅罗斯时期：公的侍卫；鞑靼蒙古罗斯时期：诸公的廷臣；莫斯科罗斯时期：服役的人们；俄罗斯帝国时期：贵族。

《官秩表》（Табель о рангах）把贵族分为世袭贵族（потомственное дворянство）和终身贵族（личное дворянство），贵族成为真正意义上的等级。1782 年叶卡捷琳娜二世时期的《贵族家谱》将世袭贵族划分为 6 个类别。① 1785 年颁布的《贵族特权敕书》（Жалованная грамота дворянству）第一次使贵族享有了法律、社会和政治地位。1833 年的《法律汇编》第 9 卷第 15 条确立贵族为俄国的第一等级。按照 1897 年的人口普查，俄国有 1221939 名世袭贵族和 631245 名终身贵族。② 19~20 世纪之交贵族划分为公职贵族（служенное дворянство）和领地贵族（поместнное дворянство）。俄国贵族不仅在社会成分、民族信仰和地区成分的多样化上，有别于以血缘、门第为主要标准的西欧贵族（Gentry、Nobility），而且因 18~20 世纪初期的社会改革，沐浴在欧风西雨下的贵族创造了独特的俄罗斯文化，其辉煌成就在世界文明史上无与伦比。

十月革命后，苏联政府通过社会资源分配——生产资料社会主义改造的公有制、经济管理权力向中央集中的指令性计划经济体制形成了"单一性"和"两极性"的社会结构。阶级概念的模糊导致阶级矛盾的扩大化和尖锐化。苏联当局不再实施直接的镇压，而是开除积极参与社会和政治生活的非无产阶级代表，开始用激进方式重建国家和私人的生活空间，切断贵族及家庭之间的联系，没收土地和住房，"坏出身"的贵族在就业市场上难以求职，家庭成员大量死亡、被迫移民。十月革命后俄国有四次移民浪潮。③ 贵族在 1917 年十月革命中首先遭到重创，自 1919 年以来大规模白色移民分为三个阶段：第一阶段，1920 年 2 月，在总参谋部中将 А. И. 邓尼金的指挥下贵族从新罗西斯克撤退；第二阶段，1920 年 11 月俄国军队陆军中将 П. Н. 弗兰格尔男爵的领导下贵族从克里米亚撤离；第三阶

---

① 赏赐贵族或现任贵族、军事贵族、行政或勋章贵族、外籍贵族、爵位贵族、古代贵族。

② Т. В. Филатова. Российское поместное дворянство в XX начале в.: Организация, деятельность, попытки самоидентификации. М., 2002, с. 15.

③ 20 世纪俄国共有四次移民浪潮：第一次浪潮（1918~1922）是十月革命后内战引发的大规模人员外流，有 150 万~300 万人；第二次浪潮（1941~1944）是二战期间离开苏联国境以及逃避遣返回国的"不归者"，人数达到 50 万~70 万人；第三次浪潮（1948~1990）是冷战期间的移民，人数约 50 万；第四次浪潮（1990~）是苏联解体后的移民。四次浪潮中，第一次规模最大。Павел Полян. Эмиграция: кто и когда в XX веке покидал Россию Опубликовано в: Россия и ее регионы в XX веке: территория-расселение-миграции / Под ред. О. Глезер и П. Поляна. М.: ОГИ, 2005 с. 493-519.

段，1920~1921 年因海军上将 A. B. 高尔察克军队的失败，俄军和日军从
滨海边疆区撤离。以贵族为主体的流亡分为两部分：一部分是独自逃离俄
国的个人和家庭；另一部分是逃离疏散的俄国团体——军事单位和教育机
构。在国内战争时期与军队一起逃亡的还有数个士官武备学校（贵族军官
学校）和贵族女子学校，以及这些学校的教师。

　　1917 年的二月革命后，贵族精英就开始发出大撤退的信号。专制政府
垮台，临时政府上台，民粹浪潮频繁冲击的乡村和城市一片混乱，由此引
发第一波贵族移民浪潮。O. B. 沃尔科夫回忆道，1917 年春夏之交"亲朋
好友打电话联系，大家彼此交流逃离之事。……大家相互拥抱，希望尽快
在巴黎见面。由此开始俄罗斯知识分子境外的大逃亡"。① 对许多军事贵族
而言，武装抵抗是他们自然的选择。许多世袭贵族军官开始参与白军反抗
布尔什维克的战斗，1918 年 2~5 月在库班志愿军第一次行军中参加者有上
校 Л. Л. 伊利什别维奇、A. B. 科尔温-克鲁科夫斯基、Л. H. 诺沃西里采
夫、A. И. 西玛诺夫斯基、A. Г. 谢尔博维奇-维乔尔，将军 A. Ф. 博加耶
夫斯基、Я. Ф. 吉亚连施米特、С. Л. 马尔科夫、И. П. 罗曼诺夫斯基、
И. Г. 埃尔杰利等。出身戈尔斯特金家族的传记作家 E. A. 斯克里亚宾的父
亲、君主主义者和第四届杜马议员 A. П. 戈尔斯特金和他的弟弟 П. П. 戈
尔斯特金加入了弗兰格尔男爵的军队。②

　　没有加入白色运动的贵族家庭最为关心的问题是留下还是移民。国内
战争期间，每个贵族家庭开始讨论移民，重复多次收拾行李箱，直到作出
最后的决定。贵族对未来茫然无知，移民被视为迫不得已的绝望选择，一
种逃避、暂时的撤退，而未来得及逃跑的贵族面临的将是厄运。

　　留在国内的贵族备受磨难，斯大林大清洗时名门望族很难逃脱和生存
下来。奥博连斯基家族的公爵、公主、公爵夫人在监狱和集中营相继结束
了自己的生命。③ 逃走的不仅是一些爵位贵族，还有一些家族名望不显赫，
也没有巨额财富的贵族。在同等条件下，逃亡往往是那些边境地区贵族家
庭经常选择的方式，因为他们具备最低限度的移民资源（签证、资金、网

---

① Ефремов Сергей Игоревич. Дворянская семья в Советской России и СССР（1917-конец
　 1930-х гг.）: социокультурный аспект. Москва., 2011, с. 51.

② Скрябина Е. А. Страницы памяти. М., 1994, с. 52.

③ Чуйкина С. А. Дворянская память:《бывшие》в советском городе（Ленинград, 1920-
　 30-е годы）. -СПб. : 2006, с. 19.

络），还有那些在国内战争期间遭受政治打击且经历悲惨的贵族。学者认为，按其政治倾向，从克里米亚和敖德萨到君士坦丁堡的南部边境逃离的是"右派"、"保皇派"，从芬兰、爱沙尼亚、波兰北部边境逃离的是"左派"。经过南部边境联合逃离的贵族很多。①

当代学者认为，② 移民是当时爵位贵族代表唯一的出路，尤其是已国际化的贵族等级比其他等级更适应国外的生活，其余的人在苏联只是活着。③ 一些俄罗斯贵族具备到国外旅行和永久居留的必要条件：外语、金钱、在其他国家的特殊亲属关系。④ 在第一波的俄国移民浪潮中，有 500~600 位贵族离开俄国。⑤ 虽然合法移民安全，但很多贵族没有资格。公爵 K. H. 戈利岑回忆道："没有任何出国签证，只能非法逃离。"⑥ 尽管非法越境风险大，害怕红色恐怖升级的贵族还是毫不犹豫地逃离俄国。

贵族通过北部边境（波兰、芬兰、波罗的海国家）和南部（敖德萨、克里米亚）逃离。为了孩子的未来，Л. А. 乌斯宾斯卡娅一家非法穿越波兰边境到达日托米尔。О. Л. 梅德姆伯爵沿着北线逃离俄国，他与儿子德米特里成功地在 1918 年春天到达慕尼黑。⑦ 1918 年夏天 Н. И. 沃尔科夫-穆罗姆采夫为了到达乌克兰而加入白卫军。⑧ 经过南部边境逃离俄国的许多贵族与白军残余乘坐船舶。1919 年春天第四届国家杜马的成员 И. С. 瓦西里契柯夫与出身维亚泽姆斯基公爵的妻子，以及孩子乘坐英国军舰离开克里米亚。1920 年 11 月男爵弗兰格尔与军队的残余一起乘坐 Н. А. 科柳巴金的"赫尔松"号军舰从塞瓦斯托波尔疏散到君士坦丁堡。大约与此同

---

① Чуйкина С. А. Дворянская память：《бывшие》в советском городе（Ленинград，1920 – 30-е годы）. -СПб.：2006，с. 23 – 24.

② Иванов В. А. Миссия Ордена：Дворянская семья：из истории дворянских фамилий России Под ред. В. П. Старка. СПб.：Искусство—СПб.；Набоковский фонд，2000.

③ Чуйкина С. А. Дворянская память：《бывшие》в советском городе（Ленинград，1920 – 30-е годы）. -СПб.：2006，с. 19.

④ Скрябина Е. А. Страницы памяти. М.，1994，с. 52.

⑤ Кривошеина И. А. Четыре трети нашей жизни. Париж，1984，с. 80.

⑥ Голицын К. Н. Записки князя Кирилла Николаевича Голицына. М.，. 1997，с. 110.

⑦ Наумов А. В. Судьбы российского дворянства в XX веке（на материале трех поколений хвалынской ветви графов Модемов）. Автореф，Саратов，2009，с. 16.

⑧ Волков-Муромцев Н. В. Юность：От Вязьмы до Феодосии. Париж，1983，с. 212 – 290.

时一起前往君士坦丁堡的有 A. Д. 希尔科夫公爵。[①]

很难确定逃离和留下来贵族的数量。尽管外部环境的压力和逃离资源的差别，俄国主要的贵族家族留里克维奇、格季明诺维奇、鞑靼公爵、外国出身的贵族在革命后并未灭绝而是留在了俄国。留下来的还有公爵戈利岑家族、公爵特鲁别茨科伊家族、伯爵舍列梅捷夫、公爵利沃夫、纳雷什金、公爵加加林、公爵梅歇尔斯基、塔季舍夫、伯爵托尔斯泰、伯爵博布林斯基、公爵沙霍夫斯基等。

贵族不愿意流亡有其思想观念和家庭等因素。一是 1850~1870 年出生的老一代贵族固守传统的贵族家族文化，不愿离开家乡和祖先的土地。宫廷高级侍从 A. A. 西韦列认为，"移民最终都没有好结果"。此外，如果夫妇一方不愿离开俄国，其贵族家庭就难以在国外团聚。二是许多俄国贵族科技精英从整体上认同自己的国家，而不是从制度上，他们心甘情愿为祖国工作，故十月革命后大部分贵族科学家都留在了俄国。三是许多贵族相信布尔什维克的政权不会持续多久。1917~1918 年国内战争开始，新政权在外省的统治岌岌可危，消息闭塞的贵族并不知道两个"首都"发生的革命事件。四是部分俄国贵族同情左派，积极反对专制政府。社会民主派对新政权寄予很大希望，至少准备与之合作。出身哈普留金世袭贵族家族的祖母 Л. Б. 列别金斯科伊支持布尔什维克，而 E. Л. 奥利茨科伊是社会革命党的成员，由此导致家庭产生冲突。此外一些贵族试图利用新政权解决个人生活问题。[②] 1917~1918 年间贵族的受伤害程度取决于所居住的地区、贵族家族的名望大小和其他因素。

十月革命后，以贵族为主体的近 200 万俄侨被迫流亡到世界各地，在欧洲他们主要集中在巴黎、伦敦、柏林、布拉格、索菲亚等地；在中国他们多半居住在哈尔滨及中东铁路沿线地区，其余的集中在上海、北京、天津、青岛和新疆等地。"1917 年十月革命以前，那些沙皇的将军、大臣、贵族及其家属，做梦也没有想到，等待他们的将是——一个流亡的命运——会从温暖的克里姆林宫及其伟丽的邸宅和庄园中，走向寒冷的西伯利亚，越过荒原，渡过广漠，最终仓皇出境。这些流亡者，首先在中国新

① Чуйкина С. А. Дворянская память：《бывшие》в советском городе（Ленинград，1920-30-е годы）. -СПб.：2006，с. 55.

② Ефремов Сергей Игоревич. Дворянская семья в Советской России и СССР（1917-конец 1930-х гг.）: социокультурный аспект. Москва.，2011，с. 55-58.

疆东北部和哈尔滨等地，停下他们疲惫不堪的行脚。"① "中国在很大程度上不仅吸引那些可以在中东铁路沿线工作的工人和工程师，而且在极少数艺术家，以及曾经的俄国优秀代表心目里中国是他们的天堂。在意大利移民人数普遍较低，约 3000 人，相比之下，中国已经成为贵族家庭、反对派政党代表和革命前俄国文化界艺术家的避风港。"②

二　1917 年后俄侨贵族在华的流亡的三个阶段

1. 1917~1924 年，十月革命爆发到中苏建交、缔结《中俄解决悬案大纲协定》

1903 年中东铁路（КВЖД）通车时，俄侨在黑龙江地区总人数约 3 万人。日俄战争和第一次世界大战时期，上海俄侨增到 402 人。③

十月革命后，俄侨贵族为了逃避苏俄政府的镇压，开始涌向中东铁路线上的哈尔滨。1918 年 11 月沙俄海军上将高尔察克在西伯利亚率领 40 多万军队武装抵抗，配合英、法、美、意、比等 14 个国家大规模的武装干涉。1919 年底惨败的高尔察克的余部在零下 40 摄氏度的严寒中，行军几千公里，横穿西伯利亚，最终到达中朝接壤的海参崴地区，与谢苗诺夫白军会合。1921 年 2 月原高尔察克西伯利亚政府部长和贵族名流关达基、金斯、米哈伊洛夫、瓦加恩斯基、克拉包特金、乌赫道姆斯基公爵、驻日大使克鲁平斯基、季捷里赫斯将军、哥萨克阿尔洛夫大尉集结哈尔滨，成立阿穆尔河沿岸地区临时政府，占领伯力。

1922 年远东地区的白军因受到远东人民共和国的进攻全线溃败，俄国贵族军官开始组织流亡。在陆路，一部分在斯莫林将军的指挥下经绥芬河站逃到中国东北，一部分由莫尔恰诺夫将军和博罗金将军率领越过中俄边境到达珲春——吉林省和中东铁路沿线地区。在海路，由斯塔尔克少将和格雷博夫将军率领，先后从海参崴乘舰到朝鲜的元山港，经过釜山到达中国上海。由斯塔尔克少将率领撤退的 30 艘大小军舰，满载着来自莫斯科、彼得格勒、波罗的海沿岸及土耳其等地流徙到海参崴的难民近 2000 人，贵

①　汪之成：《上海俄侨史》，三联书店，1993，第 92~93 页。

②　Чуйкина С. А. Дворянская память:《бывшие》в советском городе（Ленинград，1920-30-е годы）. -СПб.：2006，с. 24.

③　Жиганов В. Д. Русские в Шанхае. Шанхай，1936，с. 33.

族军官武备学校、别列杰夫将军和格列博夫将军的军团数千人，颠沛流离，命运悲惨。

哈尔滨附属地作为沙俄在中国的势力范围，成为吸纳难民最多的地方，在移民的类型上属于逃避政治打击流亡型。1898~1988 年哈尔滨俄苏侨民人口数量变动情况：1898~1905 年俄侨为 3000 人，1920 年为 131073 人，1922 年为 155402 人，1924 年为 58559 人，以后逐年减少。[①] 1922 年来华的俄侨超过了俄国史上的任何时期。"定居哈尔滨的俄侨一度多达 20 万人，甚至超过了当地中国居民的人数。哈尔滨被称为中国最大的俄侨聚居中心。"[②]

与欧洲各国俄侨逐年减少的情况相反，在华俄侨逐年上升，1916 年为 55235 人，仅次于在华日侨；1928 年为 76000 人；1929 年为 88000 人。[③] 由于政治动荡等诸多原因，流亡的俄侨贵族的人数至今难以确定。中国外交部统计，1929 年夏在华的白俄总数为 95672 人；而上海俄文报刊估计，1935 年夏旅华俄侨人数增加到 135000 人。[④] 1926 年在新疆地区有 6000 名俄侨。[⑤] 天津俄侨最多时达到 5000~6000 人。美国学者认为，1904 年在华俄侨约 40000 人，1914 年约 65000 人，1930 年约为 140000 人。[⑥] 俄国学者 Г. В. 梅利霍夫认为，俄侨最多时达到 40 万人，20 世纪 20 年代有 10 万人返回苏联，另有 10 万人去了美国。[⑦] 美国红十字会统计，截至 1920 年 11 月 1 日俄国流亡的移民总数是 1194000 人。按国际联盟的统计，截至 1921 年 8 月约有 140 万俄国难民。俄国史学博士 В. М. Кабузан 估计 1918~1924 年俄国移民不低于 500 万人，这里包括一战前合并到俄罗斯帝国，后来出

---

① 石方、刘爽、高凌：《哈尔滨俄侨史》，黑龙江人民出版社，2003，第 96~98 页。

② Галиперин А. Бомъоуьежища и Тени прошлого. Новое Русское Слово，1983. №3，с. 10.

③ Павел Полян . Эмиграция：кто и когда в XX веке покидал Россию Опубликовано в：Россия и ее регионы в XX веке：территория-расселение-миграции / Под ред. О. Глезер и П. Поляна. М.：ОГИ，2005，с. 493~519.

④ 汪之成：《上海俄侨史》，第 76 页。

⑤ И. И. Серебренников. Великий отход. Рассеяние по Азии белых русских армии. 1919 - 1923. Харбин，1936，с. 258.

⑥ 李兴耕等：《风雨浮萍——俄国侨民在中国（1917~1945）》，中央编译出版社，1997，第 19 页。

⑦ 陈秋杰：《俄罗斯学者梅利霍夫谈俄侨问题》，《西伯利亚研究》2010 年第 6 期，第 91 页。

现的新的主权国家的波兰和波罗的海省的 200 万人。[1]

20 年代俄侨贵族主要流亡在中东铁路沿线的哈尔滨，此时通常被广大俄侨贵族视作为生存而搏斗的艰难岁月和开始艰苦创业的关键时期。因十月革命和国内战争风暴而流亡的俄侨贵族大多疲惫不堪，不名一文，但他们以其虔诚的东正教信仰、诚实和创造性的劳动很快赢得华人及外国各界人士的好评。"俄侨不受任何阻碍地散居在中国各地，从事各种商业活动，在各部门服务，用俄国的民族文化培育青年一代，不但已有自己的教堂，并在不断地建设新的教堂，开办自己的学校、医院，总之，已经在起初感到如此陌生的国土上扎了根。"[2]

2. 1925～1931 年，中苏建交到 1931 年的"九一八"事变

1924 年 5 月签订的《中苏解决悬案大纲协定》《中苏暂行管理中东铁路协定》《奉俄协定》，虽然为中国政府收回围绕着中东铁路所丧失的各项权利奠定了基础，却也使苏联控制了中东铁路，导致了东北哈尔滨俄侨的分化——苏侨和无国籍的白俄。对十月革命认识模糊的俄侨老贵族看重薪俸和职业，开始申请苏联国籍，1926 年加入苏籍的俄侨达到 1866 人。[3] 而历经千难万险从西伯利亚逃难出来的俄国贵族等大多数难民拒绝加入苏联国籍，一些人为了保住职位宁肯加入中国国籍。而两国国籍都拒绝加入者失去了工作，沦为无国籍的白俄贵族。他们纷纷逃往内地与国外，其人数由 1922 年的 155000 人迅速降到 1927 年的 55959 人，其中 30322 人是失去国籍的白俄。[4]

1929 年中东路事件后，原先在中东铁路工作的白俄全部被解雇，白俄团体被解散。1930 年有白俄 2136 人被解雇。据统计，1931 年 3 月从俄国逃到中国东北的俄国人约 3000 人。[5] 1930 年抵沪的俄侨非正式估计为 13500 人。也就是说，12 年内抵沪的俄侨人口增加了 12 倍，而同期的上海

---

[1] Павел Полян . Эмиграция：кто и когда в XX веке покидал Россию Опубликовано в：Россия и ее регионы в XX веке：территория-расселение-миграции ／ Под ред. О. Глезер и П. Поляна. М. : ОГИ, 2005, с. 493-519.

[2] 汪之成：《上海俄侨史》，第 234 页。

[3] 石方、刘爽、高凌：《哈尔滨俄侨史》，第 76 页。

[4] 陈秋杰：《俄罗斯学者梅利霍夫谈俄侨问题》，《西伯利亚研究》2010 年第 6 期，第 75 页。

[5] 李兴耕等：《风雨浮萍——俄国侨民在中国（1917～1945）》，第 104 页。

外侨总数只增加了 1 倍。① 1932 年国联李顿调查团调查的结果，"满洲"的白俄达到 59900 人，中国本部的白俄达到 72400 人。②

哈尔滨曾经作为中国俄侨的聚集地，但自 20 年代起，哈尔滨俄侨贵族的生活日益艰辛，中东铁路当局大批解雇俄国侨民，更加使其濒于走投无路的绝境。俄侨贵族"有投入英、美、丹、瑞国籍者，求保护。有赴日本神户、长崎者"。③ 有些在香港、印度支那和菲律宾定居。有些能获得签证并付得起海外旅费的就前往北美洲和澳大利亚。但更多迁居到天津和上海。哈尔滨俄侨南下上海有诸多原因：一是东北地区的近 10 万名哈尔滨俄侨中，约 2/3 是不认同新政权的白俄贵族，他们不愿回归俄国；二是生活在黑龙江地区的俄侨动荡不安，1929 年中苏武装冲突的爆发，使之更加困苦不安；三是中东事变后大批白俄的岗位被苏俄取代，这些白俄被迫变卖家产，南下另谋生路。

20 年代宽松的中国法律，尤其是上海租界与华界并存的特殊格局，使俄侨贵族在居留、迁徙和工作上得到与华人一样的自由。1920 年，上海法租界只有 210 名俄侨；而到 1928 年，俄侨已经达到 2358 名。中苏建交后，绝大多数俄侨贵族虽对苏联政府仍持抵制态度，但面对现实他们也认识到，与其徒劳地去为重建一个能被上海俄侨公认的个人或集体权威而争斗，还不如大力发展具有鲜明的俄罗斯民族特色之个性，激发每个俄侨的主动性和创始力，引导广大俄侨以诚实和卓有成效的劳动，在远离祖国的新环境中生存和发展。此外，"不管操什么职业，俄国流亡者都发现上海有一种超道德的活力，人们可以随心所欲、为所欲为，从中清除战争与革命带来的烦恼。一位从前的圣彼得堡的居民发现，远东的巴黎在精神上补偿了他遗留在俄国的东西……俄国的报纸、商店、饭馆和夜总会全部给流亡生活系上一根红线，使它同已经消亡而又仿佛就在眼前的革命前的往事联系起来"。④

20 年代末期，穷困潦倒的俄侨贵族凭借自己的刻苦、毅力和才能，经过数年的艰辛奋斗，白手起家，终于熬过难民生涯中最初的艰苦岁月，变

① 李兴耕等：《风雨浮萍——俄国侨民在中国（1917~1945）》，第 59 页。
② 李兴耕等：《风雨浮萍——俄国侨民在中国（1917~1945）》，第 106~107 页。
③ 赵德久：《哈尔滨近代对外经贸关系史略》，华文出版社，1993，第 25 页。
④ 〔美〕斯蒂芬：《满洲黑手党——俄国纳粹黑幕纪实》，刘万钧等编译，黑龙江人民出版社，1993，第 58~59 页。

成收入稳定、衣冠楚楚、精力充沛的上海市民，他们满怀希望地步入不平凡的 30 年代。

3. 1932～1945 年，日本侵占东北到第二次世界大战结束

1932 年日本当局一手操纵的傀儡"满洲国"成立，1935 年苏联政府单方面将中东铁路转让给日本和伪满政府。此后，苏联撤走中东铁路的苏籍员工。由于日伪当局虚伪地高唱门户开放、机会均等等论调，一小部分白俄贵族把希望寄托于日本人，企图依靠日本的军事力量摧毁苏维埃政权，但很快尝到了亲日的苦头。白俄贵族的商行和店铺被强行安插的日本"顾问"敲诈勒索，最为轰动的便是 1933 年在哈尔滨的卡斯帕被绑架事件。

苏联政府在 1935 年 3 月和日伪政府签订《北满中东铁路让渡协定》等文件，将中东铁路的一切权利让渡给日伪政府，苏联撤走大批苏侨，关闭在东北的领事馆和公司。据不完全统计，中东铁路转让后，大约有 3 万名哈尔滨的俄侨返回苏联，其中包括数千名临时办理苏联护照的无国籍白俄。在斯大林大清洗时期，苏共及秘密警察领导人叶若夫颁布"00593"号命令，致使 5 万名"哈尔滨人"被捕，其中 30992 人被处死。[①] 1936 年哈尔滨白俄只剩下 30589 人，苏侨 7804 人。[②]

30 年代上海的俄侨达到 15000～20000 人，其中包括犹太人 4000 人。1932 年上海"一·二八"事变以后，上海的俄侨从公共租界转到法租界，霞飞路及其周围地区面貌大为改观，成为上海新的现代化闹市中心，甚至可以说形成了一块俄侨区：行列整齐的梧桐，黑白相间的仲夏遮阳伞，含有浓重俄国味的店招，高加索的粗厚用具，莫斯科近郊式的花坛，伏尔加河流域式的烈酒，东欧式的大菜，粗犷而又深沉的歌声，以回旋为主步的舞蹈……这一切都令人惊叹不已，也使霞飞路及其附近很快被称作"东方的圣彼得堡"。

上海的白俄贵族出现两极分化。30 年代在俄侨中 70% 有能够糊口的固定职业：从卖假宝石或羊毛毯的小贩到大公司经理，从受人尊敬的大学教授到为人不齿的娼妓，从最兴奋的舞场乐师到最颓废的午夜更夫。其他 30% 的白俄则是两种截然相反的人：自由职业者和以非法手段谋生者。在

---

① 钟楠：《战栗——〈哈尔滨档案〉读后》，《黑龙江史志》2011 年第 17 期，第 25～26 页。
② 李兴耕等：《风雨浮萍——俄国侨民在中国（1917～1945）》，第 111 页。

白俄贵族工商业者中出现了腰缠万贯的百万富翁，也有很多无立锥之地的俄侨贵族。有些人日间徜徉在街衢之间，叫售肥皂、绒毯等物，夜则蜷缩于闸北之俄国教堂，常乞人之残羹冷饭以果腹；另外一些则靠做些小工，赚几个钱啃大饼，有许多人每月收入甚微，每天只能吃一顿面包红汤，此外，就靠买点烘山芋吃吃，聊以充饥；更有 80% 的人日子在饥馑中，只好以乞讨老朋友可怜的资助来度过痛苦的岁月；还有少数连起码的一宿之地都没有，夏夜在广场露宿，深秋后甚至有人住在空洞的墓穴中——王孙末路，可怜至此！白俄贵族中的一些"大人物"，抵沪之前还下意识地尽量保持自己往日"高贵"的生活方式……但当生活的刺激挑破那些历史的残梦时，他们便会把一切自大狂和自尊心都抛弃了。"公主"和"伯爵夫人"开始依门卖笑；"贵族"中竟然有人参加了三只手集团。40 年代初，金神父路（今瑞金二路）路口还有一个托碟的"将军"，专收拾人们的残羹冷饭。[①]

尽管如此，随着整个俄侨界的日益繁荣，俄罗斯文化在上海很快进入极盛时期。20 世纪 30 年代，上海的白俄贵族在物质生活提高以后，开始致力于保持和发扬俄罗斯文化。他们虽然缺乏对布尔什维克的信仰，但并不缺乏对传统的东正教的信仰，所以他们抵达上海的第五个春天便开始募捐，建筑自己的东正教堂：法租界高乃依路（今皋兰路）的圣尼古拉斯教堂、法租界亨利路（今新乐路）的圣母堂。坚信上帝和神圣的东正教成为广大俄侨贵族流亡生活道路上的强大的精神支柱，俄侨贵族在上海始终没有被东方异质文化所同化。他们始终是热爱祖国的俄国人。"即使山穷水尽，濒于绝境，我们也从未低头认命。虽被逐出国门，我们仍日夜把祖国萦怀。"[②] 20 世纪 30 年代上海俄罗斯文化的极盛时期由于 1937 年卢沟桥事变的爆发而中断。

随着苏联国内建设取得巨大成就和国际地位的提高，绝大多数流落异乡的普通白俄思乡之情与日俱增，尤其是流亡白俄贵族的第二代对苏联寄予同情，急于回国加入苏联籍。但 1941 年 12 月太平洋战争爆发，上海俄侨贵族陷入极为艰难和黑暗的岁月。虽然苏联在二战中取得伟大胜利，但少部分俄侨贵族凭借多年磨炼出来的政治敏锐性预感到回国凶多吉少，

---

① 汪之成：《上海俄侨史》，第 95~97 页。
② 汪之成：《上海俄侨史》，第 237 页。

"近两年来所发生的种种事件，诸如侵占波兰、爱沙尼亚、立陶宛、拉脱维亚、比萨拉比亚和布科维纳，更以不容置辩的事实表明：苏维埃制度的原则和手段，仍一如既往。我们俄侨永远也不会忘记和宽恕苏维埃当局对东正教会的凌辱与迫害及对家人的杀害，也不会宽恕他们多年在集中营里屠杀几百万俄国人民的罪行、契卡的镇压及对士兵的暴行"。① 所以，他们更多地移往欧美国家。

三　俄侨贵族在华流亡期间的各类活动

在政治军事方面。1917年后俄侨贵族先后在哈尔滨成立"俄国人民自由党""远东护国卫法团""远东义勇军"等准备返俄参战，配合武装干涉军。流亡在哈尔滨的尼·乌斯特里亚洛夫、前政府高官尤·克柳奇尼科夫参加路标转换派（Bexa），在哈尔滨创办杂志，出版论述路标转换思想的著作，从最新的感受重新评价十月革命的意义。

中国历史的巨变使俄侨贵族有了摆脱困境的机会。军阀混战中，流亡到东北的白俄将军克列尔泽、梅尔库洛夫和巴雷什科夫将军、扎维亚洛夫上校等人投靠张作霖。1922年约有40名白俄军官参加张作霖的空军和炮兵。1924年在张作霖的奉军中成立了由张宗昌指挥的俄国队。1925年上海五卅运动爆发，整个城市陷于瘫痪状态。1927年初，处于困境中的上海公共租界当局委托格雷博夫中将利用远东哥萨克的部队组建俄国队，格雷博夫任俄军司令，海军上校福明任副司令，后来成为上海万国商团的正规军。300人的俄国军团大部分是年龄在23~27岁之间的俄国军官，90%的成员参加过国内战争，白俄雇佣军卷入中国军阀镇压上海工人的第三次武装起义。"俄国的白军受命运的摆布卷入了中国的内战，在一系列流血的战斗中遭到惨重的损失。在中国辽阔的土地上，从沈阳到上海，从太平洋之滨的青岛到中原地区的河南省会开封，到处都有俄罗斯士兵和军官的坟墓。"② 1932年"一·二八事变"后，白俄军官11人参加上海万国商团的步兵队。

1927年11月7日，苏联驻沪领事馆举行庆祝十月革命10周年活动，

---

① 汪之成：《上海俄侨史》，第214页。

② И. И. Серебренников. Великий отход. Рассеяние по Азии белых русских армии. 1919 – 1923. Харбин，1936，с. 254.

俄国贵族组织的上海俄难民权利委员会号召白俄 11 月 7 日罢工、下半旗，在苏联总领事馆门前举行示威悼念活动。《上海柴拉报》也在当天刊登有关十月革命后重大事件的文章和回忆录等。

1925 年在哈尔滨的俄侨大学生中出现了同乡会名义的民族主义组织和团体——"俄罗斯法西斯党"，其领袖是康·弗·罗扎耶夫斯基。它在全世界的 18 个国家建立了分部，党员有 1 万~2 万人，20 世纪 30 年代哈尔滨几宗轰动的绑架案与之有关。但"俄籍的移民，在个性上，大多数是反日的"。① 白俄贵族团体大多拒不媚日。此外，面对 20 年代中国北方的灾情，俄侨贵族以自己的绵薄之力举办音乐义赈大会，募捐救助中国灾民，1922 年募捐 24000 元。② 在抗日战争时期，为支持中国人民的正义事业，上海白俄贵族与其他国际友人一起积极加入中国军队助战。外国人士在中国军队参战者共有 451 人：美国 152 人、法国 124 人、苏联 115 人、英国 55 人、其他国籍 5 人。此外，有改为中国国籍的白俄 300 人与苏侨一起上战场。在近 800 名的华客籍军中，以白俄居多。1926 年从西伯利亚来到上海的著名白俄军事家莫洛契科夫斯基在北伐期间曾统率华北军用火车，1932 年在上海"一·二八"事变时在 98 师参战帮助十九路军，1937 年在"八一三"上海保卫战时统率装甲车一列，掩护中国军队撤退。③

在经济方面。十月革命后，俄侨贵族不承认沙俄时代创办的驻华道胜银行国有，继续运营。1920 年 10 月道胜银行与中国政府签订管理中东铁路的协定，承认中国对铁路的各项权利。此外，俄侨贵族在哈尔滨创办两家股份公司（第一和第二借款公司）、犹太国民银行、环城银行和房产主银行。

十月革命后，霍尔瓦特继续维持中东铁路的各项权益。但中东铁路被国际共管后，沃斯特洛乌莫夫担任中东铁路局局长，各处处长由俄侨贵族担任。俄侨贵族在哈尔滨开设了铁路总工厂和 54 家轻工业工厂，其中最著名的是老巴多烟厂和秋林公司。1924 年中东铁路在哈尔滨松花江上有 4 艘汽船、12 艘货船，夏特柯夫斯基公司有 2 艘汽船、2 艘货船，东西伯利亚公司有 4 艘汽船、2 艘货船，其他俄侨贵族商人有 11 艘汽船、6 艘货船。④

---

① 汪之成：《上海俄侨史》，第 287 页。
② 汪之成：《上海俄侨史》，第 236 页。
③ 汪之成：《上海俄侨史》，第 237~238 页。
④ 李兴耕等：《风雨浮萍——俄国侨民在中国（1917~1945）》，第 274~277 页。

1922 年，设在中国的秋林公司由俄侨贵族尼阿卡西雅洛夫等股东继续经营。

20 世纪初上海的俄侨贵族商人寥寥无几，十月革命后上海的俄侨贵族的商业活动迅猛发展。1924 年，亚历山大·尼古拉耶维奇在杜美路（今东湖路）创办亚历山大手术机械厂。1926~1928 年，俄侨贵族在上海霞飞路开设 15~20 家小百货店、10 家食品店、30 家服装店、5 家大型糖果店、5 家药房、5 家钟表首饰店、3 家照相馆、2 家炊具店、5 家理发店、5 家出租汽车行、3~4 家皮鞋店、5~6 家报亭、4 家糕点铺、几家花店和 1 家金鱼店。20 年代末，上海一流的医师、建筑师和工程师中，已有 1/10 以上是俄侨贵族。① 在法租界俄侨已是法侨人数的三倍以上，霞飞路很快便为仅次于南京路的上海第二条新的繁华大街，被俄侨贵族戏称为"涅瓦大街"。

十月革命后，往日从事新疆贸易的俄侨商人大多滞留在新疆改做中国货生意。1920 年俄侨贵族在乌鲁木齐的商行有：芝盛洋行、天兴洋行、德盛洋行、德和洋行、仁中信洋行、吉利洋行、茂盛洋行、大利洋行、吉祥涌洋行。1919~1926 年在库车俄侨贵族的商行有：东关、哈尼海买斯巷、公冈巷、棉花八栅、粮食八栅、东河坝等。与哈尔滨和上海俄侨贵族的商业活动比较，规模小，人数少。然而，俄侨贵族是新疆民办工业的主力军，他们在乌鲁木齐和伊犁等地从事畜产品的加工业——皮革的鞣制和加工，还有甜点食品加工业、制造靴鞋、缝纫、修理钟表、自行车等。比较著名的是伊犁木沙巴耶夫的皮革厂。1928~1931 年，俄侨贵族协助开通了新疆塔城到乌鲁木齐的公路，1927 年开通了乌鲁木齐至奇台的运输班车。一部分俄侨贵族在伊犁、塔城、阿山沿边地区利用先进的农业机械工具务农。在东北，20 年代，俄侨贵族商人在"北满"的东西部拥有林区 35135 平方公里，规模最大的是斯基德尔斯基、柯瓦尔斯基、舍甫琴科 3 家。

在文化方面。随着中东铁路的修建和经济的发展，俄侨贵族开始注重在哈尔滨的精神文化生活。十月革命后，大批俄侨贵族涌入哈尔滨，辉煌灿烂的俄罗斯文学艺术也随之到来。远离欧洲的远东侨民文学保持了原有的民族特色，又吸收了东方的手法，其作品成为东西方文化相互渗透和影响的产物。20 世纪 20~30 年代远东侨民文学在哈尔滨和上海卓有成效。十

---

① 汪之成：《上海俄侨史》，第 71~72 页。

月革命以前哈尔滨已经有一批俄国诗人（亚历山德拉·彼得洛夫娜·帕尔考、谢尔盖·阿雷莫夫）；1920 年作家古谢夫·奥连布尔格斯基、彼得罗夫·斯基塔列茨成立了文学和诗歌团体；团体"青年丘卡耶夫"的组织者阿·阿·格雷佐夫相继出版了 5 部诗集。

俄侨在哈尔滨最大的音乐团体是俄国古老艺术研究会（ОИРСИ）。1921 年俄侨贵族在哈尔滨开设了第一所俄国音乐学校，1924 年开办了以俄国著名作曲家、指挥家格拉祖诺夫命名的高等音乐学校，1927 年成立一所音乐专科学校。20 年代，俄侨贵族在哈尔滨上演《俄罗斯婚礼》《天鹅湖》《雪姑娘》《叶甫盖尼·奥涅金》《黑桃皇后》《卡门》等歌剧剧目。毕业于圣彼得堡音乐学院的歌剧指挥家卡普伦·弗拉基米尔在哈尔滨成功指挥过《波利斯戈东诺夫》《浮士德》《沙皇的新娘》《黑桃皇后》等。

哈尔滨圣尼古拉中央大教堂、圣索菲亚教堂、圣母帡幪教堂等内部设置的诸圣画像都出自俄侨贵族名家之手。1908 年毕业于莫斯科帝国斯特罗戈夫美术学校的 M. A. 基奇金在哈尔滨南岗地区创办"荷花"（ЛОТОС）画室，培养了一批艺术家。

1898~1917 年，俄侨贵族仅在哈尔滨一带就开办了 20 多所各类学校。20 世纪 20~30 年代，俄侨贵族就形成了一套从小学、中学、职业学校直至高等教育的完整教育体系，同时也形成了一套从教材、学制、经费到最终目的的教育管理体系，使十月革命后被迫流亡的贵族后代能够继续接受良好的正规教育。1920 年，一批俄侨贵族教授创建哈尔滨高等经济法律学校，1922 年改为哈尔滨法政大学，首任校长是俄国立宪民主党人、路标转换派的思想家乌斯特洛亚科夫。[①] 1920 年 9 月 9 日中东铁路总办霍尔瓦特筹建中俄工业学校，1922 年改为哈尔滨工业大学。[②] 1923 年，庆祝中东铁路成立 25 周年时成立东省文物研究会，9 月东省文物研究会陈列所正式对外开放。随着中东铁路的修建，以俄文为主的俄侨新闻出版也迅速发展起来。1917~1922 年俄侨贵族在哈尔滨先后创办发行报纸《前进报》《俄罗斯之声》《霞光报》《传闻报》《论坛报》《风闻报》《回声报》《俄语报》《哈尔滨时报》等近 50 份。1926~1935 年俄侨贵族在哈尔滨出版杂志《满

---

① 石方、刘爽、高凌：《哈尔滨俄侨史》，第 295 页。
② 石方、刘爽、高凌：《哈尔滨俄侨史》，第 296~297 页。

洲通报》《圣赐粮食》《边界》《民族》等近 250 种。[1] 十月革命后，1918~1949 年俄侨贵族在哈尔滨出版各类图书达 4000 多余种。[2]

从中国东北迁居上海的贵族艺术家建立各种文艺社团：东方文学联合会、星一会、星二会、星三会（或称赫拉姆联谊会，ХЛАМ）、星四会、星五会、东方联谊会、艺术与创造联合会、乌克兰演员联谊会、乌克兰文化教育协会、普希金委员会等，还出版文集，发表俄侨贵族的作品。1934 年俄国著名作家 А. И. 布宁与其中的一家社团建立联系，并担任名誉会长。30~40 年代在上海颇有影响的赫拉姆联谊会，其核心人物是芭蕾舞剧导演Э. И. 埃利罗夫、《上海柴拉报》的编辑 Л. В. 阿尔诺多夫、作家 В. С. 瓦尔、音乐家 А. Г. 别尔莎斯基、А. О. 基尔萨诺夫、记者 А. В. 彼得洛夫、画家 Л. В. 斯克维尔斯基等。1936 年该会授予著名俄国歌唱家 А. 韦尔金斯基"上海名流第一骑士"的称号。同年还隆重地接待了伟大的俄国演员、世界著名歌唱家 Ф. И. 沙里亚宾。1937 年 2 月，普希金委员会在上海隆重举行了普希金铜像落成典礼仪式。著名的表演艺术家、导演托姆斯基和话剧导演、音乐家普里贝特科娃主持的俄国话剧团曾先后上演过许多俄国古今名剧。著名的芭蕾舞演员谢罗夫、曼热莱、埃利罗夫等人先后抵沪定居并演出，使上海芭蕾舞剧在 30 年代进入极盛时期。1925 年，М. С. 列姆比奇创办《上海柴拉报》。1929 年 П. И. 扎伊采夫创办《语言报》，明确规定不接受有共产主义倾向的文学作品，绝不向红色作家妥协。

俄侨贵族在上海有三大音乐基地：上海公共租界工部局乐队、室内音乐协会、上海国立音乐专科学校。1927 年成立的上海国立音乐专科学校中，俄侨贵族著名人士 Б. С. 扎哈罗夫、З. А. 普里贝特科娃、С. С. 阿克萨科夫、И. П. 舍夫佐夫等先后在此任教。"上海的西洋音乐活动大多依靠俄侨音乐家，俄侨（话剧、歌剧、芭蕾舞剧）演员、歌唱家和美术家，更使上海观众为之倾倒。"[3]

1920 年毕业于莫斯科绘画、雕塑及建筑学校的画家波德古尔斯基不仅作画，还参加上海沙逊大楼、法国夜总会的设计。1928~1931 年俄侨贵族画家波德古尔斯基、皮库列维奇、帕什科夫、基金奇、丹尼列夫斯基等多

---

[1] 石方、刘爽、高凌：《哈尔滨俄侨史》，第 298~335 页。
[2] 李兴耕等：《风雨浮萍——俄国侨民在中国（1917~1945）》，第 374 页。
[3] 汪之成：《上海俄侨史》，第 604 页。

次举办画展。30 年代俄侨画家不仅擅长绘画创作，还精于建筑和艺术的设计，如建筑师亚龙设计了法租界的圣尼古拉耶夫古教堂、利霍诺斯设计了圣母大教堂。1924 年索科洛夫斯基定居上海后，在上海各建筑公司从事建筑艺术装饰设计，取得一级建筑师的资格。古斯特、萨夫罗诺夫等人从事商业广告、橱窗设计和舞台美术设计。著名俄罗斯艺术家弗拉基米尔·特列奇科夫的传奇生涯也是在 1930 年侨居上海后开始的。

上海的俄侨贵族教育与哈尔滨迥然不同，俄侨贵族子女一半在其他国家的驻华学校内接受教育。由于上海国际化的环境，俄侨贵族在上海创办了 12 所教育团体、5 所俄侨中小学、12 所专科学校与职业学校、3 所俄侨贵族高等学校。他们创办的俄国教育学会强调"竭尽全力不使俄侨学生被外国人同化，并使他们时刻牢记祖国，成为俄罗斯思想和俄罗斯文化的继承者"。[1] 1921 年俄国驻沪总领事 В. Ф. Гроссе 的夫人和普林茨创办了第一所俄国学校——俄国实科中学，校长为俄国第四届杜马代表亚历山大·尼古拉耶维奇·鲁萨诺夫。1922 年，第一西伯利亚士官武备学校与哈巴罗夫斯克士官武备学校的师生近 700 人随斯塔尔克将军所率俄侨难民船队抵沪，少将 Е. В. 鲁塞特担任西伯利亚军校的校长，少将 А. А. 科尔尼洛夫担任哈巴罗夫斯克军校的校长。1930 年创办的上海海运学校，校长为黑海西北部海防司令及黑海水上航空兵司令 М. И. 费奥多罗维奇少将。

上海俄侨贵族教育多样化，不仅有东正教下俄罗斯民族的教育传统，也有西欧国家影响下的洋化教育。由于流亡上海的俄侨贵族的经济困境，学校的师资规模和设备都不如其他外国学校。上海的俄侨贵族关于下一代的教育方式的争论很激烈，没有统一的俄侨教育事业的管理中心，其业绩远不如哈尔滨。

20 世纪 30 年代，随着局势的动荡，哈尔滨俄侨贵族大批南迁到上海，俄罗斯文化在上海出现了一个极盛时期。出版发行了 24 种俄文报纸、27 种俄侨杂志。如 1925 年 10 月 25 日远东俄侨报业巨头 М. С. 列姆比奇创办《上海柴拉早报》《上海柴拉晚报》，全面、鲜明地反映上海俄侨、外侨及华人生活中最有趣的事。1929 年 1 月 7 日，И. М. 阿尔塔社科夫创办《斯罗沃报》，该报的宗旨是"与一切有损俄国国民事业的言行斗争"。[2]

---

① 汪之成：《上海俄侨史》，第 545 页。
② 汪之成：《上海俄侨史》，第 574 页。

30~40 年代上海俄侨贵族出版的文学作品有：阿库利宁的《奥伦堡哥萨克军与布尔什维克的斗争》，阿普列列夫的《海军中校——不应忘记……》，阿诺尔多夫的《中亚散记》，格拉戈列娃的《流亡者的激情》，布拉托夫的《一位将军的故事》，谢韦尔内的《屠格涅夫的故事》《北极的妇女》《斜视的圣母》《中国瓷人——财神菩萨》等。①

30 年代俄侨贵族创办的广播电台有：1933 年开播的俄国广播电台；1935 年 12 月 8 日易卜拉欣·艾哈迈拓维奇·马姆列耶夫创办的第一鞑靼广播电台。20~30 年代俄侨贵族创办的书店和图书馆有：1925 年俄侨贵族商人谢尔巴科夫创办俄罗斯事业书店暨图书馆；托尔热夫斯基图书馆；百老汇俄侨图书馆、杂志图书馆等。

十月革命后流落异乡的俄侨贵族在颠沛流离的难民生涯中依然保持浓厚的东正教传统。修士大司祭安德烈耶夫曾经论述俄罗斯东正教的使命："俄侨长期居住国外，深感被同化之忧虑，因为他们远离祖国，失去了与俄罗斯人民的联系。只有保持丰富的精神生活，只有增强宗教信仰，才能使俄侨的依作为统一的俄罗斯民族之一员而存在下去。俄罗斯的思想也总是宗教的思想，这就是'神圣俄罗斯'。"② 1898 年海参崴俄国东正教司祭茹拉夫斯基进入哈尔滨，建立第一座东正教堂。1898~1956 年在东北各地共有 97 座东正教堂，其中哈尔滨有 22 座。1917~1938 年，东北各地有 44 座，其中哈尔滨有 13 座。1922~1924 年，哈尔滨建成 5 座教堂，2 座修道院，中东铁路沿线各地建成 11 座教堂③；比较著名的有圣尼古拉教堂、圣尼古拉中央大教堂、圣母报喜教堂、圣索菲亚教堂等。

在上海，对上帝的信仰、忠于俄罗斯的宗教传统使俄侨贵族相继建立了 12 座教堂。如圣尼古拉军人小教堂则为斯塔尔克将军在 1922 年撤退到上海时，率领两所贵族士官武备学校的教官和学员在上海极司非尔路（今万航渡路）设立的教堂。1925 年季捷里赫斯中将及其夫人在所办的孤儿院中设立了俄国女子中学圣母堂。1927 年以格罗谢为代表的上海俄侨各界成立筹建委员会，通过募捐建立了复兴路圣母堂。1931 年流亡上海的沙俄海军军官发起筹建了霍山路圣安德烈教堂。为了纪念已故沙皇尼古拉二世，

---

① 汪之成：《上海俄侨史》，第 589~592 页。

② 汪之成：《上海俄侨史》，第 175 页。

③ 李兴耕等：《风雨浮萍——俄国侨民在中国（1917~1945）》，第 407 页。

1932 年格列博夫中将倡议，在法租界集资建立了俄侨的第一座教堂——圣尼古拉斯教堂。

综上所述，十月革命造成了史无前例的以贵族为主体俄侨大流亡，其人数不仅超过了俄国史的任何时期，也超过了同期的驻华外侨。20 世纪 20 年代俄侨贵族主要活动在中东铁路沿线的哈尔滨及其周边，30 年代因为中国时局动荡而南下的俄侨贵族主要活动在上海。始终恪守独立自由精神的西化俄侨贵族不仅保持了东正教特色的俄罗斯文化，而且促进了远东地区中国哈尔滨和上海等地的经济文化的繁荣发展，有助于中国的近代化。

十月前的重要一步

——区联派并入布尔什维克问题探讨

【内容摘要】1913 年成立的区联派（联合的社会民主党人区际组织）主张
俄国社会民主工党的统一，反对布尔什维克与孟什维克的分裂。区联
派对第一次世界大战的立场与布尔什维克相同，二月革命中与布尔什
维克采取一致行动，为他们后来的合作提供了基础。二月后托洛茨基
等流亡海外的革命家回国加入区联派，改变了它的组织结构，也使其
立场更接近布尔什维克党，并开始主动寻求与布尔什维克合并。区联
派最终并入布尔什维克党，为十月革命的胜利提供了组织基础。

【关键词】区联派 布尔什维克 合并 托洛茨基

"区联派"这一称呼为我国十月革命研究中对"联合的社会民主党人
区际组织"（Межрайонная организация объединённых социал-
демократов）约定俗成的简称。该派别属于俄国社会民主工党中的中间
派，成立于 1913 年，是彼得格勒的部分社会民主工党人对布尔什维克派布
拉格会议与孟什维克主导的维也纳会议的直接回应。在政治主张上，区联
派要求保持党的统一，坚决反对党内布尔什维克与孟什维克的分裂。与此
同时，由于区联派坚决反对帝国主义战争，在整个一战期间受到沙皇政权
的打压，区联派的队伍难以扩大。但是，以托洛茨基为代表的一批海外革

命家返回俄国后，首先选择加入区联派。因此，著名的托洛茨基研究学者多伊彻认为，区联派是"一个才华横溢的杰出政治人物团体"。[①] 从后来的史实看，这一评价是恰当的。区联派并入布尔什维克这一事件，为布尔什维克注入了新鲜血液，也为十月革命提供了直接指挥者。

一 并不顺利的初次合并尝试

区联派并入布尔什维克这一选择并非偶然事件。首先，区联派自创始起就与布尔什维克有着深厚的人脉渊源。从施略普尼柯夫记录下的区联派创始人名单来看，区联派的四位创始人中就有两位是布尔什维克——诺沃谢洛夫与阿达莫维奇。[②] 在区联派争取党内同志的过程中，首都一部分布尔什维克选择加入该派别，共同呼吁停止分裂。其次，对待帝国主义战争的共同立场使得双方在政治光谱上更趋于一致。区联派与布尔什维克一致，对"帝国主义狗咬狗"式的一战持反对态度，反对工人阶级作为沙皇政权的炮灰卷入战争。再次，二月革命过程中，区联派与布尔什维克共同行动，有了合作的基础。如此一来，双方进一步的合作成为可能。

首先提出合并的是布尔什维克，对此区联派作了积极的回应。双方第一阶段的会谈在1917年3月9日、10日两天进行，由布尔什维克彼得堡委员会与区联派召开通气会，讨论共同成立联合委员会事宜。[③] 布尔什维克的条件是区联派单独与布尔什维克联合，不联合孟什维克。区联派一方则坚持实行社会民主工党基础上的各派别平等联合，既包括区联派、布尔什维克，也包括孟什维克等派别的联合。除此之外，区联派还提出要在《真理报》占据一个编辑的席位。对此，布尔什维克彼得堡委员会明确表示反对区联派的联合策略，但同意在《真理报》中提供编辑席位。区联派领导人尤列涅夫表示不能接受布尔什维克方案。

3月21日，双方展开第二轮会谈。在会上尤列涅夫代表区联派提出以下要求：一是本次合并旨在以"齐美尔瓦尔德—昆塔尔"会议的精神团结全部国际主义者，特别是将布尔什维克与孟什维克团结到一起；二是等待

---

① 〔波〕伊萨克·多伊彻：《武装的先知》，王国龙译，中央编译出版社，1999，第284页。

② A. Shlyapnikov, *On the Eve of 1917*, London：Allison & Busby, 1982, p. 202.

③ *Абросимова Т. А*：Петербургский комитет РСДРП（Б）в 1917 году, Санкт-Петербург：Бельведер，2003，с. 86.

所有的国际主义者加入布尔什维克—区联派组织的联盟之后，立即召开全俄范围的国际主义者大会以确定新的斗争方向。

这个要求遭到布尔什维克的反对。费多罗夫（Г. Ф. Федоров）指责尤列涅夫只顾着区联派自己的名声而从来不考虑孟什维克国际派是否愿意与布尔什维克联合。斯塔索娃（Е. Д. Стасова）补充说，孟什维克国际派在革命者与护国主义者之间首鼠两端，因此没有必要考虑团结他们。加里宁（М. И. Калинин）附和斯塔索娃的观点，并认为迄今为止所有联合孟什维克的努力都是失败的。安季波夫（Н. К. Антипов）称，在大革命的背景下出现分歧是不可避免的，对此只需要看对临时政府的态度就能判断出来谁属于革命阵营，"现在是时候与孟什维克划清界限了"。扎列日斯基（В. Н. Залежский）的发言最为直接。他认为，齐美尔瓦尔德—昆塔尔精神已经过时了，二月革命后社会民主工党内部的分歧扩大，如果继续维护这一脆弱基础上的联盟，那么必然要导致"内部的纷争"，因此，如果要联合，就必须按布尔什维克方案。随后，他提出了布尔什维克的联合条件：第一，站在布尔什维主义的基本立场上；第二，与《真理报》保持统一口径；第三，与其他机会主义派别决裂。

尤列涅夫明确反对扎列日斯基的观点。他认为，应当继续坚持"齐美尔瓦尔德—昆塔尔"精神，实质上就是不应当与孟什维克决裂。但是，与会绝大多数代表都认为与孟什维克的团结不可能实现，因为只有布尔什维克愿意与区联派联合。

如果说尤列涅夫在 3 月 21 日的第二轮会议上舌战群儒还能自圆其说的话，在现实面前他的主张可谓空中楼阁。布尔什维克的领导人如加米涅夫、斯大林明确指出，区联派试图将布尔什维克、孟什维克以及其他国际主义者（主要是波兰人和拉脱维亚人）团结到一起的计划几乎是不可能的。[①] 在列宁回国之后，最微弱的可能性都没有了。4 月 4 日，列宁在布尔什维克与孟什维克联合召开的会议上提出了著名的《四月提纲》，这篇讲话不仅震惊了在场的人们，也等于直接否决了区联派的"大联合"方案。

给区联派同样打击的是，孟什维克也明确拒绝了联合的请求。布尔什维克希望由自己来主导革命及新政权，而孟什维克也希望如此。在这种情

---

① *Абросимова Т. А.* Петербургский комитет РСДРП （Б） в 1917 году, Санкт-Петербург, 2003, с. 89.

况下，分裂是大势所趋，区联派渴求统一的愿望显得一厢情愿了。4 月 12 日，尤列涅夫发表言论称与孟什维克之间对于联合方式存在根本性的分歧，包括孟什维克的联合只会导致机会主义的胜利。①

二 海外革命家加入给区联派带来改变

如果说 1917 年的 3 月摆在双方面前的道路是"联合"而不是"合并"，那么到了 5 月，事情发生了根本性的变化。流亡海外的革命者回到俄国后加入区联派，给区联派带来了巨大的变化。

首先，区联派的组织结构发生了变化。

长期以来，区联派的成员多是参加社会民主工党的普通工人，知识分子很少。但以托洛茨基为代表的流亡海外的革命家回国后，区联派的领导阶层构成发生了变化，革命派知识分子成为主导力量。伊萨克·多伊彻称区联派是"六七个没有军队的杰出将军"，② 这是指《我们的呼声报》团队加入了该组织。多伊彻声称，托洛茨基自区联派成立以来就"从国外激励这个组织"，因此区联派理所当然"把他作为自己的领袖来欢迎"。③ 但根据目前得到的材料来看，尽管托洛茨基很早就注意到了区联派，但是不大可能从 1913 年开始就"激励区联派不断前进"。托洛茨基本人在表述这一段时间的经历时只说了"回国后很快加入了区联派"。事实上，托洛茨基并不是区联派领导人。④ 但他无疑对区联派具有重大影响力。托洛茨基后来在谈到他回国后与列宁的初次见面时说：

> 5 月 5 日至 6 日我们举行了第一次会议。我告诉列宁说，我与《四月提纲》中的看法没有什么分歧……摆在我面前的方案是：或是以个人身份加入布尔什维克，或是尝试带一支最好的队伍加入。这支队伍就是在彼得格勒有 3000 名工人的区联派，其中有许多优秀的革命者：乌里茨基、卢那察尔斯基、越飞、弗拉基米罗夫、曼努伊尔斯

---

① *Югов М. Меньшевики в 1917 году*, Москва: Прогресс-Академия, 1995, c. 199.

② 〔波〕伊萨克·多伊彻：《武装的先知》，王国龙译，第 286 页。

③ 〔波〕伊萨克·多伊彻：《武装的先知》，王国龙译，第 283 页。

④ *Злоказов Г. И. Из истории борьбы за власть в 1917 году*, Москва: Институт российской истории, 2002, c. 131.

基、卡拉汉、尤列涅夫、波泽尔恩等同志。安东诺夫—奥弗申柯同志那个时候已经入了党，索科利尼科夫好像也入了。[①]

虽然列宁和布尔什维克中央都"希望并欢迎"区联派加入，且布尔什维克中央把这一任务交给了彼得堡委员会，[②] 可托洛茨基不大可能一回国就要求加入布尔什维克，基于以下两点原因。第一，长期存在的路线分歧。卡尔（E. H. Carr）曾经指出，托洛茨基忠于自己全面和解的旧政策，他希望能够在平等的条件下建立一个新组织，并取一个新的名称，而列宁并没有意愿削弱自己一手建立起来的党，所以解决路线问题归根结底成了两人意志力的较量，意志力强的一方最终会占据上风，而意志力上托洛茨基远不如列宁，因此托洛茨基必须付出等待的代价。[③] 多伊彻同样认为列宁和托洛茨基的联合是必然的，但托洛茨基本人的原因使这种联合延迟了：对于托洛茨基而言，宣布自己是一个布尔什维克无疑就等于宣布投降，不是向现在的列宁，而是向过去的列宁投降。第二，革命方针的创始人问题。让托洛茨基感到不快的另一个原因是在布尔什维克四月会议上列宁所提出的激进的革命方针最早是他提出的。此外，第三方的记录也能够说明问题。根据巴拉巴诺娃的记述，托洛茨基回国时"心情并不好"，说明他与列宁之间的隔阂并没有完全消除，不大可能马上就向列宁低头，毕竟二人的争吵已经持续了多年，列宁也承认托洛茨基存在"野心"。但从中可以看出，此时的区联派已经和当年不可同日而语，列宁原本不知道这一组织的存在，但在此时却非常需要把托洛茨基及其周围六七个杰出的宣传家、鼓动家、策略家和雄辩家以及区联派中的一大批优秀人物引入自己的党内。[④]

其次，区联派的立场进一步激进化。

以托洛茨基为代表的回国革命家加入后，区联派召开了第一次全市代

---

① Троцкий Л. Д. Вокруг октября, Москва: Книга по требованию, 2011, с. 3.

② 〔苏〕阿夫托尔汉诺夫：《苏共野史》，晨曦、李荫寰、关益译，湖北人民出版社，1982，第187页。

③ Ian D. Thatcher, "The St. Petersburg/Petrograd Mezhraionka, 1913—1917: The Rise and Fall of a Russian Social Democratic Workers' Party Unity Faction", *The Slavonic and East European Review*, Vol. 87, No. 2 (April 2009), p. 309.

④ 姚海：《俄国革命》，人民出版社，2013，第229页。

表大会。正是在这次大会上区联派显示出了自身路线的变化，主要体现在对临时政府的定性上：临时政府是在人民革命的废墟上建立土地、金融和工商资本的专制政权。大会对于临时政府呼吁苏维埃代表进入政府的号召嗤之以鼻，认为这是妄图使革命组织失去领导人，并成为临时政府的替罪羊；对于积极加入临时政府的策列铁里、斯柯别列夫等人，则给予坚决的斥责。大会关于战争的决议认为，全世界无产阶级的斗争将会把人类从帝国主义战争中解放出来。由于各国的社会主义运动无一不在本国政府的巨大压力下，所以要强调各国建立社会主义的条件必须是在国际阶级斗争的旗帜下，反之则必然走向失败。

列宁作为嘉宾列席了这次会议，没有发表公开讲话，但他很专注地听了托洛茨基的发言。托洛茨基分析了资产阶级临时政府和苏维埃之间的不同，称"不应该与临时政府有任何往来。应当抓紧一切机会增强苏维埃的实力并且支持苏维埃获得全部权力"。托洛茨基认为苏维埃要夺权是一个"漫长的过程"，要"取决于事态的变化"，首先要争取在世界各国建立反对帝国主义的政党或团体，当前的中心工作是做好在人民群众中的宣传工作。这些观点与布尔什维克并无不同。

第一次全市代表大会结束一个星期后，区联派在 5 月 18 日选举出主席团成员。从国外回来的革命者的加入使得区联派组织的纪律性得到了加强，这一点可以在卢那察尔斯基的言论中得到印证。卢氏在其作品《政治家剪影》中称区联派是一个高度"无组织无纪律"的组织，乌里茨基不得不"给它带来了纪律"。① 同时，尤列涅夫在这一段时间的公开讲话逐渐减少，以此推断，他的领导人地位已经不再。但也并不能说明托洛茨基此时就是区联派的正式领导人。根据当时的报纸报道，托洛茨基参加区联派会议的身份不过是一位被邀请的"嘉宾"，只不过这位"嘉宾"有些喧宾夺主的意味。②

再次，区联派的态度发生了变化，开始主动寻求与布尔什维克合并。

5 月 10 日，托洛茨基会见了列宁、季诺维也夫和加米涅夫。四人商谈后一致认为区联派应当加入布尔什维克，但是托洛茨基必须要说服原本对

---

① *Луначарский А. В.* Политические портреты, Москва：Политиздат，1991，с. 350.

② Ian D. Thatcher，"The St. Petersburg/Petrograd Mezhraionka，1913—1917：The Rise and Fall of a Russian Social Democratic Workers' Party Unity Faction"，*The Slavonic and East European Review*，Vol. 87，No. 2（April 2009），p. 305.

布尔什维克有抵触情绪的区联派成员。

布尔什维克随即在《真理报》5 月 18 日版刊登消息，称列宁、季诺维也夫和加米涅夫将出席会议商讨合并事宜。列宁将在《真理报》的编委会中给区联派留出职位，将其变成"广受欢迎的喉舌"。① 而对于双方有争议的问题，一部分通过公开讨论的方式解决，另一部分则在布尔什维克的宣传出版物《启蒙》和《共产党人》中进行书面讨论。最终，布尔什维克决定即将召开的第六次代表大会上为区联派预留组织委员会中的两个席位。不仅如此，布尔什维克也给马尔托夫的支持者们留出位置，条件是只要他们公开放弃护国主义立场。这是列宁所作出的最后让步，也可以说是尤列涅夫坚持的结果，正是他自始至终坚持团结孟什维克国际派的观点，最终使列宁听从了他的建议。

尽管 1917 年 5 月的争吵还在继续，还有一些海归革命家在与区联派进行了接触后，权衡之下选择了布尔什维克。索科利尼科夫（Г. Я. Сокольников）于 4 月乘坐"铅封列车"回到俄国，出席了区联派的第一次代表大会，但随即离开彼得格勒去了莫斯科，并在那里加入布尔什维克。安东诺夫—奥弗申柯曾在《我们的呼声报》中担任编辑，以往的著作中有将他划为区联派，但从他给布尔什维克中央委员会的信中能够看出，他选择的是布尔什维克而不是区联派：

> 回到俄国之后，我发现《我们的呼声报》的成员们加入了一个调和派组织，叫作"统一社会民主党人区际组织"，他们与布尔什维克的政治观点相同。我和曾经在国外合作过的托洛茨基同志和别兹拉波特内②同志进行了交谈，又看到了托洛茨基同志在区联派会议上的讲话之后，才知道这个组织的确存在。……我不会像《我们的呼声报》中的其他同志一样加入区联派。因此，我要求加入代表着真理的党组织。③

---

① Ian D. Thatcher, "The St. Petersburg/Petrograd Mezhraionka, 1913—1917: The Rise and Fall of a Russian Social Democratic Workers' Party Unity Faction", *The Slavonic and East European Review*, Vol. 87, No. 2 (April 2009), p. 306.

② 曼努伊尔斯基的化名，意为"失业者"。

③ *Антонов-Овсеенко*. В Революции, Москва: Политиздат, 1983. с. 9–11.

有些区联派成员在正式合并以前就是倾向于布尔什维克的，如杰尔别伊谢夫（Н. И. Дербышев）① 一直认为自己是布尔什维克，他同斯维尔德洛夫的交谈说明这一点：

> 经过长时间的分裂之后，当我再次遇见斯维尔德洛夫（布尔什维克的书记）时，他问我："您老实告诉我，现在还在我们党内吗？"我向他解释了我的处境，他对我说："您是傻瓜吗？您怎么能是区联派呢？您当然是一个布尔什维克！"他说完以后我十分感动，当时就想加入布尔什维克，但组织问题的解决在一个星期之后，总共花了一个半月的时间完成了区联派加入布尔什维克的工作。②

综上所述，在布尔什维克的领导人们看来，区联派是一支重要的生力军，无论如何也是希望他们加入的。更重要的是，此时的区联派已经完全同布尔什维克站在一起，所要解决的仅仅是组织程序问题。

三　正式合并前的准备工作

对于合并这样一项重要的政治活动而言，首先需要扩大在工人群众中的政治影响力，在当时的历史条件下最为合适的舆论武器就是报纸。根据孟什维克作家苏汉诺夫（Н. Н. Суханов）的描述，托洛茨基从一回国就将目光锁定在高尔基主编的《新生活报》上。③ 苏氏在《革命札记》中谈到，《新生活报》编委会和三位区联派成员托洛茨基、卢那察尔斯基和梁赞诺夫于 5 月 28 日进行了会谈。名义上是讨论三位区联派成员加入编辑队伍一事，但苏汉诺夫怀疑这些客人真正的意图是"征服这份报纸"，使《新生活报》成为区联派的阵地，继而将它变成非正式的布尔什维克的思

---

① 杰尔别伊谢夫（Дербышев Н. И，1879~1955），俄国（苏联）革命家，工人出身，曾任俄国社会民主工党鄂木斯克和乌拉尔委员会委员。

② Ian D. Thatcher, "The St. Petersburg/Petrograd Mezhraionka, 1913-1917: The Rise and Fall of a Russian Social Democratic Workers' Party Unity Faction", *The Slavonic and East European Review*, Vol. 87, No. 2（April 2009），pp. 310-311.

③ *Суханов Н. Н.* Записок о революции, Москва: Политиздат, 1991, с. 190.

想舆论中心。① 几年以后托洛茨基也证实了苏汉诺夫的说法。他在一份经过修改的回忆录手稿中提到，列宁当时和他达成协议，由他出面尝试接管《新生活报》，如果失败的话，列宁和他将会推出一份新报纸。但这份新报纸没有问世，最后托洛茨基等人与原区联派的成员共同推出了周刊杂志《前进》（Вперед），② 这是区联派第一份有一定影响力的刊物。苏汉诺夫评论道：

> 托洛茨基和区联派自己独立创办了一份刊物，名字也叫作《前进》，这个小舞台带给托洛茨基一些小小的收获。③

为了维护这唯一的舆论阵地，区联派不断地在《前进》杂志上发表文章，旗帜鲜明地表明立场，这份报纸在政治观点上与《真理报》并无二致。为了争取更多的工人与士兵的支持，《前进》杂志中的文章都十分注意以区联派自己的名义发表。显然，这些工作对于长期从事出版工作的《我们的呼声报》的成员们来说不是难事。

伊萨克·多伊彻对《前进》杂志的评价不高，称其"并无成就"，因其既不具备强大的经济后盾，也不具备广泛的受众群体。④ 这份杂志最初出版的两到三个星期销量不错。区联派在这份杂志上始终进行着国际主义宣传，并全力反对所谓"革命护国主义"。这份杂志总共出版 16 期，但实际上从第 9 期开始就不能按时出版了，而且即使按照原出版计划，从第 15 期之后也要从一周双刊削减为一周单刊。杂志的创刊号印刷了 40000 份，此后印刷数量迅速下降，在解释原因时说是因为"缺乏资金"。

区联派中始终对联合存在或多或少的疑问，为了打消这种顾虑，以托洛茨基为代表的海归革命家进行了耐心的说服工作。以尤列涅夫为代表的

---

① *Суханов Н. Н.* Записок о революции, Москва：Политиздат，1991，c. 245.
② 列宁于 1904 年曾经办过一份报纸叫作《前进报》，以往的研究中有将区联派所创的《前进》杂志翻译为《前进报》，这是不准确的，俄文原文在描述前进报时用的词语是"журнал"而非"газета"。施用勤在《托洛茨基亲述十月革命》一书中将其翻译为"《前进》周刊"，但笔者鉴于这份杂志并非每周一期的周刊，故将其直译为"《前进》杂志"。
③ *Суханов Н. Н.* Записок о революции, Москва：Политиздат，1991，c. 246.
④ 〔波〕伊萨克·多伊彻：《武装的先知》，王国龙译，第 289 页。该书译者将其译为《前进报》。

老区联派成员虽然认为区联派与布尔什维克已经被视为一体，但对这种"小联合"依旧有所不满。一旦区联派并入布尔什维克，就意味着同过去告别。① 很显然，尤列涅夫与托洛茨基之间是有矛盾的，托洛茨基认为以尤列涅夫为代表的少数派的声音将会阻碍国际主义力量的统一，而尤列涅夫认为布尔什维克的"组织作风不好"，存在"通过秘密狭小的干部会议进行工作的倾向"。② 这种分歧反映了海归革命家与老区联派的分歧，海归们热切盼望与布尔什维克的合并，而老区联派则心存疑虑。卢那察尔斯基说"布尔什维克正在发生变化，在党的生活之中已经变得更加民主化了"，很明显是为了打消区联派内部对加入布尔什维克的担心。而托洛茨基是最为热心于合并的人物。③

为此双方在区联派的机关刊物《前进》杂志上还进行过公开讨论。尤列涅夫的观点认为现在合并不合时宜：

> 如果不充分利用建立统一的革命社会民主党的全部可能性，马上联合，是错误的。在彼得格勒范围内，这是有利的，但在全俄国范围内，则是不利的。④

他的论据是，外省落后于彼得格勒，政治集团没有充分定型，既不依附于布尔什维克又不依附于孟什维克，有助于在外省增加影响力。托洛茨基驳斥了尤列涅夫的言论。他表示，这种联合并不会损害外省的革命运动，相反对全俄国的革命运动有利，因为区联派只是彼得格勒的组织，在外省本来就没有什么影响力，在与布尔什维克的政纲没有区别的条件下，区联派单独存在只能把外省搞糊涂。⑤ 最后他表示，"现在就需要以组织途

---

① Ian D. Thatcher, "The St. Petersburg/Petrograd Mezhraionka, 1913–1917: The Rise and Fall of a Russian Social Democratic Workers' Party Unity Faction", *The Slavonic and East European Review*, Vol. 87, No. 2 (April 2009), p. 315.

② 〔波〕伊萨克·多伊彻：《武装的先知》，王国龙译，第 300 页。

③ Ian D. Thatcher, "The St. Petersburg/Petrograd Mezhraionka, 1913–1917: The Rise and Fall of a Russian Social Democratic Workers' Party Unity Faction", *The Slavonic and East European Review*, Vol. 87, No. 2 (April 2009), p. 315.

④ 〔俄〕托洛茨基：《托洛茨基亲述十月革命》，施用勤译，陕西人民出版社，2008，第 171 页。

⑤ 〔俄〕托洛茨基：《托洛茨基亲述十月革命》，施用勤译，第 171 页。

径保障口头和书面鼓动的完全统一，特别是政治行动的统一"。

7 月 1~3 日，布尔什维克彼得堡委员会、孟什维克彼得堡委员会以及区联派至少举行了两次通气会。孟什维克坚持保持独立性，但不排除与布尔什维克结成临时联盟的可能性。[①] 三方联合的尝试最终以失败告终。这也就意味着布尔什维克的方案最终战胜了区联派的方案，区联派集体并入布尔什维克将成为不可逆转的事实。7 月的区联派第二次全市代表大会作出了决定。苏汉诺夫对此进行了记录：

> 会议以令人疯狂的速度进行，它的成功是有目共睹的。这之中有一个令人最为关心的问题：我们与布尔什维克有什么区别？我们为什么不加入他们呢？所有的发言者都提到了这一点，最后得出一个结论，区联派即将加入布尔什维克，就像河流汇入大海一样。[②]

但是苏汉诺夫对于区联派的政治立场并没有完全肯定，对革命后的构想提出了疑问：

> 似乎在开会之前与布尔什维克合并就已经决定了。但我仍然清楚记得在讨论新的纲领时，所有的目光都转向了托洛茨基……这时候列宁的布尔什维克党纲已经完成了草案……托洛茨基只是重复了列宁而已。他接受了列宁草案的基本原则，并添加了一些修改。同样，所有的注意力都集中在什么形式的无产阶级专政能够得到最广泛的支持上。托洛茨基等人进行着辩论，旁边的工人和士兵们鸦雀无声。在辩论之中他们无视经济政策，完全无视它的存在！简直难以置信！确实，无论是托洛茨基还是卢那察尔斯基，或者乌里茨基都不是经济学家。但是他们作为全欧洲最负盛名的社会主义者，难道不知道社会主义也是需要建立在经济基础上的？没有详细的经济政策，无产阶级专政又怎么能够实现？[③]

---

① Ian D. Thatcher, "The St. Petersburg/Petrograd Mezhraionka, 1913-1917: The Rise and Fall of a Russian Social Democratic Workers' Party Unity Faction", *The Slavonic and East European Review*, Vol. 87, No. 2 (April 2009), p. 314.

② *Суханов Н. Н.* Записок о революции, Москва: Политиздат, 1991, c. 311.

③ *Суханов Н. Н*: Записок о революции, Москва: Политиздат, 1991, c. 311.

苏汉诺夫的记录是极其重要的，"布尔什维克—区联派"革命纲领中确实没有谈到具体的经济政策，更重要的是苏汉诺夫记录了会议的细节。区联派的第二次全市代表大会具有重要的历史意义，但被同样在这一时期发生的"七月事件"盖过风头。①

四 从"七月事件"到布尔什维克六大

事已至此，即使是对布尔什维克造成巨大损失的"七月事件"也没有阻挡合并的脚步。托洛茨基更是公开表达了对布尔什维克和列宁的支持。

在"七月事件"里，区联派与布尔什维克同样遭受打压。区联派领导人托洛茨基和卢那察尔斯基遭到逮捕，但是并没有影响双方合并工作的进度。在监狱中，托洛茨基和卢那察尔斯基被临时政府认定为社会民主工党国际主义者。

但合并组织工作的完成要等到布尔什维克第六次代表大会召开。1917年7月26日~8月3日（公历8月8日~16日），布尔什维克召开第六次代表大会，参加会议的大约有150名代表。② 正是这次大会正式宣布了区联派加入布尔什维克。会议一开始在布尔什维克的堡垒维堡区召开，但由于布尔什维克尚未走出地下状态，时刻受到当局的监视，为安全考虑将会址迁至原属区联派势力范围的纳尔瓦区。这本身就说明了此时的区联派已经和布尔什维克没有任何区别。

由于"七月事件"列宁被临时政府通缉，躲在拉兹里夫湖畔，大会由斯维尔德洛夫主持。他是一位出色的组织者，在他的组织下六大进行得十分顺利，而合并工作是这次大会的一项重要内容。

合并工作是大会的第九项议程。③ 由于托洛茨基与卢那察尔斯基被捕，负责这项报告的任务交给了尤列涅夫。他怀着复杂的心情准备了这份发言稿，毕竟发言完毕的时刻就是区联派正式终结的时刻。尽管对于加入方式

---

① James D. White, *The Russian Revolution 1917-1921*, London: Edward Arnold, 1994, pp. 109-112.

② 关于布尔什维克六大参会人数的说法颇多，笔者在这里采用的是拉宾诺维奇的说法。

③ 布尔什维克六大的议程为组织局报告、中央委员会的报告、各地区报告、当前形势、党章修订案、组织结构问题、立宪会议问题、国际问题、党组织合并、工会运动、选举以及其他事项。

和联合范围保留了意见，但尤列涅夫仍然宣称，对（区联派）加入布尔什维克没有任何怀疑。他的发言主要包括以下几项内容：第一，区联派自从成立之日起就一直致力于工人运动的统一，为此不计较任何代价；第二，区联派毫不动摇地坚持布尔什维主义，坚决反对机会主义并与之斗争；第三，尽管自身影响力小，但区联派与布尔什维克的目标一致，向全体同志声明（区联派）和机会主义者划清界限，是彻头彻尾的布尔什维克；第四，区联派的发展离不开布尔什维克的帮助支持，在布尔什维克的帮助下区联派与布尔什维克不断靠近，尤其在战争期间，区联派组织受到严重破坏，又是布尔什维克及时伸出援手，从未以"异己"看待，特别是布尔什维克彼得格勒委员会的同志；第五，从人员构成上看，区联派的大部分成员都是布尔什维克出身，所以双方合并理所应当；第六，二月革命以来区联派的成员上升到数千人之众，顺利地在部队中开展了工作，尤其是在二月革命中成功地扩大了影响力，在 1917 年过去的这段时间，区联派一直与布尔什维克一起携手前进。最后，他表示这次合并是布尔什维克"吞并"区联派，并呼吁更多的孟什维克国际主义者加入到布尔什维克与区联派的联盟中来，不要再抱着过去的门户之见。[①]

但是从字里行间多少可以看出，尤列涅夫并没有完全放弃旧的立场。尤列涅夫说自己"不够资格成为一名布尔什维克"，而在谈到因不肯放弃孟什维克立场而被开除出区联派的叶戈罗夫等人时使用了"老朋友"这样的称谓，这是尤列涅夫最后的抵抗。与海归革命家们相比，尤列涅夫在理论水平、个人魅力等方面有着较大的差距，尽管如此，尤列涅夫仍然是区联派的缔造者，为俄国无产阶级运动作出了贡献。

在六大的各项议程中，都有区联派代表的踊跃发言。比如在讨论当前形势时，沃洛达尔斯基表示要将原来的"全部政权归苏维埃"修改为"全部政权归无产阶级"。[②] 曼努伊尔斯基则表示不应该将在俄国占 90% 的小资产阶级同无产阶级分割开来。[③] 选举中央委员会成员时，托洛茨基、乌里茨基当选布尔什维克党的中央委员，越飞当选候补中央委员。

布尔什维克第六次代表大会闭幕之后，负责主持六大会务和接纳区联

---

① Шестой съезд РСДРП（большевиков），Москва：Госполитиздат，1958，с. 47-50.

② Шестой съезд РСДРП（большевиков），Москва：Госполитиздат，1958，с. 119-120.

③ Шестой съезд РСДРП（большевиков），Москва：Госполитиздат，1958，с. 134-146.

派工作的斯维尔德洛夫无法掩饰自己激动的心情。六大代表弗拉克塞尔曼①写道："他容光焕发，喜形于色，意气风发，精力充沛。他把手伸给我，紧紧地握住，高兴地说：'区联派加入我们了！'前面有大量的工作，党加强了自己的队伍，在区联派之中有卢那察尔斯基、沃洛达尔斯基和其他人……"② 很显然，区联派虽然人数少，但在革命活动中发挥的能量无疑是巨大的，这一点被布尔什维克十分看重。

五　区联派成员在并入布尔什维克后的工作

在某些对俄国革命持否定观点的学者看来，区联派在 1917 年与列宁的党合并是一种可耻的行为。但区联派绝大多数成员普遍意识到，将革命进行下去的必经之路是与布尔什维克联合。在严峻的形势下，若想捍卫革命成果，并将革命推向新阶段，就必须放弃区联派这一光荣的旧组织。能够领导俄国革命的政党只有一个，那就是布尔什维克。区联派最后的历史使命，就是最大限度地发挥余热，将革命推向高潮。因此在临时政府宣布布尔什维克"非法"时，托洛茨基坚定地与列宁站在一起，主动要求临时政府逮捕自己。在极端困难的环境下，区联派依然毫不犹豫地为布尔什维克六大提供会场。

英国历史学家詹姆斯·D. 怀特指出，在十月革命当中有许多关键人物都是区联派成员。他甚至建议应该把十月革命称之为区联派领导的革命而不是布尔什维克领导的革命。③ 不少原区联派成员在十月革命中发挥了重要作用。

排名首位的自然是托洛茨基。他在 9 月被释放后，马上投入争取彼得格勒苏维埃的工作中去。9 月 19 日，托洛茨基取代齐赫泽当选彼得格勒苏维埃主席，彼得格勒苏维埃成为十月革命的指挥部。

同时期活跃的原区联派成员还有卢那察尔斯基。他是布尔什维克最好的演说家之一，布尔什维克摆脱"七月事件"的阴影、恢复对首都群众的

---

① 弗拉克塞尔曼（Флаксерман А. Н）是孟什维克成员苏汉诺夫的妻舅，他和苏汉诺夫的妻子弗拉克塞尔曼·苏汉诺娃都是布尔什维克党员。

② 闻一：《十月革命——震荡与阵痛》，广东人民出版社，2010，第 93～94 页。

③ James D. White, *Lenin: The Practice and Theory of Revolution*, New York: Palgrave Macmillan, 2001, p. 148.

影响力，离不开像他这样的出色演说家。他在 9 月 13 日（公历 9 月 26 日）给妻子的信件中自豪地表示："现在我的正常听众为 4000 人……作为演说家，也许只有托洛茨基一人在受欢迎程度上可以同我比较。"①

1917 年 8~10 月，不仅仅是这些最著名的革命家，当时还有许多前区联派的成员在布尔什维克党内和彼得格勒工兵代表苏维埃中担任要职。在布尔什维克夺权的各项准备工作中，原区联派的成员更是发挥了不可替代的作用。托洛茨基、卡拉汉、曼努伊尔斯基、乌里茨基、丘德诺夫斯基②、越飞等都是彼得格勒军事革命委员会的成员。丘德诺夫斯基还是十月革命中攻打冬宫的作战总部的五名成员之一，他与安东诺夫-奥弗申柯一起制定了攻打冬宫的计划。同时他还是军事革命委员会驻普列奥布拉任斯基团的代表，他的积极工作使得这个团在十月革命中站到了布尔什维克一方。担任重要职位的还有：沃洛达尔斯基，彼得格勒工兵代表苏维埃主席团的委员；弗拉基米罗夫，彼得格勒工兵代表苏维埃粮食供应部的负责人，对当时异常紧张的粮食供应作出了巨大努力。③ 区联派最初的领导人尤列涅夫负责起义总部的警卫工作，他还是彼得格勒工人赤卫队的领导人。十月革命胜利后，在巩固新生的苏维埃政权的道路上依然可以看到这些前区联派成员的身影。最负盛名的托洛茨基先后担任外交人民委员和军事人民委员，在组建红军、保卫苏维埃政权、肃清白卫军的斗争中立下了汗马功劳。卢那察尔斯基是第一届人民委员会的教育人民委员，为苏维埃俄国在教育和文化政策、保护知识分子等方面做了许多有意义的工作。尤列涅夫在 1919 年担任过东部战线革命军事委员会的委员，1921 年转为外交工作，先后担任苏联驻日本、意大利、奥地利、德国等国家的大使。卡拉汉担任了外交人民委员部的部务委员，是苏联首位驻中国大使。越飞也在外交人民委员部工作，1923 年作为苏联特使与孙中山签订了《孙文越飞宣言》。曼努伊尔斯基、弗拉基米罗夫都是粮食人民委员部的部务委员，其中曼努伊尔斯基后来担任过共产国际执行委员会主席团委员以及乌克兰外交部

---

① 沈志华主编《苏联历史档案选编》第 1 卷，社会科学文献出版社，2002，第 48 页。

② 丘德诺夫斯基（Чудновский Г. И，1890~1918），1905 年加入孟什维克，后因进行革命宣传被流放，1913 年逃至国外，曾为托洛茨基《我们的呼声报》担任撰稿人，并在美国参与创建了《新世界》杂志，1917 年 5 月同托洛茨基一起回国加入区联派，1918 年 4 月 8 日在乌克兰牺牲。

③ 闻一：《十月革命——阵痛与震荡》，第 94 页。

长。乌里茨基担任了内务人民委员部的部务委员。

六 结语

社会主义是千百万人的运动。在研究十月革命、纪念十月革命的进程中，不能忘记万千工人对革命的巨大贡献。区联派作为一个左翼小团体最终融合在布尔什维克的队伍中，体现的是在历史转折的重要关头无产阶级革命者的正确选择。借用苏汉诺夫的说法，区联派加入布尔什维克就像"河流汇入大海"。也正是有一条条河流汇入革命海洋，才带来了十月革命的胜利。在百年后的今天，发掘研究区联派这条汇入革命的"河流"，尽可能还原十月革命的细节，是我辈历史工作者应尽的义务。

东亚与日本问题

从东亚区域意识到东方国家的整体崛起

——对东方国家历史进程的再认识

陈奉林[*]

【内容摘要】 战后东方国家整体崛起，是 20 世纪世界最有影响的重大事件，为世界提供了一种新发展观与发展模式。它在政治、经济、军事、科技、文化与思想方面发生的深刻变化，不仅影响现在，也影响未来，使人类社会的前景充满光明。东方国家重新崛起绝不是简单的历史轮回。长期被认为"停滞"与"专制"的地区发生的历史性巨变，使世界进入由各国共同创造文明的崭新时代，彻底打破了西方人认为的东方历史循环论与直线发展论的分析模式。

【关键词】 东亚　区域意识　整体崛起

战后以来，东方国家整体崛起已经引起国内外越来越多的研究与关注，成为当前东方问题研究景象热之一角。自近代以来东方国家长期被认为是停滞与落后，各项指标乏善可陈，但是经过战后几十年的快速发展在世界各地区中脱颖而出，犹如烈火中的凤凰在涅槃中获得新生。中国、东盟、印度等新兴经济体成为推动世界历史进步与社会变革的巨大力量，为世界贡献新的发展模式与发展观。东方国家复兴绝不是简单的历史轮回，而是引领世界历史进入了一个新的历史发展时期。从区域史的长远视角探讨东方国家整体崛起的历史文化基础、进程、趋势与影响，重新评估过去

---

* 陈奉林，北京师范大学历史学院教授。

的历史，把握向未来发展延伸的时代方向，是一个具有重要意义的艰巨课题，也是东方历史研究中极具价值的内容。

一　东亚区域意识在时间和空间上的形成与发展

由于独特的地理环境和历史文化传统，近代以前的东亚地区存在鲜明的区域意识，成为联系各国、塑造各国传统国家关系的精神纽带。所谓区域意识，是指东亚国家超越个人、民族与国家的一种群体意识，是东亚各国由分散走向联合与交流的意识，是渴望发展与联合的地区思想、情感与意愿。它在长期的历史发展过程中产生，在联系、交流与互动中逐步发展，随着交流范围的扩大而突破地域的界限走向世界。从历史上重要的经济和文明中心来看，各主要文明区域都有自己的区域意识。东亚区域意识自周代就已经存在，其思想理论渊源一般可追溯到《尚书·禹贡》中的"五服"（即甸服、侯服、绥服或宾服、要服和荒服）制度和九州的划分。儒家经典《礼记》中有天下"方三千里"、《周礼》中有天下"方万里"之说。无论天下"方三千里"、"方五千里"还是"方万里"反映的都是中国人的天下观念和对区域的基本看法，突出的是东亚大陆的地理空间形势特征，对后来区域意识的发展、形成与扩大产生重要影响。后来的《史记·五帝本纪》里有舜划天下为十二州之说，至迟到周代已经形成天下、中国、四海、九州等概念。"东渐于海，西被于流沙，朔南暨声教讫于四海"① 是当时的天下观，同时也反映出当时中国人的活动范围和视野所及。

东亚区域意识伴随着人类活动范围的扩大而不断发展，反映人类认识逐渐深化和历史的升进趋势。秦汉帝国的建立，在东亚出现了区域性的统一的帝国，使中国的疆域范围进一步扩大，"地东至海暨朝鲜，西至临洮、羌中，南至北向户，北据河为塞，并阴山至辽东"②，远远突破了九州的界限，开始对周边国家产生影响，可视为东亚社会发展的第一个高峰，把东亚历史带到一个崭新的阶段。海上交通把中国、朝鲜半岛、日本列岛、东南亚诸国联系起来，便利了经济、文化交流，使东亚各国从分裂、分散向相互联系与交往迈出重要一步。我们必须看到中国在推动东亚区域意识形

---

① 《尚书·禹贡》。

② 《史记·秦始皇本纪》。

成过程中的重大作用，有学者指出："中国的文明史是作为过去四千年东亚文明的中心独自展开的，周边的东亚诸民族以此文明为母胎展开自己的文明。"① 这反映出中国对周边国家发展的影响实态。汉帝国崩溃后，中国北方陷入了近四百年的分裂与动荡，对外交往受到限制。

隋唐时期东亚区域意识臻于成熟与稳定，构成东亚区域意识的主客观条件已经具备。无论从何种意义上说，隋唐时期的东亚是世界古典文明发展的典范，传统的国际关系体系——"天朝礼制体系"将朝鲜、日本等国吸收到以中国为主导的东亚国际秩序中来。他们如饥似渴地引进中国的官制、学制、礼制、儒学、田制以及税制、法律、文学、史学、艺术、科技、佛教、建筑与书法，以及天命观念与灾异祥瑞思想，促进了社会的变迁。日本学者认为，"在一般文化摄取方面，日本、朝鲜最为积极"。② 在遣唐使赴唐最盛时期，许多日本人冒着航海危险最终到达唐都长安，以积极摄取佛教文化为使命，通过使节、留学生、留学僧在唐的国际交流，致力于加入东亚国际社会。③ 更为重要的是汉字文化与儒学成为联系域内各国的思想纽带。中国唐朝对东亚世界的影响几乎是全方位的，有学者指出："唐朝是中国诸王朝在东亚世界具有极强世界帝国性格的王朝。"④ 从当时隋唐帝国对周边国家影响来看，日本和朝鲜两国自觉地吸收外来文化以充实自己，表现出博采异域、勇学先进的进取精神，同时他们的自主性也在增强。"唐代的天下观念，是唐王朝实际支配所及的领域。"⑤ 取古今中外有益之物而用之，兼收并蓄，是促进社会进步的有效途径。

探讨东亚区域意识在时间与空间上的形成和发展，仅仅从文化的角度是远远不够的，还必须深入到东亚地区独特的地理环境与区域经济联系当中去理解和把握。西部的高山峻岭，北部的寒冷大漠，东部的浩瀚海洋，把东亚地区阻隔成相对独立、隔绝的地理单元，因而在空间上只能与邻近国家发生交往，文化交流活动最初在近距离国家间进行。东亚古典农业文明是世界文明的重要区域，数千年来发展绵延，未曾中断。6000 年以前，黄河流域已经培育出粟、黍、小麦、高粱、大豆、水稻等农业作物，对人

---

① 〔日〕西嶋定生：《中国古代帝国的形成与构造》，东京大学出版会，1961，第 1 页。
② 〔日〕堀敏一：《中国与古代东亚世界》，岩波书店，1993，第 255 页。
③ 〔日〕铃木靖民：《日本古代国家形成与东亚》，吉川弘文馆，2011，第 356 页。
④ 唐代史研究会编《隋唐帝国与东亚世界》，汲古书院，1979，第 140 页。
⑤ 〔日〕渡边信一郎：《中国古代的王权与天下秩序》，校仓书房，2003，第 39 页。

类社会生活产生全面影响。① 不仅中国与各国进行经济、文化交流，其他国家彼此也进行有无相通的贸易活动，推动区域间的联系与互动，共同推动古代意义上的区域共同体的形成。从长时段来看，东亚国家间的联系是紧密而频繁的，因为中国长期主导的国际和平环境对各国交往有利，各国愿意以东亚一员的身份加入这个秩序当中，寻找自己的最佳位置与利益交汇点。

隋唐时期形成的东亚区域贸易网络，可谓古代经济共同体，或称经济的东亚。任何时代，经济、文化与制度都是推动社会进步的三大基本力量。在东方，中国已经成为世界交往的中心之一，社会经济发展的连续与持久，对外影响的深远与广阔，以及它在多方面的建树为东亚区域意识提供了比较充分的物质文化条件和社会功能条件。经济的巨大力量将东亚各国紧密地联系起来。当时唐朝对外经济、文化与外交联系异常频繁，楚州（江苏淮安）是新罗人的居住地，设有"新罗坊"，实行自治。新罗商船也从扬州、苏州、越州（绍兴）、明州（宁波）等港口航行达日本。② 尽管这样的交流需要克服来自自然的、技术的和社会的诸多困难，付出了巨大的代价，但毕竟满足了各自的实际需求，为各自的物质文化生活增添了多样性。在东方农业文明形态下出现的区域交流行为与思想，是不同于欧洲或其他地区的。理由很简单，这里存在长期的由中国主导的国际关系结构——"天朝礼制体系"。它的本质是和平、联系与互惠，与欧洲单方面攫取利益的国际关系不同。西嶋定生指出，律令、儒学、佛教、汉字是构成东亚文化圈的重要要素。③ 东亚地区存在持续已久的区域秩序与意识，存在一个范围广阔的经济圈，中心与边缘的关系十分明显。在相对封闭的区域产生联合的思想、情感与意愿，这种情况在东亚表现得异常明显。它不同于欧洲，也有别于南亚。这或许是东亚不同于其他的地方。

在东亚整体发展过程中，日本总是自觉地加入区域的联系与互动中寻求发展，始终与东亚形势形影相随，"大陆文化传入日本列岛绝不是偶然的，一定与大陆诸民族的动向密切相关"。④ 朝鲜半岛的情况也大体如此，以期跟上东亚社会的发展步伐。"对于古代朝鲜来说，不仅接受中国文明，

① 〔日〕村川行弘编《5000 年前的东亚》，大阪经济法科大学出版部，1997，第 9 页。

② 〔日〕堀敏一：《东亚世界的形成》，汲古书院，2006，第 274~275 页。

③ 唐代史研究会编《隋唐帝国与东亚世界》，第 142 页。

④ 〔日〕佐伯有清：《古代东亚与日本》，教育社，1977，第 205 页。

也有机会接受经由北方游牧骑马民族文化……与日本一样，吸收汉字，摄取中国佛教，在接受中国统治术的过程中形成了国家。"① 对于这一点，国内外有比较一致的看法，例如著名汉学家费正清曾经指出："这个地区深受中国文明的影响，例如汉语表意系统、儒家关于家庭和社会秩序的经典教义、科举制度，以及中国皇朝的君主制度和官僚制度等等。"② 我们强调中国对其他国家的影响，并非忽视或否定其他国家对中国的影响作用。

人类活动范围的扩大和科技进步直接推动各国之间及其与域外世界的多层次、多渠道交流，扩大整体意识。这个条件之所以重要，说到底就是人类活动不可能永远停留在一个狭小的范围内，无论如何，各国、各地区和各民族都要交流，在相互交流中各自获得最基本的生活资料。要突破这个狭小的活动范围，必须有技术上、组织上和经济上的支持。隋唐时期是中国对外认识与交往空前扩大的时期。我国学者指出："中国自古以来就是东亚外交圈的中心。东亚外交圈的中心始终是在中国，而西方外交圈则是多中心的，而且其中心不断地转移。"③ 我国学者还指出："在这个地理范围内，以中华文明为核心，逐步向四周扩散，形成独具特色的中华文化圈。"④ 中国商船可由北路登州赴朝鲜半岛、日本，由南路扬州、明州、温州和福建抵达日本，往来的商船大者长达二十丈，可载六、七百人。⑤ 不仅如此，中国商船还通过广州"通海夷道"远至印度东西海岸和波斯湾沿岸各国。⑥ 阿拉伯人、波斯人也通过海路来到东南亚、中国沿海各地从事商业活动。东亚与南亚、西亚以至欧洲的交往空前扩大，极大地推动了古代西太平洋贸易网的形成。《唐大和尚东征传》详细记载了唐朝天宝年间国外商船云集广州的情况："江中有婆罗门、波斯、昆仑等船，不知其数。并载香药珍宝，积载如山，其船深六七丈。狮子国（即今斯里兰卡）、大石国（即大食，今阿拉伯半岛）、骨唐国、白蛮、赤蛮等来往居住，种类极多。"这是当时广州对外交流情况的真实写照。

---

① 唐代史研究会编《隋唐帝国与东亚世界》，第360页。
② 费正清编《中国的世界秩序——传统中国的对外关系》，杜继东译，中国社会科学出版社，2010，第1页。
③ 黎虎：《汉唐外交制度史》，兰州大学出版社，1998，第7页。
④ 黎虎：《汉唐外交制度史》，第11页。
⑤ 刘希为：《隋唐交通》，新文丰出版公司，1992，第136页。
⑥ 刘希为：《隋唐交通》，新文丰出版公司，第138~141页。

东亚区域意识在空间上进一步发展，是同各国交往范围的扩大加深分不开的。对外交往的动力基本来自经济的和政治的力量，各国商人特别是华商充当了重要角色。由于地理之便，各国的交往首先在相邻国家间进行，然后突破自然的与技术上的障碍向外扩展，国家间的经济文化联系日益加深，形成区域文明的特征。唐宋以来，中国对包括东南亚在内的世界的参与扩大，贸易的巨爪将中国与东南亚各国紧紧联系在一起，区域意识较以前具有了新的因素。东亚区域意识与欧洲精神不同，所依托的不仅仅是东亚辽阔的腹地，同时也有悠久的历史文化与国家力量作为有力的支撑。东亚的中国、日本列岛、朝鲜半岛之间进行经济与文化往来，同时与东南亚、南亚通过古代贸易网发生联系。虽然各国交往深度不一，但多样性的交流使东亚与南亚的交流超过南亚与地中海区域的交往。随着阿拉伯人从海上东来，中国南部诸港互市贸易更加兴盛，中国与印度的海上贸易也增多了。① 造船技术进步与国家力量参与对外交往，带来的是区域联系加深与拓展。无论从何种意义上说，这一时期的区域意识明显地从东北亚一隅扩展到东南亚，视野从东亚一隅扩至整个东方，封闭狭窄的视野被普遍的、经常性的联系取代了，真正形成具有明确内涵和联系纽带的东亚意识。

把东亚区域意识作为一个特定的历史范畴进行研究，是开展东方历史研究的有益尝试，也适应了今天东方国家整体崛起的现实需要与世界形势发展的大趋势，它可以为区域合作的开发开展提供有益的思想和理论上的借鉴。东亚区域意识的产生和发展，东亚特殊的历史文化与地理环境起了至关重要的作用，在今天看来这种意识正在加强，形成历史的自觉与自醒，在不远的将来东亚意识会逐渐上升为亚洲意识。应该指出的是，东亚历史上区域意识的形成与发展以各国相互联系互动为标志，强调国际性，超越民族的和国家的界限，突出国家间的互利、合作与共赢。正是由于这些多元型社会经济结构具有的诸多有利条件，东方国家得以在近代以前保持了世界领先地位，为人类社会提供了优秀的物质文明、精神文明与制度文明的成果。

---

① 〔日〕堀敏一：《律令制与东亚世界》，汲古书院，1994，第146页。

二 东方社会内部诸种进步条件的孕育

在东方，尤其是东亚，历史发展的连续性与稳定性始终高于欧洲和世界其他地区，人类文明易于继承和保存下来。在近代世界形成以前，各文明中心几乎都是以区域为单位展开活动的，形成不同的各具特色的区域文明，如儒家文明、印度文明、伊斯兰文明等。我们这样认为并非否定各大区域与各大文明间的联系以及区际交流对社会生活带来的巨大变化。研究东方历史，首先必须研究形成东方历史的过程，看到各国走向这一历史的相互影响与制约，看到由分裂分散走向联系联合的发展过程。汉帝国崩溃后，中国陷于近400年的分裂与动荡，到隋唐时期复归统一；7世纪新罗统一朝鲜，结束了朝鲜三国时代；7世纪末到8世纪初，日本沿用了六七个世纪的"倭"的名称终于被"日本"取代。这些条件构成以中国为中心的东亚世界的基本格局。有人将7世纪的东亚看作是战争和为国家成立而变革的世纪。①

从宏观历史进程来看，这是东亚历史发展具有里程碑意义的事情，显示出东亚历史发展过程的联系与互动趋势的加强。有一种观点认为，在中国唐朝的对外关系中，占重要地位的是与北亚与中亚的关系，与日本等东亚的关系没有受到重视。② 事实并非如此。许多研究表明，唐朝与东亚国家的关系是相当密切的，也相当重视与东亚各国联成一气，形成文化的东亚或经济的东亚。隋唐帝国崩溃后，东亚地区的形势就复杂了，给各国关系带来冲击。从一定意义上说，各国的经济、文化联系受到影响，但没有中断。在隋唐帝国崩溃后可以看到一个十分有趣的现象，那就是在唐朝以前不曾有过的十分活跃的通商交易在东亚诸国之间真正出现了。③ 在东亚内部，既有矛盾与冲突，也有联系与交流，在多种力量的互动中走向共同发展与繁荣。应该指出，东亚地区的回旋舞台比世界任何地区都广阔得多。

在东方社会孕育出的各种进步条件当中有几项具有重要意义，这或许

---

① 〔日〕铃木靖民：《日本古代国家形成与东亚》，吉川弘文馆，2011，第25页。

② 〔日〕铃木靖民：《日本古代国家形成与东亚》，第370页。

③ 唐代史研究会编《隋唐帝国与东亚世界》，第13~14页。

是东方社会较之其他地区所具有的特殊功能。其一，东方社会较早形成了
比较稳定的国家及国家间关系。在大部分时间里各国之间处于和平状态，
和平与和睦是国家间关系的主流。尽管中日之间、中朝之间发生过战争，
但战争时间相对较短，战后很快恢复了国家间的交往与交流，没有像欧洲
那样持续百年的战争。这一点为区域和平提供了有力保障。其二，各国有
一个基本的文化认同，那就是汉字文化、佛教、科技与典章制度。我们强
调东亚的共性，也不忽视各国的特殊性与差异性，相互尊重与包容共同缔
造了区域的辉煌。其三，区域交流成为联系各国的有力纽带。正是这些条
件，带来东亚区域的整体发展，形成世界文明的重要区域。10 世纪初，有
一位阿拉伯作家在游历印度、东南亚和中国之后曾这样写道："在真主创
造的人类中，中国人在绘画、工艺以及其他一切手工艺方面都是最娴熟
的，没有任何民族在这些领域里超过他们。中国人用他们的手，创造出别
人认为不可能做出的作品。"① 国内外学者几乎都注意到东方历史的横向发
展。中国宋代由于政治经济中心南移，与国外市场发生诸多联系，把日
本、朝鲜、南洋各国纳入西太平洋贸易网当中，出现"贸易既盛，钱货遂
涌涌外溢。当时宋之铜钱，东自日本西至伊士兰教国，散布至广"② 的情
况，视西太平洋贸易网为世界经济的一个中心并不为过。

　　直到 18 世纪初，以中国为代表的东方社会仍在持续发展。"中国似乎又
一次站在新技术和经济新变动的起点。宋朝及其后朝代在科技等方面所取得
的成就与 18 世纪欧洲的相关成就极其相似。直到 17 世纪末 18 世纪初，中国
在绝大多数方面依然领先于欧洲。"③ 显然，亚洲的发展足以让世界其他区
域相形失色。看一看同时期世界其他地区的社会发展指标即可一目了然。
杰克·戈德斯通在《为什么是欧洲?》中说，1500 年时世界十大城市的绝
大部分都在亚洲，到 1800 年时亚洲的大城市仍然占据着压倒性多数。④ 从
当时欧洲的情况看，大部分国家仍处于四分五裂状态，国内缺少统一的市
场，各国间战乱不已，支离破碎与分裂动荡长期困扰着欧洲中世纪的历史
进程。已有学者指出："欧洲在中世纪是最杂乱无章的，社会在每一个方

① 穆根来、汶江等译《中国印度见闻录》，中华书局，1983，第 101 页。
② 〔日〕桑原骘藏：《蒲寿庚考》，陈裕菁译，中华书局股份有限公司，1954，第 31 页。
③ 〔美〕罗兹·墨菲：《东亚史》，林震译，世界图书出版社公司，2012，第 213 页。
④ 〔美〕杰克·戈德斯通：《为什么是欧洲：世界史视角下的西方崛起（1500~1850）》，关
永强译，浙江大学出版社，2010，第 101 页。

面似乎都表现出混乱……与其他地区相比，欧洲在许多方面落在后面，它的农业发展技术水平落后，生产力相对低下，城市和商业相对不发达，政治机构显然很不完善，社会发展水平很难用'繁荣'二字来形容。"①

东方社会具有很强的社会稳定系统，社会出现重大动荡之后很快修复，这一点尤以中国为最。社会具有的这种稳定系统既是东方社会的长处，也是造成东方社会发展相对迟缓的一个原因所在，利弊兼而有之。按照西方学者罗兹·墨菲的看法，东方社会，尤其中国社会，是王朝循环的历史，大约二三百年一个生命周期："中国的历史可以很容易地分成不同朝代，因此一部中国历史也被称作朝代循环史。大多数朝代延续的时间为三个世纪左右……第三个世纪，活力和效能开始消失，腐败横行，匪盗和起义剧增，最终导致了王朝的崩溃。"② 以王朝循环论来解释中国社会的历史，是西方流行的一个观点，反映的是西方史学研究的方法论。另一位西方学者斯塔夫里亚诺斯写道："中国的文明是世界上最古老的文明。古罗马文明因日耳曼人和匈奴人的入侵而告终，印度笈多王朝古典文明因穆斯林土耳其人的侵略而中断，对比之下，中国由于一个朝代接着一个朝代延绵不断，才使古中国的文明得以持续到 20 世纪。……中国的文明具有更大的连续性和特色"。③ 历代中央王朝都追求大一统，一体化的政治经济结构对社会的控制起了很大作用。在传统的农业经济形态下，保持社会稳定是十分重要的。这样，东方社会就有了保持连续性发展的具体条件。

从文明连续性的角度看，东方社会几乎没有发生像近代欧洲那样的制度上的重大变革，也没有在经济上发生结构性变迁，在技术上也没有实现重大突破，但它并非没有发展。它在农业经济形态下实现了慢性增长，积累起较多的财富，形成人类文明的几个重要中心，长期成为世界重大事件的驱动者和文明的创造者与传播者。把中国、印度社会看成是停滞的观点不仅在理论上有害，在实践上也是违背历史实际情况的。进入近代社会以后，东西方社会是以两种不同的速度发展，以近代西方科技革命后的速度来评判东方传统社会显然是不恰当的。东方社会停滞与落后的观点在西方

---

① 钱乘旦主编《现代文明的起源与演进》，南京大学出版社，1991，第 17 页。
② 〔美〕罗兹·墨菲：《东亚史》，林震译，第 155 页。
③ 〔美〕斯塔夫里亚诺斯：《全球分裂：第三世界的历史进程》，迟越、王红生等译，商务印书馆，1993，第 314 页。

政治家、社会学家和经济学家中广泛流行。他们或多或少地受到西方近代东方学的影响，除了渲染和夸大东方社会野蛮与封闭外，也为殖民主义对外侵略寻找理论根据。在东方也存在这样的情况。1937年日本学者秋泽修二抛出的《东洋哲学史》就是为日本帝国主义侵略扩张服务的，因此不断受到进步历史学家的批判，但遗憾的是他的余毒在日本史学界远没有肃清。

与唐宋以来中国社会经济发展相呼应，10世纪以后东南亚大部分地区发展成为封建国家，形成相对完整的政治中心和经济区域，与中国、印度以及西亚地区发生密切的经济文化联系，称得上是世界为数不多的富庶地区。但是国际上对东南亚历史的研究始终不足，因此长期以来把东南亚作为欠发达地区来对待。这恐怕也是世界历史研究中占主导地位的欧洲中心主义史观的表现。从历史上看，东南亚地区一直受中国和印度两大文明的影响，由于地理条件与自然资源之利，很早就出现了发达文明。公元前2000年东南亚出现了青铜器，公元前500年使用了铁器，农业和对外贸易在经济中占有重要地位。东南亚作为一个独立的历史区域，社会发展水平比当时的欧洲高得多，以至从16世纪起成为欧洲人觊觎和掠夺的对象，木材、香料成为流向世界市场的大宗商品，加速了世界市场的形成。有资料表明，17世纪70年代从东南亚输往西方的香料每年高达6000吨之巨。[①] 东南亚以巨大而丰富多样的商品输出吸引着新大陆和日本的白银，西班牙银元充当了东南亚通行的国际货币，推动了城镇发展，促进了社会商业化。[②]

在东方产生的中华文明、印度文明、伊斯兰文明以及基督教文明，对世界近代科技产生的影响深远，即便是现代的西方科技也是人类文明整体演进的产物，并非单纯地由西方文化自行产生。必须指出："印度和中国远早于欧洲就有了高度发达的文化和技术，它们在经济、政治、文化和技术上都曾领先世界达2000多年。在罗马帝国消亡后的几个世纪内，朝鲜、日本和东南亚发展了各自的高度文明，而这时欧洲仍在忍受异族的入侵，随后是漫长的中世纪。"[③] 从英国著名科技史家李约瑟、经济学家安格斯·麦迪森到当代美国历史学家罗兹·墨菲，他们都注意到了中国、印度在近

---

① 〔澳〕安东尼·瑞德：《东南亚的贸易时代：1450~1680年》第2卷，孙来臣、李塔娜、吴小安译，商务印书馆，2010，第23页。

② 〔澳〕安东尼·瑞德：《东南亚的贸易时代：1450~1680年》第2卷，孙来臣、李塔娜、吴小安译，第28页。

③ 〔美〕罗兹·墨菲：《亚洲史》，黄磷译，世界图书出版公司，2011，第2页。

代以前的技术与经济发展处于世界领先地位。安格斯·麦迪森写道："直到 15 世纪，欧洲在很多领域中的进步都依赖于来自亚洲和阿拉伯世界的技术。"① 罗兹·墨菲写道："清代商人获得的机会多于明代。……整个对外贸易额看来显然超过了欧洲，规模更大的国内商业和城市化达到了新水平，而且始终比海外贸易重要得多。商业同业公会在所有发展中城市大批成立，并发挥了巨大的社会和政治影响。……普遍的繁荣保证了国内水平。外国白银不断流入以支付中国进口货，包括现在运往西方的茶和丝绸，使中国赢得巨额贸易顺差。"② 安格斯·麦迪森还指出，19 世纪以前中国比欧洲或亚洲任何一个国家都强大，1820 年的 GDP 比西欧和其衍生国的总和还要高出将近 30%。③ 在农业文明时代，这是财富的象征。

将东西方社会同时期的历史进程进行对比极有意义，可以帮助我们正确认识两种不同社会的发展阶段、阶段特征、转型时间以及造成后来发展差距的根源所在，也有助于从根本上重新审视与思考 "1500 年是世界历史重要转折" 的传统观点。我们不否认 1500 年以后世界历史进程加速的客观事实，而 1500 年以前东西方人类历史绝不是缺少联系的。萨米尔·阿明曾经指出："16 世纪前的社会实际上根本不是彼此隔绝的，至少在地区性的体系（也许甚至是世界性的体系）内相互竞争的伙伴。人们若忽视其相互间的影响，就难以认识其发展的动态。"④ 本来东西方历史就是按照不同的规律发展起来的，不可能按同一种模式与速度运行。中华人民共和国成立后我国史学界曾经开展过对欧洲中心论的批判与清算，近年这一活动又有进一步发展。自觉地把这场讨论作为东方崛起文化积淀与建设的组成部分，也是东方崛起理论在文化建设战线上的具体展开，为整体崛起凝聚强大的精神力量。

古代印度产生的佛教、哲学、政治思想、文学、数学、医学、建筑与艺术，至今成为一份珍贵的遗产，恰如文化史家 A. L. 巴沙姆所言：

① 〔英〕安格斯·麦迪森：《世界经济千年史》，伍晓鹰、许宪春等译，北京大学出版社，2006，第 10 页。

② 〔美〕罗兹·墨菲：《亚洲史》，第 301 页。

③ 〔英〕安格斯·麦迪森：《世界经济千年史》，伍晓鹰、许宪春等译，第 109 页。

④ 安德烈·冈德·弗兰克、巴里·K. 吉尔斯主编《世界体系：500 年还是 5000 年？》，郝名玮译，社会科学文献出版社，2004，第 295 页。

"没有一个国家像印度那样，有如此漫长而绵延不断的文化。"① 印度文化不仅影响了南亚、东南亚和中国，也影响了欧洲乃至世界，突出的例子是产生于印度、后来被阿拉伯人传到欧洲的阿拉伯数字，取代计算烦琐的罗马数字，有利于近代科学的产生。罗兹·墨菲这样指出："没有印度的数学，后来欧洲的科学是不可能发展起来的。"② 杰克·戈德斯通同样指出："希腊思想中很大一部分都是建立在埃及、巴比伦和印度的思想基础上的……他们发明了无穷数级的求和算法，并领先欧洲人大约300年把圆周率 π 计算到了小数点以后10位。"③ 这些西方学者的中肯评论都是针对种种疑问而发的，回答了人们关心的问题。

在阿拉伯地区，各国在与东西方交流过程中按不同顺序和时间向前发展，社会发生着变动，形成人类文明的重要区域和对外影响的策源地。在中世纪阿拉伯的文化与文明当中，对世界影响巨大者有数学、天文学、化学、医学、地理学、建筑、文学、哲学、历史学、宗教和艺术。此外，阿拉伯文化还有一个极为重要的贡献，就是对外来文化进行了大量的考证、勘误、增补、注释和全面总结工作，这些阿拉伯文译本在12~13世纪译成西方文字和拉丁文，为西方文化的发展立下了汗马功劳，西方大学以这些译本为教材达500余年。④ 在今天看来，怎样评价阿拉伯人的杰出贡献都不过高。由于特殊的地理位置以及造船技术上的优异成就，阿拉伯商人的足迹遍及世界各地，在促进东西方交流中起了重大作用。桑原骘藏在《蒲寿庚考》中指出："自八世纪初至十五世纪末欧人来东洋之前，凡八百年间，执世界通商之牛耳者，厥为阿拉伯人。"⑤ 在东方各大文明区域，各地间的整体关联在增强，贸易和文化联系在增多，共同推动了东方区域的发展与共生。

---

① 〔澳〕A. L. 巴沙姆主编《印度文化史》，闵光沛、陶笑虹等译，商务印书馆，1999，第 2 页。
② 〔美〕罗兹·墨菲：《亚洲史》，黄磷译，第 98 页。
③ 〔美〕杰克·戈德斯通：《为什么是欧洲：世界史视角下的西方崛起（1500~1850）》，关永强译，第 161~162 页。
④ 参见纳忠《阿拉伯通史》下卷，商务印书馆，2006，第 228 页。对于阿拉伯文化与文明之于世界的影响，国内外有比较一致的看法。杰克·戈德斯通说："1500 年以前全世界最伟大的数学家、天文学家、化学家和物理学家很可能都是阿拉伯人和其他的穆斯林"，"在约从 1000~1500 年，伊斯兰文明的科学知识和实践都远远超过了欧洲的水平。"参见杰克·戈德斯通《为什么是欧洲：世界史视角下的西方崛起（1500~1850）》，关永强译，第 162、165 页。
⑤ 〔日〕桑原骘藏：《蒲寿庚考》，陈裕菁译，中华书局股份有限公司，1954，第 2 页。

　　在古代，人类的活动基本上是以民族、国家以及区域为中心发展起来的，同时与外部发生经济的与文化的联系，形成文明的中心世界，在东方主要以中国、印度和阿拉伯帝国为代表。它们影响整个人类社会的总体进程。进入唐宋以来，东西方商道大开，中国、东南亚与印度、阿拉伯国家商贸交流空前增多，形成东方国家的整体联系与互动，推动社会不断奋力向前迈进。从整体而言，东方社会，特别是东亚社会，经济发展与文明程度高于西方已成为不争的事实。著名历史学家黄仁宇的看法是："公元960年宋代兴起，中国好像进入了现代，一种物质文化由此展开。货币之流通，较前普及。火药之发明，火焰器之使用，航海用之指南针，天文时钟，鼓风炉，水力织布机，船只使用不漏水舱壁等，都于宋代出现。在11、12世纪内，中国大城市里的生活程度可以与世界上任何其他城市比较而无逊色。"[1] 在中外史书里这样的评论是很多的，因此希望那些认为古代东方社会毫无进步动力的人多读一读这方面的历史，全面客观地把握东方社会的实际情况。

　　长期以来，国际学术界强调更多的是西学对东方的影响，而从长远的观点考察东学对西方影响的成果并不多。近年人们已经注意到这个问题，东方史研究被纳入全球史观的视野，开始正确对待东方的历史和文化，例如罗兹·墨菲在《亚洲史》中写道："西方人力量的上升利用了亚洲人的发明：大炮和火药、远洋舰船和罗盘，连记载他们所获利润的纸也是中国发明的。"[2] 以上材料足以说明，影响是相互的，并不是单方给予；东方社会并非西方学者所说的停滞与封闭，而是相对于西方来说，在以另一种形式与速度发展，是一个渐进的螺旋式升进的复杂系统。西方学者大都没有看到东方日本、中国和南洋一些城市活跃的商品经营并不亚于文艺复兴时期地中海一些城市所达到的水平。彭慕兰已经指出，欧洲的核心区域和世界其他一些地方（主要是东亚，或许还有其他地方）的核心区域之间经济命运的大分流发生在18世纪相当晚的时候。[3] 由于西方学者以西方近代社会发展指标作为评判东方的参照系，对东方社会实地考察太少、否定过多，看不到东方文化的可持续发展性，同时也有长期西学东渐下形成的高傲心态，因此在看待东方社会时陷入东方社会停滞与落后的误区。要恢复

①　〔美〕黄仁宇：《中国大历史》，生活·读书·新知三联书店，2002，第128页。

②　〔美〕罗兹·墨菲：《亚洲史》，黄磷译，第567页。

③　〔美〕彭慕兰：《大分流：欧洲、中国及现代世界经济的发展》，史建云译，江苏人民出版社，2006，"中文版序言"第1页。

东方社会的本来面目，廓清世界历史研究中的若干迷雾，确实需要东方学者长期而艰辛的努力。

三 战后以来东方国家整体崛起的历史行程

从20世纪60、70年代以来，国际学术界与公私机构对东方的关注已不再仅仅是两大阵营、两大体系的影响问题，同时也关注东方诸国的发展道路、影响及其面临的诸多问题，对东方各国的研究也空前地丰富起来。在世界各大区域竞相发展当中，东亚、东南亚、南亚无可争辩地成为世界经济的重要生长点，在投资、贸易与创新方面创造着新的东方历史。东方诸国先后进入工业社会乃至信息社会，证明人类社会的发展道路并非只有西方道路之一条，极大地丰富了人类社会的发展经验，东方因素也随着国力增强向外扩展传播，对国际影响空前。我们这样评断并非盲目的自大，而是基于对当前东方诸国发展趋势的总体把握。无论从何种意义上说，东方国家相继崛起已经引人注目，构成20世纪后半期以来世界的重大事件。

东方再次崛起是沿着日本、韩国、中国（包括台湾）、东南亚和印度逐渐发展扩大的，如果可能的话还要加上海湾地区的一些石油国家。在战后半个多世纪的发展中，它们经济实现了持续增长，国民生活与国家政治经济面貌发生了不同于以往的历史性巨变，改变着世界传统的政治经济力量的对比关系，成为当前国际关系中的重要力量。与世界其他地区相比，东方诸国的经济增长指数始终是最高的。在1954~1958年间，日本实际国民生产总值平均增长率达到7%，1959~1963年达到10.8%，1964~1968年达到10.9%，1969~1973年虽然略有降低，但仍达到9.6%。这一数字远远高于世界其他地区，一度成为东亚国家社会经济发展的佼佼者。在几个重要的领域日本树起了大国形象：1990年世界最大500家工业公司日本占111家，世界最大的50家银行日本占20家；在汽车生产方面，1989年日本汽车生产占世界总产量的25.7%，高于美国和加拿大两国的总和（22%）；在粗钢生产方面，日本的产量占世界总份额的14.1%，高于美国和加拿大两国的总和（13.5%）。[①] 在发展过程中日本也认识到亚洲的重要

---

① 〔美〕特伦斯·K.霍普金斯、伊曼纽尔·沃勒斯坦等：《转型时代——世界体系的发展轨迹：1945~2025》，吴英译，高等教育出版社，2002，第79~83页。

性，在经过"脱亚入欧"与"脱欧入美"之后又重新回到亚洲，重新找到了自己的位置。

中国的香港和台湾地区早于大陆实现高速而平稳的经济增长，1970～1980 年台湾年均经济增长率达到 9.7%，香港为 9.1%；1980～1985 年台湾为 6%，香港为 5.6%；1985～1987 年台湾为 11.3%，香港为 12.4%。[①] 1978 年中国实行改革开放后经济增长率平均每年达到 7%～8% 甚至更高。经济高速增长带来的不仅是国家面貌的巨变，在现代生产力和市场经济的推动下还完成了由传统的农业社会到工业社会、由工业社会到信息社会的转变。生产、贸易、金融以及政治权力成为当今世界综合国力竞争的重要领域，社会变革进程加快，更为重要的是带来东方各国地位整体提高，使它们以崭新的面貌进入世界舞台，为人类的未来带来新的光明和希望。中国和平崛起对世界的影响几乎是全方位的，它以和平的方式向外传播自己的文明成果，形成不同于西方大国的发展模式，给世界体系注入某些中国元素。战后东亚地区重新崛起已经使它们深深嵌入整个世界体系当中，在很大程度上改变了传统的以欧美为中心的发展格局与权力结构。

韩国经济在战后的几十年内实现了快速发展，到 20 世纪 70 年代进入新兴工业化国家行列。韩国现代化的成功是国内外条件综合起作用的结果，并非单一因素使然。从自然资源方面来说，韩国与日本有许多相似之处，都没有什么优势可言，都是在克服了石油、铁矿石、金、银、铜等矿产资源严重缺乏的困难之后取得成功的典型。从战后 50 年代朝鲜战争结束时被称为世界上最贫穷的国家之一，到 80 年代末成为高收入国家，产业升级和结构多样化，其间不过是三十几年的事情。1950～1973 年韩国人均 GDP 增长率为 5.8%，1973～1990 年达到 6.8%，[②] 创造出举世瞩目的"汉江奇迹"。韩国现代化的成功既得益于战后特殊的国际环境，也受益于深厚的历史文化传统，如儒家对教育和劳动纪律的强调、政府对社会贪腐行为的严厉整治以及对科技创新的重视。韩国人对自己的经济成功与社会进步感到十分自豪，他们说："她一改过去前途暗淡、贫困不堪和遭受战争创伤的国家的形象，而以一个大有希望的、处于最后发展阶段门槛上的新

---

① 〔日〕渡边利夫监修《亚洲产业革命的时代——西太平洋改变世界》，日本贸易振兴会，1989，第 86 页。

② 〔英〕安格斯·麦迪森：《世界经济千年史》，伍晓鹰、许宪春等译，第 134 页。

兴工业国家的形象出现于世人面前。…… 本世纪 60 年代初以来韩国经济的高速增长和变革，几乎完全改变了韩国人民的福利水平和生活方式，也改变了韩国在国际社会中的形象和地位。"①

在东南亚，20 世纪下半期出现了工业化和现代化的浪潮，突出地表现为东南亚各国开始了对经济、政治模式的探索，开辟出一条符合本国形势与特点的发展之路。东南亚地理位置优越，自然资源丰富，东西交通便利，为古典农业文明和贸易交流提供了比较充分的、优越的物化条件。但是长期以来，这个区域一直被认为是资本主义世界的边缘，没有受到应有的重视。进入近代以后，东南亚遭到欧美国家的入侵，沦为西方国家殖民地长达四个世纪之久。第二次世界大战以后各国获得独立，开始了对本国现代化道路的探索。1967 年 8 月东南亚国家联盟成立，开始了区域互助合作，现在已经发展成为囊括域内所有国家的集体联合组织，各国的区域内合作卓有成效。东盟国家经济发展迅速，20 世纪 70年代平均增长率达到 7.4%，1988~1990 年平均增长达到 8.6%，② 成为当前世界充满生机与活力的地区。东盟各国经济发展，共同推动了东盟国际地位的整体提高。

南亚次大陆是当今东方崛起的重要区域，历史上以深厚的文化与思想沃土著称于世，它的文明所达到的高度世所罕见，即使今天仍有强大的生命力。对于像印度这样既传统又现代、具有悠久历史文化传统的国家，仅仅从经济和技术的层面来研究是远远不够的，还必须深入到具体的历史、文化与现实的联系与互动，深入到现代生产力与生产关系、现代社会结构的变迁当中去观察和把握。1947 年印度独立不久尼赫鲁就提出了"印度中心论"，他写道："在将来，太平洋将要代替大西洋而成为全世界的神经中枢。印度虽然并非一个直接的太平洋国家，却不可避免地将在那里发挥重要的影响。在印度洋地区，从东南亚一直到中亚细亚，印度也将要发展成为经济和政治活动的中心。"③ 经过几代领导人的努力，到 20 世纪 90 年代印度实现了经济上的快速发展，建立起与经济发展相适应的政治体制，实

① 〔韩〕宋丙洛：《韩国经济的崛起》，张胜纪、吴壮译，商务印书馆，1994，第 2 页。
② 梁英明、梁志明等：《近现代东南亚（1511~1992）》，北京大学出版社，1994，第 17页。
③ 〔印〕贾瓦哈拉尔·尼赫鲁：《印度的发现》，齐文译，世界知识出版社，1956，第 712页。

现了自由化、市场化与国际化的目标，在计算机技术、空间技术以及核能技术方面树起了大国形象，成为当今具有发展潜力的发展中大国之一，进入"金砖"国家行列。根据安格斯·麦迪森的统计，1998 年印度的 GDP 已经占到世界经济总量的 5%，仅次于美国的 21.9%、中国的 11.5% 和日本的 7.7%。[①] 从经济发展指标来看，除了个别年份 GDP 增长率为 1.43% 外，其他大部分年份一直是很高的，2006 年 GDP 增长率为 9.4%，2007 年达到 9.62%。[②] 这个速度对印度来说意义重大，它同其他"金砖国家"一起构成国际关系中的新兴力量，可能为国际社会提供一种新的经验与新的发展观。

在研究日本、中国、韩国、东盟、印度社会发生的空前变革时，完全可以把它们作为一个区域整体与同时期的世界其他地区进行比较，因为有比较才有鉴别，才能看到东方国家在横向发展中的位置。中国、东盟与印度等国家和地区，相对较好地处理了传统与现代、国内因素与国外因素、国家与市场的关系，适应了 70、80 年代世界科技革命的崭新形势，发生有史以来的重大变迁，其深度与广度是历史上不曾有过的，崛起的成功经验已经引起西方国家的重视，在东方社会发展的总进程中具有重要的里程碑意义。正因为如此，它们在当今世界的激烈竞争中脱颖而出，成为世界经济的最大亮点。东方国家崛起的道路与经验完全不同于西方，也有别于世界其他地区的现代化模式，经济、思想、文化与政治方面发生的急剧变革将以特有的方式影响整个世界。

在 20 世纪 60 年代以后东方各国相继发生的历史巨变，已经表明在欧洲、北美之外形成一个新的文明区域，世界已经进入多中心并存与竞争的时代，出现了多中心、多极化竞相发展的新格局，也使当前的全球化进程获得新的动力。不论在农业文明时代还是工业文明时代，都不可能只有一个文明中心，世界上也不可能只有一种发展模式，发展道路有多种选择。有人估计，在 2020 年中国经济总量将达到世界经济的 15%，印度、东盟和其他国家经济总量也将持续攀升。量变是质变的基础，最终会引起质变。东方国家发生的巨变对国际经济与政治的影响是长期的、深刻的，带来的不仅是文化的自尊，找回了失去已久的"自性"，更为重要的是东方各国在国际关系中的地

---

① 〔英〕安格斯·麦迪森：《世界经济千年史》，伍晓鹰、许宪春等译，第 121 页。

② 张力群：《印度经济增长研究》，东南大学出版社，2009，第 87~88 页。

位整体提高，角色定位发生根本性的改变。

四 从历史的长远角度看待东方社会的变迁

战后以来日本、中国、东盟和印度为代表的东方国家整体崛起，无疑是 20 世纪世界最有影响的重大事件之一。它们不仅向世界提供商品和服务，更重要的是在政治、经济、军事、科技、文化以及思想方面发生深刻变化，形成本地区发展的巨大优势，证明现代化道路的多样性、复杂与特殊性，在不远的将来必将重塑大国关系并引领世界大势的基本走向。到目前为止，国际上对东方国家崛起研究已经不再停留在对东方模式的初步认识阶段，而是开始展开对东方国家的发展战略、影响以及与西方国家关系的具体研究。

从世界历史的长远视角观察东方社会的整体变迁具有重要意义。以中国、印度为代表的东方文明古国从古代的先进到近代的衰落，从近代的衰落再到今天的重新崛起，反映了人类历史发展的长期趋势与规律，其影响远远超过发生变革的国家本身而具有世界意义。C.E. 布莱克曾经指出："我们正经历着一场人类伟大的革命性转变。……目前这场社会变迁所具有的广度和强度人类只经历过两次，只有在整个世界历史进程的脉络中，才能正确地判定它的意义。""现代社会变迁同史前生存到人类生活、原始社会到文明社会一样，具有同等的重要性，在指导人类事务方面，这场伟大的革命性转变是最富动力性的。"① 东方国家社会变化之所以称得上是一场空前变革，其原因在于实现了市场经济与现代文明诸条件的有机结合，以相对集中的国家权力作为推动社会经济发展的巨大杠杆，还有深藏在高速增长背后的伟大历史传统。这个变革一旦启动，将深刻触及社会的所有方面，是不停顿的、永无终止的前进运动。在东方各国整体崛起过程中，各国的政治结构、经济结构以及国民的思想观念都发生相应的变化，长期被西方认为"停滞"与"专制"的地区发生了历史性变迁。尤其是中国、印度这两个拥有古老文明的国家实行了市场经济，跻身世界大国行列，创造出举世公认的成就，使世界进入由各国共同创造文明的崭新历史时期，

---

① 〔美〕C.E. 布莱克：《现代化的动力——一个比较史的研究》，景跃进、张静译，浙江人民出版社，1989，第 1、4 页。

彻底打破和解构了东方历史循环论与直线发展论的分析模式。

我们强调东方整体崛起对于世界历史的意义，强调对未来国际关系格局与基本走向的影响，是为了把人类社会发展的历史、现实与未来联成一个整体来思考其变迁，从根本上清算长期流行于西方的东方社会"停滞"、"落后"与"专制"这样一些陈旧命题。我们认为，社会的发展是永恒的，变化是绝对的，只不过是有快有慢罢了，没有任何东西是永远固定不变的。西方政治家、哲学家、社会学家和经济学家对东方社会的看法存在重大缺陷，突出地表现为以机械的观点看待发展，历史的视野极为有限，说到底还是以欧洲为中心向外观察的，很难看清欧洲路灯光影以外的东西，因此不能得出对东方社会的正确结论。正如杰克·戈德斯通所批评的那样："19 世纪的学者们试图通过有限的记载来理解亚洲数千年的历史，这样做他们非但不能了解亚洲的本质特征，反而会产生'亚洲总是一成不变地处于停滞状态'这样的错误观点。"[①]

人类历史是一个永恒运动的过程，从古代到现代始终存在多个文明中心，不可能只有一个文明中心存在。进入近代工业文明之后，国家间、地区间的竞争与兴衰比以前剧烈得多，强弱相互转化已经成为一个不变的铁律。20 世纪是东方世界发生变化与进步最快的一个世纪，也是问题最多、竞争最为剧烈的世纪，不仅以伊曼纽尔·沃勒斯坦为代表的传统的世界体系"中心—边缘"理论受到质疑与挑战，就是西方经典的现代化理论、经济学理论和国际关系学理论也无法解释东方国家整体崛起的现实。像中国、印度这样拥有深厚历史文化底蕴的东方国家正处在大变革的时代，在克服了传统的一些惰性之后，深藏在伟大传统背后的能量初步得到释放，市场经济的机制得到充分发挥，这一切预示着它们将要进入一个崭新文明的时代。

---

① 〔美〕杰克·戈德斯通：《为什么是欧洲：世界史视角下的西方崛起（1500~1850）》，关永强译，第 57 页。

国民党政府的对日索赔工作及其失败

【内容摘要】 国民党政府在抗战结束即开始筹划对日索赔事宜，设立对日
索赔机构，坚持对日索赔方针，围绕赔偿问题与日本进行艰难交涉，
但受各种条件的制约，索赔工作以失败告终。

【关键词】 国民党政府　日本　战争赔偿　谈判　美国

国民党政府在抗战结束即开始筹划对日索赔事宜，设立对日索赔机构，坚持对日索赔方针，直到与日本谈判和约的最后时刻。本文拟对国民党政府的对日索赔工作以及围绕赔偿问题与日本所进行的艰难交涉进行比较全面的论述。

一

"九一八"事变以来，日本对中国发动了长达14年的侵略战争，给中国人民造成了深重灾难，如何要求日本进行战争赔偿，就成为国民党政府战后对日处置的一项重要工作。美国主导了盟国的对日索赔事宜。1945年9月3日，国民党政府外交部长王世杰分别向美、苏驻华大使送交备忘录，表达了中方关于对日索赔的意见："关于日方在华财产事，自九一八事变以来，中国因日本之侵略遭受重大之损失，为抵偿此种损失之一部起见，中国政府决定没收日方在华之公私财产，以及日方在华经营之一切事业，

---

* 祝曙光，苏州科技大学亚太国家现代化与国际问题研究中心、历史学系教授。

拟请贵国予以支持。"① 10 月 11 日，美国驻华使馆奉命向外交部转达美方的意见："美国政府对于中国政府没收前为日本占领、现将重归中国统辖之中国领土内之日本公私财产一节，并无异议，但可能与日本财产混合之联合国（盟国——引者注，下同）利益，不得予以没收，并须顾及日本人民被遣送回国以前之生活，以及由此种日本财产项下支付在华日人，或其他被移置人民之安顿或遣送回国之费用。"②

最初拟订对日索赔方针的是国防最高委员会，具体负责人为秘书长王宠惠。国防最高委员会成立于 1939 年，为战时国家权力中枢，国防最高委员会委员长同时兼任军事委员会委员长，依法统率党政军，由国防最高委员会直接负责对日索赔事宜，反映了国民党政府对索赔工作的高度重视。

确定对日索赔方针和数额，首先须调查中国在抗战中所遭受的人员和物资损失。早在 1943 年 11 月 17 日，蒋介石命令行政院组织机构分类统计"国家社会公私财产所有之损失"。③ 1944 年 2 月 25 日，行政院抗战损失调查委员会正式成立，成为第一个负责统计抗战损失的专职机构。1945 年 4 月 21 日，行政院训令该会改隶内政部，职能不变。日本宣布投降后的第三天，即 1945 年 8 月 17 日，蒋介石指示内政部长兼抗战损失调查委员会主任张厉生："敌人投降后，关于抗战损失调查工作，应加紧进行，务于最短期内办理完竣，以便据以对敌清算为要。"④

1945 年 9 月 25 日，蒋介石命令各部委及地方政府，于两周内呈送"战事公私财产损失调查报告"。10 月 12 日，行政院秘书长蒋梦麟呈送《财产损失报告表》和《人口伤亡报告表》，指出，"所有因敌人侵略遭受之人口伤亡及公私财产损失，逐级调查填表汇报，截至目前，关于资料统计方面，除属于军事部分、盟旗地方及旅外华侨者，系分由军政部、蒙藏委员会及外交部与侨务委员会调查汇报，尚未送到，正派员催办外"，所有各项报表，"经整理统计，成为战时公私财产损失暨人口伤亡调查报告

① 秦孝仪主编《中华民国重要史料初编——对日抗战时期：第二编作战经过（四）》，台北："中央文物供应社"，1981，第 77 页。
② 秦孝仪主编《中华民国重要史料初编——对日抗战时期：第二编作战经过（四）》，第 80 页。
③ 张宪文主编《南京大屠杀全史》下册，南京大学出版社，2012，第 948 页。
④ 张宪文主编《南京大屠杀全史》下册，第 948 页。

表各一种附呈"。^①"至沦陷省（市）县政府过去对于公私财产数字，本无完备之登记；沦陷时期，又以环境关系，不能执行任务，势不得不于收复之后，开始办理。兹为因应事机，经决定参照第一次世界大战时英、美前例，先就已有之资料，推算未报损失之数字，编制一种估计性质之报告，一面仍加紧实际调查，现正加紧赶办。"^②关于《财产损失报告表》，"其资料来源与统计方法，大体均属妥当"，"先送国防最高委员会审核，并据以研拟向敌国索取赔偿之具体办法"。统计时间为 1931 年"九一八事变"至 1945 年 9 月底。如何计算财产损失呢？根据各机关报送的财产损失数字，以 1938 年至 1945 年每年 9 月份重庆市零售物价指数之平均数（除100），乘未折合之币值，即为折合后之币值。财产损失分为直接财产损失和间接财产损失两类，涉及的领域包括机关、学校、农业、矿业、工业、公用事业、商业、金融事业、银行业、铁路、公路、航业、民用航空、电讯、邮务、中央税收、地方税收、赈灾费支出、人民团体、住户等。关于《人口伤亡报告表》，蒋梦麟指出，"惟《人口伤亡报告表》虽据称若干地区未报送齐全，但其总数字恐与事实相去甚远（据列伤亡合计仅五十余万人）"，^③"姑先作为第一部分索取赔偿，保留继续调查汇送权利"。统计时间为 1937 年"七七事变"至 1945 年 9 月。沦陷地区，如江苏、河北等省在 1944 年以前的人口伤亡，"多数未据查报"。"将士因作战伤亡者，由军政部汇编，未列入本表"。^④蒋介石指示将《财产损失报告表》和《人口伤亡报告表》送交王宠惠审核。

1945 年 11 月 3 日，王宠惠主持召开了国防最高委员会所属的国际问题讨论会第 58 次会议，讨论《关于索取赔偿与归还劫物之基本原则及进行办法》，参加者除了国际问题讨论会成员以外，还有行政院、外交部、经济部和内政部的人员。外交部条约司司长王化成提出，"处理日本财产，似应由联合国共同商办"。王宠惠同意，认为我方既然已将对日索赔事宜

---

① 秦孝仪主编《中华民国重要史料初编——对日抗战时期：第二编作战经过（四）》，第 11 页。
② 秦孝仪主编《中华民国重要史料初编——对日抗战时期：第二编作战经过（四）》，第 12 页。
③ 秦孝仪主编《中华民国重要史料初编——对日抗战时期：第二编作战经过（四）》，第 12~16 页。
④ 秦孝仪主编《中华民国重要史料初编——对日抗战时期：第二编作战经过（四）》，第 8 页。

照会美、苏两国，"则单方没收办法，遂不能适用"，但要求美方将在日本所发现的金银、钻石、珠宝，"尽先作为抵偿中国损失之一部"，以稳定中国货币。① 美国总统特使、盟国赔偿委员会美方首席代表埃德温·鲍莱正在日本进行调查，草拟赔偿计划，"照现在情形观察，美国对日本赔偿，颇有主张拟订总额分配之计划，我方是否可以要求赔偿总额之过半数？"② 王化成认为此有先例可寻，第一次世界大战结束后，法国从德国获得的赔偿额约占赔偿总额的 50%，英国约占 22%。国防会参事吴文藻认为"我方可索总赔偿额 50% 以上"。③ 王宠惠建议在"基本原则"下加上这样一段话："如盟国主张作赔偿总计划，由各国分配时，我方要求获得日本赔偿总额之过半数。"④ 会议中有人提出要求日本赔偿中国战费，王宠惠感觉不妥："现在所讨论者为实物赔偿，而非赔款，赔款系旧观念。上次大战之后，德国赔款，其出发点并非以协约国之战费为根据，而系以德国赔偿能力为根据；且战费数字过大，日本亦无力赔偿，如各国分别提出战费数字，必有争论，争论之后，绝无结果，上次大战之后，即为实例，不以对方赔偿能力为根据，将无结果，故此次应索实物，作为赔偿。"⑤ 王宠惠提出的日本战争赔偿应以实物为主的观点，体现了他的前瞻性和对问题的深刻洞察力。战后初期，日本经济全面崩溃，通货膨胀、民不聊生，外汇储备枯竭，依靠美国的援助苦苦支撑，在此情况下要求日本以货币支付战争赔偿的做法很不现实，也不会得到美国的支持。

11 月 8 日，王宠惠将审核意见及他主持拟订的《关于索取赔偿与归还劫物之基本原则及进行办法》呈报蒋介石。王宠惠指出："我国遭受日本蹂躏最久，受害区域最广，公私财产损失最大，人口伤亡最多。该表所列之损失及伤亡数目，因调查尚未完竣，仅系初步性质，不能概括全部。"

---

① 秦孝仪主编《中华民国重要史料初编——对日抗战时期：第二编作战经过（四）》，第 8 页。

② 秦孝仪主编《中华民国重要史料初编——对日抗战时期：第二编作战经过（四）》，第 9 页。

③ 秦孝仪主编《中华民国重要史料初编——对日抗战时期：第二编作战经过（四）》，第 9 页。

④ 秦孝仪主编《中华民国重要史料初编——对日抗战时期：第二编作战经过（四）》，第 9 页。

⑤ 秦孝仪主编《中华民国重要史料初编——对日抗战时期：第二编作战经过（四）》，第 9~10 页。

战后"调查较易着手，自可从速进行"。"关于索取赔偿问题，以往多为赔款，上次大战以后，德国对协约国之赔偿，亦以赔款为主，而以实物为副。惟德国对于赔款未能切实履行。此次大战'联合国'鉴于此项经验，对于德国赔偿问题，一致主张索取实物。""且按诸实际，战后日本国困民穷，如向其要求巨额赔款，势恐无力负担，故我国自应以索取实物为原则。至对于伪钞及'军用票'之损失，应令其偿还现款，乃属例外。惟索取实物，亦有相当之限度。""我国所受损失最重，在'联合国'分配日本之赔偿时，应要求优先权。"[①]

《关于索取赔偿与归还劫物之基本原则及进行办法》规定的赔偿原则为：1. 日本赔偿应以实物为主，而以赔款为副；中国应该提出赔偿实物的种类、品质、数量与赔款数目，以及两者交付的方式与期限；2. 中国对日本索取各项赔偿有优先权；3. 凡在中国境内的日本公私财产（包括建筑物、各种工厂、船坞、船只、码头、机械、矿场、电报及无线电设备、铁道、车头、车辆及修理厂等）悉数归属中国政府，以作赔偿的一部分；4. 在日本境内宜充赔偿的各种实物，应交与中国政府以作赔偿的一部分；5. 日本应将每年所产的若干种原料及产品，在规定年限内分期定量运交中国政府，充作赔偿的一部分；6. 关于伪钞及日本在中国境内发行之"军用票"等金融方面的损失，日本应在若干年内向中国政府分期偿还；7. 苏联在东北所发行的货币，应由日本偿还；8. 中方在越南所发行的货币，应由日本偿还；9. 日本应将其可变卖的有价证券及国外资产（包括外汇）的大部分，移交中国政府；10. 中方在军事占领日本期间一切费用，应由日本担负；11. 日本应赔偿海外华侨及在华外侨的损失。中国所得赔偿应占日本赔款总额的半数以上，"日本应将自中国境内（包括东北）夺取之一切公私财物，（例如机械、货币、金银、珠宝、古物、文献、书籍及艺术品等）凡经证明者，悉数归还"。[②] 由行政院及有关部会设立一专门委员会，迅速进行相关索赔工作。

11 月 13 日，蒋介石批准了《关于索取赔偿与归还劫物之基本原则及进行办法》。当天，"内政部抗战损失调查委员会"更名为"行政院赔偿调

---

① 秦孝仪主编《中华民国重要史料初编——对日抗战时期：第二编作战经过（四）》，第 17 页。

② 秦孝仪主编《中华民国重要史料初编——对日抗战时期：第二编作战经过（四）》，第 18~21 页。

查委员会"。11 月 29 日，蒋介石致电王宠惠："关于索取赔款案，今后可迳由行政院主持办理，惟仍请随时与行政院切取联系，并将国防最高委员会方面有关意见提供该院参考为盼。"①

11 月 26 日，外交部长宋子文召集有关部门负责人开会，决定先由有关部门选派代表、专家组织综合代表团，赴日调查日本可充赔偿的各种货物以及调查和鉴别日本掠夺中国的文献古物，并与盟军总部接洽，"获其谅解，协助我方提前接受飞机船舰军需工厂之一部，及索还日本掠夺我国之文献古物"。②

<h1 style="text-align:center">二</h1>

与此同时，国民党政府制定了《中国对日要求赔偿的说贴》，指出："据中国政府初步估计，仅财产损失一项，即达三百五十亿美金。""中国军队死伤于疆场者达三百四十余万人。至平民在沦陷区死于炮火或惨遭屠杀，或于后方日机轰炸下死于非命者，计七百余万人。其他逃避战火，流离颠沛，转辗于冻馁疾病与痛苦中者，为数更不可胜计。""中国因战争所受损失，在盟国间最为严重。在获致胜利方面，实具有持久而重要之贡献。中国对责令日本赔偿一事，自属最表关切。中国认为在盟国协商日本赔偿问题时，应列居主要之地位。"③ 为此，中国政府提出如下观点。

1. 中国境内日本资产

日本投降后，中国政府即采取与盟国一致或类似行动，将日本公私资产加以接受与清理。日本全部资产约为 3.5 亿美元。在中国东北地区，日本资产"均被苏联军队搬运殆尽，中国所接受者仅及五分之一而已"。中国原则上同意可将清算所得抵充其赔偿的一部分，但有下列情形之一者，认为系侵略结果，应无条件归还，不应列入赔偿项内：a. 在占领期间转移所有权于日本之产业；b. 日本在沦陷区利用中国劳力、资源，乃至资本而

---

① 秦孝仪主编《中华民国重要史料初编——对日抗战时期：第二编作战经过（四）》，第21 页。

② 秦孝仪主编《中华民国重要史料初编——对日抗战时期：第二编作战经过（四）》，第28 页。

③ 秦孝仪主编《中华民国重要史料初编——对日抗战时期：第二编作战经过（四）》，第44~45 页。

举办之事；c. 沦陷区曾以等价之输出偿付日本物资等。①

2. 日本国外资产充作赔偿盟国损失

在朝鲜境内日本资产应移交日后成立的朝鲜政府。在轴心国的日本资产应列入赔偿公额。在中立国的日本资产，应加以清理或处分，"将其所得，满足盟国之赔偿要求"。关于战利品的处理问题，中国政府认为，战利品应严格限于供敌人武装部队及为敌人武装部队所有之装备或供应品，至于生产装备或供应品的工厂不在其内。苏联自盟国境内所搬运的日本工厂设备，实不在战利品范畴之内。中国愿意就东北被拆迁及搬运之物资，获取有关各国谅解，"在决定赔偿摊额时应对中国在东北所损失部分，予以有利之考虑，使中国能取得相当之补偿"。②

3. 日本国内供赔偿之资产

彻底拆除军需工业，解散财阀，日本一般工业应严限于从事侵略战争前的水准。在上述条件下，应尽量将日本国内资产，包括现金、存款、工厂设备、交通器材、商船等列入赔偿公额。废除日本对于中国经济与发展甚为不利的垄断性输出。为了维持东亚经济发展的平衡，并补偿中国因战时工业停滞之损失，中国主张对日本特殊输出工业，如纺织工业应拆迁其一部分。中国认为除以日本国内现有资产移充赔偿外，日本今后应供给一定数量的生产品及劳务抵充赔偿。③

4. 中国的要求

中国应获得不低于 50% 摊额。为从事救济、复兴与重建的目的，中国除自公额内取得摊额外，更要求日本以一定价值的财额赔偿，这些财额赔偿必须在一定期限内责令日本以下列方式偿付：a. 经常生产品；b. 劳役，包括中国政府雇佣日籍技术人员之费用；c. 日本负担自日本运输赔偿物资至中国的一应费用；d. 其他。

5. 拆迁

在整个赔偿问题未解决前，首先将在盟军总部管制下的日本工厂先作

---

① 秦孝仪主编《中华民国重要史料初编——对日抗战时期：第二编作战经过（四）》，第 46 页。

② 秦孝仪主编《中华民国重要史料初编——对日抗战时期：第二编作战经过（四）》，第 46~47 页。

③ 秦孝仪主编《中华民国重要史料初编——对日抗战时期：第二编作战经过（四）》，第 47~48 页。

部分拆迁，以应各要求国之急需。美国政府应在临时指令权限内，指定其中 30% 供先期分配各国之用，中国应获得不少于 50% 的比例。中国鉴于运输船舶的匮乏，感到拆迁工业非短期内所能完成，主张尽速分配日本残余之海军舰艇。其次，将一部分日本商船也列入临时赔偿拆迁方案内，以便各取得国能借此加速拆迁的进行。再次，如拆迁非短期内所能完成时，中国准备将划拨中国的工厂设备就地在日利用，既可避免机器弃置荒废，又有利于解决日本的失业问题。在日利用的工厂以 5 年为期，由中国经营，使用中国原料，但雇佣日本劳力及技术人员。期满以后，仍运归中国。最后，应由中国接受的在日资产：a. 中国伪组织，包括其公营之经济事业在日之存金、投资、分公司及其他财产权利及利益；b. 经中国法院判决为奸逆者在日之一切财产权利；c. 台湾地方政府、公营事业、公共机关在日之一切财产权利利益，包括台湾银行准备金、邮政储金、保险准备金、其他投资、债券等；d. 日本在占领中国期间所搜集的有关军事及经济调查。①

国民党政府还制订了《抗战损失赔偿办法纲要草案》，详细界定了抗战损失的范围、划分及种类。1946 年 10 月 1 日，行政院成立了赔偿委员会，替代了原赔偿调查委员会的职能，对日索赔工作进入了实质性阶段。

1947 年 4 月，美国政府颁布了先期拆迁临时指令，即拆迁日本可供赔偿物资的 30%，分配于中、英、菲、荷四国，其中中国获得 15%，菲律宾、荷属印度尼西亚、英属东南亚殖民地各为 5%。② 对于日本残余舰艇共64 艘，分配于中、美、英、苏四国。6 月 24 日，中国驻日军事代表团团长商震致电蒋介石：四国海军代表会议决定，于本月在东京举行公开的舰艇抽签典礼，"此举在我国立场，意义较见重大，百年以来，我海军之海上痛史，经钧座领导抗战一洗而清，以之昭告国人，咸应感奋，记之史册，尤足流传"。③ 7 月 24 日，在第二批日舰抽签活动中，中国共抽得 8 艘，比第一次多出 2 艘，但吨位较小，计 8450 吨，当天即由佐世保开往上海。8月 13 日，举行第三批日舰抽签活动，中国抽得 8 艘，且吨位较大，有驱逐

---

① 秦孝仪主编《中华民国重要史料初编——对日抗战时期：第二编作战经过（四）》，第48~52 页。

② 〔日〕安原和雄、山本刚士：《戦後日本外交史（4）先進国への道程》，三省堂，1984，第 123~124 页。

③ 秦孝仪主编《中华民国重要史料初编——对日抗战时期：第二编作战经过（四）》，第129 页。

舰 1 艘，护航舰 6 艘，运输舰 1 艘，计 810775 吨，于 8 月 26 日由佐世保开往青岛。9 月 27 日，商震致电海军总司令桂永清："据美远东海军司令部消息，第四批日舰分配后，余者无多，或因占领军用，或因担任扫雷工作，多数系木壳，年内不再分配。"①

但是，随着国际形势的变化，美国对日赔偿政策不断发生变化，赔偿规模不断缩减，赔偿形式从拆除日本的工业设备等转变为以日本产品和劳务来支付赔偿。1948 年 5 月 29 日，中国驻日军事代表团致电外交部，告知日本赔偿局势有变宜速交涉："深感目前已届紧要关头，如不迅作进一步之积极推动，盟总执行先期拆迁临时指令，可能尽量拖延，仅以日政府所有之兵工厂敷衍目前"，以待将来乘机结束赔偿工作。盟军总部对 1947 年 4 月颁布的先期拆迁临时指令，"始终采取延宕政策"，一再拖延，"直至去年九月经我国会同各国代表力加催促，始开始实际拆迁。截至现止，一切措施仍仅限于国营兵工厂，至于设备较优数量更多之民间军需工业及飞机制造业两项，纯属兵工性质，根据波茨坦宣言之精神，及远东委员会关于赔偿问题所已通过之政策，均应全部提充赔偿，毫无疑义"。但盟军总部"迟不执行，故留余地"。"查赔偿关系我国最为深切，届此紧要关头，我国允宜首先抗争，对于美军部建议过分宽纵之对日政策，固应力斥其非，对于盟总执行工作之态度，尤宜予以抨击，籍足反省而期纠正。"②截至 1949 年 7 月，日本拆迁赔偿物资的第一批、第二批及第三批的一小部分已经运回国内，包括各种机床，如镗床、车床、拉床、钻床、磨床、切齿机、铣床、刨床等，辅助金属成形及裁剪机械，如弯折机、水压机、机械压机、锻工机械丝、成形机、千压机等，共计 7686 部，52034 吨。另有试验设备 1690 具，约 735 吨。盟总分配给中国的第三批拆迁物资，合计 19167 吨，已运抵台湾基隆的为 660 吨，其余物资"正洽派船只续运中"。③

---

① 秦孝仪主编《中华民国重要史料初编——对日抗战时期：第二编作战经过（四）》，第 129~133 页。

② 秦孝仪主编《中华民国重要史料初编——对日抗战时期：第二编作战经过（四）》，第 133~134 页。

③ 秦孝仪主编《中华民国重要史料初编——对日抗战时期：第二编作战经过（四）》，第 138 页。

三

国民党败退台湾后，仍未放弃对日索赔方针。1951 年 3 月 28 日，美国国务院顾问杜勒斯向国民党当局"驻美大使"顾维钧面交美方所拟的对日和约草案，关于赔偿问题，"盟国除保有辖区内所获日本资产外，不另提赔偿要求"。① 接到美国的和约草案后，台湾对外事务主管部门立即上报蒋介石，成立"对日和约问题研究小组"，由台湾当局领导人办公室、台湾地区行政管理机构及国民党高层有关人员参加，台湾地区行政管理机构负责人陈诚为召集人。"对日和约问题研究小组"多次开会研讨，对于赔偿问题，愿意"放弃另提赔偿之要求，惟以其他国家同样办理为条件"。4 月 19 日电告顾维钧，顾维钧于 24 日送达美方。②

但是，中国的分治状况使得国民党当局的对日索赔工作处于非常被动的地位。美国以国际社会在邀请国共哪一方参加对日媾和会议出现严重分歧为由，将中国排除在媾和会议外。美国企图召开无赔偿媾和会议，在和会准备期间与有关国家进行密切磋商，但遭到了一些国家的反对。1951 年 6 月上旬，菲律宾外长罗慕洛致函美方指出，日本对菲律宾的赔偿额包括物质损害赔偿 80741.1 万美元，人员伤亡赔偿 166789.2 万美元，被征用的物资、劳务赔偿 551432.1 万美元，以及其他赔偿，总计超过 80 亿美元，出于对日善意，菲律宾愿意将赔偿额缩减为 652726.05 万美元；在和约条款中载明菲律宾的要求，即由美国、菲律宾和日本三国组成赔偿委员会，该委员会具有在 25 年间决定日本向菲律宾支付赔偿总额的权限。③ 美国在媾和会议期间对要求战争赔偿的国家施加了巨大压力，迫使这些国家放弃一般赔偿，日本仅向受害国提供劳务赔偿。1951 年 9 月 8 日缔结的旧金山和约，在第十四条对于赔偿问题作如下规定："甲、兹承认日本应对其在战争中所引起之损害及痛苦，给予盟国以赔偿，但亦承认如欲维持足以自存之经济，则日本之资源，现尚不足对此

---

① 陈诚：《陈诚回忆录——建设台湾》，东方出版社，2011，第 89 页。
② 秦孝仪主编《中华民国重要史料初编——对日抗战时期：第二编作战经过（四）》，第 89~90 页。
③ 〔日〕石丸和人：《战后日本外交史（1）米国支配下の日本》，三省堂，1983，第 243~244 页。

等损害及痛苦，作完全之赔偿而同时履行其其他义务。但日本对于愿意谈判而其现有领土曾被日军占领并曾遭受日本损害之盟国愿即进行谈判，以求利用日本人民在生产，打捞沉船及其他工作方面，对各该盟国所作之服务，作为协助赔偿各该国修复其所受损害之费用，此项办法应避免使其他盟国增加负担，且当需要制造原料时，应由各该盟国供给，籍免以任何外汇上之负担，加诸日本。""乙、除本约另有规定外，盟国兹放弃其一切赔偿要求，放弃盟国及其国民对由日本及其国民在战争过程中所采行动而生之其他要求，并放弃对于盟国占领之直接军事费用之要求。"①

1951 年 12 月 15 日，日本首相吉田茂发表《吉田书简》，决定与台湾当局"建交"。台湾当局根据《旧金山和约》，草拟了"日台和约"初稿。关于赔偿问题，该和约初稿第 12 条几乎照抄了《旧金山和约》第 14 条，并在第 21 条中引用了《旧金山和约》第 26 条的内容，即中国应享有最惠国待遇的权利："倘日本国与任何其他国家成立媾和协定或处理战争要求之协议，而给予该国以较本约规定为大之利益时，则该项利益应同样给予中华民国。"②

1952 年 2 月 20 日，谈判正式开始。至 4 月 27 日结束，前后共举行正式会议 3 次、非正式会议 18 次。战争赔偿问题是谈判的焦点之一。日本在谈判中极力利用中国的分裂状态获取不正当的经济利益，拒不履行已经非常宽大的《旧金山和约》规定的劳务赔偿义务，似乎对谈判破裂无所谓。日本代表、原大藏大臣河田烈抵台时，居然没有携带全权代表证书，声称与台湾当局缔结的是条约而非和约，其实就是不承认中国的战胜国地位，不愿意履行战败国义务。在首次正式会议中，河田烈表示："以往中日两国之间，屡次发生不幸的事件，以致不副两国国民衷心希求和平的真意，遂陷于战争状态，我们实在以为惋惜。但在战争刚刚结束之时，蒋总统……宣示内外以极宽大的态度对待敌国。因此我国人民不但受宽大的铭

① 秦孝仪主编《中华民国重要史料初编——对日抗战时期：第七编战后中国（四）》，第700~702 页；〔日〕石丸和人：《战后日本外交史（1）米国支配下の日本》，三省堂，1983，第 360~362 页。

② 秦孝仪主编《中华民国重要史料初编——对日抗战时期：第七编战后中国（四）》，第828 页。

感，而且获深刻的反省。"① 在 2 月 23 日日本和台湾当局第一次非正式会议中，河田烈声称："中方和约草案与日方所构想者，在基本精神上，显有不同。""中方草案几全部仿效金山和约，条款繁多，似无必要。""日本国民对与中国缔约一事，并未一致赞成。如完全仿照金山和约缔约，势必使日本负担片面之义务，亦即不能不将对战败国之条款表现于条约之内，将使日本国民失望。"河田要求台湾当局对条约草案"重行检讨，提出修正草案"。② 3 月 1 日，在第二次正式会议中，河田烈再次表示，"贵方所提草案内容，本人业已阅过。发现其与敝方所预想者，大为不同"。"贵方过去在对英对日等条约上，已饱尝痛苦经验"，"中日两国今日正当开始重新奠定关系之际"，希望新条约"不仅对贵方毫无害处，而且相信正可与日本国民感情上以良好影响"，③ 暗示台湾当局放弃赔偿要求。河田还递交了日方的条约草案。台湾当局代表、台湾对外事务主管部门负责人叶公超对日本连象征性赔偿义务都不愿意履行非常恼怒，对河田谈话进行了激烈反驳，指出："中国人民，特别是东北数省的人民在日本军阀不断侵略之下都做了惨痛的无辜受害者。长年的对日战争耗损了中国的资源，斫伤了中国的元气，以至在战争结束时，中国对于赤色狂潮的抵抗已心有余而力不足。在对日战争中，我方所付代价诚属巨大。"中国以与其他盟国在旧金山所议定各条款大致相同的条款与日本缔结和约。"本人并愿向阁下重申，中国仍享有盟国之地位。"④ 3 月 5 日，在第四次非正式会议中，日本代表木村四郎七要求讨论日方的条约草案，台湾当局副代表胡庆育指出，"贵方约稿甚简略，且形式与内容均与我方约稿迥异。我方约稿，既经双方商定为唯一谈判基础"，⑤ 不应加以改变。木村要求删除台湾当局提出的和约初稿第 21 条，声称："中国政府之地位，与其他盟国之地位，实未尽

---

① 秦孝仪主编《中华民国重要史料初编——对日抗战时期：第七编战后中国（四）》，第 769~797 页。

② 秦孝仪主编《中华民国重要史料初编——对日抗战时期：第七编战后中国（四）》，第 811~812 页。

③ 秦孝仪主编《中华民国重要史料初编——对日抗战时期：第七编战后中国（四）》，第 818~820 页。

④ 秦孝仪主编《中华民国重要史料初编——对日抗战时期：第七编战后中国（四）》，第 821~822 页。

⑤ 秦孝仪主编《中华民国重要史料初编——对日抗战时期：第七编战后中国（四）》，第 829 页。

相同。金山和约第二十五条对所称盟国有一定义，中国非该定义所指之盟国，亦非金山和约签字国，自无从享受该约第二十六条最惠国条款之待遇。"木村还荒谬地把"日台条约"与正在谈判中的日印（度）和约加以比较，要求"贵方对日方之要求，似不宜反超出印日和约范围之外"。① 对此，胡庆育予以坚决驳斥："我国抗战之惨重损失恐不啻千百倍于印度。夫签署金山和约之盟国又有几国曾实际参与对日作战？又有几国领土曾被贵国占领？其人民遭受惨残之祸害有如中国者？彼等既均享盟国之待遇，我中国自更有理由享受盟国待遇。""我方所要求者，仅为其他盟国在金山和约中所享权益。我国浴血抗战亘八年之久，所处地位若反不及其他盟国，于情于理均有未合。"胡庆育特别指出，台方将第 21 条"视为全约之关键而特予重视"。② 当天，叶公超约见美国驻台公使蓝钦，希望美国对日本施加压力。蓝钦表示，日方最害怕的是台方索取实际战争赔偿，盼望能使日代表团释去这方面的疑虑。叶回答，台方对此早有腹案，不过日方不能期盼台湾将赔偿问题从谈判文字上删除。③ 与此同时，美国也对日本施加压力，即一旦出现日本不承认台湾当局的意向，将有碍美国参议院批准旧金山和约。④

3 月 7 日，日本与台湾当局举行第六次非正式会议，日本代表木村四郎七主张将关于赔偿问题的第 12 条全部删除，声称"非因我方忽略赔偿之责任，乃因此条之适用问题"，几乎全与大陆有关，"故我方认为：有关赔偿问题之规定，不宜列入中日和约之内"。⑤《旧金山和约》第 14 条甲项第 2 款已经明确规定："日本放弃在贵国领土内之多种权利，此项规定所加诸日本之负担，在日本国民观之，已嫌过重，若中日和约复重行予以规定，自足更加深其对于日本国民之刺激。请贵方基于对日宽大之立场且为

---

① 秦孝仪主编《中华民国重要史料初编——对日抗战时期：第七编战后中国（四）》，第 828~830 页。

② 秦孝仪主编《中华民国重要史料初编——对日抗战时期：第七编战后中国（四）》，第 796~797 页。

③ 高群服：《台湾秘密档案解密》，台海出版社，2008，第 69 页。

④ 〔日〕石丸和人、松本博一、山本刚士：《戦後日本外交史（2） 動き出した日本外交》，三省堂，1983，第 170 页。

⑤ 秦孝仪主编《中华民国重要史料初编——对日抗战时期：第七编战后中国（四）》，第 866~867 页。

顾及中、日双方今后合作之需要，惠允删除该项规定。"① 在某些日本政客的内心深处，认为尽管中国放弃了战争赔偿，但把中国境内的日本公私资产作为实质性赔偿加以没收，也得到了"中间赔偿"，特别是中国境内的日本资产数量庞大，约占日本海外资产的 60%，所以不应再追究日本的赔偿责任。② 对此，胡庆育予以驳斥："赔偿为一重大问题，不得不于中日和约内明予规定。""以我国在战时所蒙牺牲之惨重，我放弃赔偿要求，乃属极宽大之态度。中国政府及其人民得自该条之权益，与其所受损害相较，几不成比例。"③ 在 3 月 17 日的第七次非正式会议上，河田烈要求对关于赔偿问题的第 12 条进行修改，即日本承认中国有依《旧金山和约》的规定处分在华日本财产的权利，"而中国之一切赔偿要求，应视为因此已获满足而不另行向日方索取服务补偿"。他声称："我方始终认为我国遗留在贵国大陆之财产为数甚巨，以美金计，当值数百亿元，以此项巨额财产充作赔偿之用，应属已足，今贵方若再要求服务补偿，实与贵方屡屡宣示对日宽大之旨不符。且中日此次缔约之应顾及将来不咎既往，……贵方对服务补偿之要求，适足以引起日本人民对贵国之不愉快情绪，此点深望贵方慎加考虑。"④ 叶公超很动感情地说："我国在对日战争中，军民死伤之多，公司财产损失之巨，实非任何盟国所可比拟，我政府本对日宽大之旨，并不欲根据此种事实，向贵国提出更大之要求，而仅遵从金山和约之原则，要求与其他盟国之同等待遇。""我方如放弃服务补偿之要求，则将来返回大陆后，将无以对全国国民，此点实具有重大之政治性。""签署金山和约之盟国，均享有此项待遇，我方如以予放弃，恐影响其他盟国（例如菲律宾）对我之关系。"⑤ 3 月 19 日，日本与台湾当局举行第八次非正式会议。叶公超提出台方对第 12 条的修改意见，即日本有赔偿的义务，而台方放弃劳务补偿要求。3 月 21 日，胡庆育与木村四郎七商谈了敌伪财产的处理问

① 秦孝仪主编《中华民国重要史料初编——对日抗战时期：第七编战后中国（四）》，第826~831 页。
② 〔日〕富山泰：《谢罪无用》，恒文社，2003，第79 页。
③ 秦孝仪主编《中华民国重要史料初编——对日抗战时期：第七编战后中国（四）》，第867~868 页。
④ 秦孝仪主编《中华民国重要史料初编——对日抗战时期：第七编战后中国（四）》，第890 页。
⑤ 秦孝仪主编《中华民国重要史料初编——对日抗战时期：第七编战后中国（四）》，第890~891 页。

题。木村表示，"满洲国"及汪伪政府的产业，"自系贵国政府之产业，似毋须予以规定"。① 胡庆育认为，日本曾承认各伪政权，"如无明文规定，中国人民自不放心，且将来在适用上亦恐无所依据"。②

遗憾的是，台湾当局在日本的推卸、美国的压力下最后仍然屈从了日本的无理要求。双方签署的"日台条约"对战争赔偿问题作如下规定："为对日本人民表示宽大与友好之意起见，中华民国自动放弃根据金山和约第十四条甲项第一款日本国所应供应之服务之利益。"双方还在条约的《同意记录》中载明以下内容。1. 台湾当局全权代表："本人了解：凡因中华民国二十年即公历一千九百三十一年九月十八日所谓'沈阳事变'之结果而在中国组设之伪政权，如'满洲国'及'汪精卫政权'，其在日本国之财产，权利或利益，应予双方依照本约及金山和约有关规定成立协议后移交与中华民国。是否如此？"日本国全权代表："确系如此。"③ 2. 台湾当局全权代表："本人了解：金山和约第十四条甲项第二款（二）（丑）内之任何规定，不得解释为对于自中华民国二十年即公历一千九百三十一年九月十八日以来未经中华民国政府同意而曾一度自称为日本国政府在中国之外交或领事机构所使用之不动产、家具及装备及各该机构人员所使用之家具设备及其他私人财产，予以除外，是否如此？"日本国全权代表："确系如此。"④ 3. 日本国全权代表："本人了解：中华民国既已如本约议定书第（一）项（乙）款所述自动放弃服务补偿，则根据金山和约第十四条甲项之规定日本国尚须给予中华民国之惟一利益，即为该约第十四条甲项第二款所规定之日本国在其本国外之资产，是否如此？"台湾当局全权代表："然，即系如此。"⑤

尽管台湾当局对索赔工作倾注了很大精力，但由于各种条件的制约没

---

① 秦孝仪主编《中华民国重要史料初编——对日抗战时期：第七编战后中国（四）》，第910页。
② 秦孝仪主编《中华民国重要史料初编——对日抗战时期：第七编战后中国（四）》，第910页。
③ 秦孝仪主编《中华民国重要史料初编——对日抗战时期：第七编战后中国（四）》，第1068页。
④ 秦孝仪主编《中华民国重要史料初编——对日抗战时期：第七编战后中国（四）》，第1068页。
⑤ 秦孝仪主编《中华民国重要史料初编——对日抗战时期：第七编战后中国（四）》，第1068~1069页。

有取得成功。美国公使蓝钦对台湾当局在日台谈判中的尴尬处境向叶公超表示，"贵方愈强调贵方参加和约之法律权利，则贵方之政治地位不能维持贵方之法律权利一节，愈见鲜明"，① 可谓一语中的。陈诚也指出，国民党败退台湾后，"日本对我、对中共即渐有首鼠两端之想。我在'行政院'这几年，'中日'间的重大事件就是签订和约，而日人在这一事件的表现上，实在说就不大够朋友"。② 国际政治是严酷的，仅凭道义和理想是难以取得成功的。

---

① 《陈诚回忆录——建设台湾》，东方出版社，2011，第 95 页。
② 《陈诚回忆录——建设台湾》，东方出版社，2011，第 89~90 页。

中日领导人之间的礼尚往来[*]

徐显芬^{**}

【内容摘要】2017 年时值中日邦交正常化 45 周年，5 月日本自民党干事长二阶俊博的访华和中国国务委员杨洁篪的访日，意在呼吁近邻的中日两国开展"穿梭外交"，恢复已经中断 6 年的两国高层互访制度。本文列表梳理了 1972 年中日邦交正常化以来两国高层领导人互访的基本情况，选取早期的互访实例来再现中日领导人之间互赠礼物的外交场面，并总结了中日间互赠国礼的特点：寄寓两国关系生根发芽开花的愿望于"樱花与熊猫外交"中，如今繁育熊猫的合作研究正蓬勃发展；互赠各自珍贵的民族特色工艺品却具有极其相似性；即兴咏诵诗词相送是中日领导人交往中独具特色的一幕。

【关键词】 高层互访　礼尚往来　熊猫外交

2017 年，是中日邦交正常化 45 周年。5 月 16 日，中国国家主席习近平在"一带一路"国际合作高峰论坛会后高规格接待了日本自民党干事长二阶俊博。二阶亲手递交了日本首相安倍晋三的亲笔信，并呼吁中日间开展"穿梭外交"，说的就是希望中日领导人在适当时机进行互访。

在现代国际关系中，领导人的互访成为首脑外交的一个重要形式，对国家间关系的发展有着很大的影响作用。通常领导人的访问被看作是关系

* 本文为国家社科基金特别委托项目"中国周边国家对华关系档案收集与历史研究"（15@zh009）和 2014 年国家社科基金年度项目"20 世纪 70 年代中美日三边联动关系研究"（14BSS029）阶段性成果。
** 徐显芬，华东师范大学历史学系教授，研究方向为东亚国际关系史、当代日本史。

良好的一种表现，因为如果关系不好，就会不设置见面的场合，不去访问，也不接待来访。但是，这种情况在全球化时代的今天已有所改变，也就是说，会出现即使不高兴见面，但因为有问题需要解决，也不得不见面的情况。领导人见面了，一般都希望关系有所发展，至少不要继续恶化。除了正式的会谈中力争本国利益的最大化外，送点礼物以表友善的心意也很重要。国际交往中，也很重视礼尚往来，互赠礼品，以作为和平的标示和结好的意愿。以国家元首和政府首脑，或以国家和政府名义互赠的礼品，通常称之为国礼。国礼中所表现出来的，是国家关系中所具有的人格性的一面。

中日关系也不例外。1972年9月邦交正常化后，中日两国领导人进行过多次互访。那么，他们是如何互赠礼物以表礼尚往来的？下面首先按照时间顺序梳理一下中日领导人互访的基本情况，然后选取早期的互访实例来阐述领导人是在什么时候、赠送给谁、什么礼物，最后总结一下中日领导人之间礼尚往来的特点。

一 中日领导人互访的基本概况

自从1972年9月时任日本首相田中角荣携外相大平正芳、内阁官房长官二阶堂进访华实现中日邦交正常化以来，中日两国领导人多次访问对方国家。具体情况见表1。这里的领导人，中方指的是副总理级以上的人物，包括中国共产党总书记、国家主席及副主席、总理及副总理、全国人大常委会委员长、全国政协主席；日方指的是天皇、首相及内阁官房长官、日本国会众议院及参议院议长。从外交事务处理层面来说，外长的互访也很重要，但本文主要讨论"礼尚往来"问题，最高领导人层面的访问最具说服力。还有，中日领导人的会面，不仅仅限于对对方国家的访问，尤其是20世纪90年代以后，会借助各种国际会议的场合进行会晤，但在本文中也略去。

表1　中日领导人互访情况

时间	事件	地点	备注
1972.9.25~30	田中角荣首相访华	北京、上海	中日两国政府发表《中日联合声明》，实现邦交正常化

时间	事件	地点	备注
1978.10.22~29	邓小平副总理访日	东京、京都、奈良、大阪	参加《中日和平友好条约》批准书互换仪式，参观日本企业
1979.2.6~8	邓小平副总理访日	东京	访美回国途经日本
1979.12.5~9	大平正芳首相访华	北京、西安、经由上海回国	在全国政协礼堂发表演讲《面向新世纪的日中关系——向更深更广处发展》，对华提供日元贷款，签订《中日促进文化交流协定》
1980.5.27~6.1	华国锋总理访日	东京、名古屋、京都、神户、大阪	签订《中日科学技术合作协定》，商定中日政府成员会议的召开
1980.7.8~10	华国锋总理访日	东京	参加大平正芳首相葬礼
1982.5.31~6.5	赵紫阳总理访日	东京、大阪、奈良、京都	纪念中日邦交正常化 10 周年，提出中日关系三原则"和平友好、平等互利、长期稳定"
1982.9.26~10.1	铃木善幸首相访华	北京、杭州、上海	中日邦交正常化 10 周年，历史教科书问题告一段落
1983.11.23~30	胡耀邦总书记访日	东京、札幌、大阪、京都、长崎	提出中日关系四原则，决定设立中日友好二十一世纪委员会
1984.3.23~26	中曾根康弘首相访华	北京、武汉、经由上海回国	第二批日元贷款，建立中日友好二十一世纪委员会，达成《中日残留孤儿问题协议》
1985.4.21	彭真委员长访日	东京	这是中国全国人大常委会委员长首次访日
1986.11.8~9	中曾根康弘首相访华	北京	中日青年交流中心奠基仪式
1988.8.25~30	竹下登首相访华	北京、西安、经由上海回国	纪念中日和平友好条约 10 周年，承诺提供第三批日元贷款，签订《中日投资保护协定》
1989.4.12~16	李鹏总理访日	东京	《中日投资保护协定》互换仪式，光华寮问题

时间	事件	地点	备注
1990.8.27	樱内义雄众议院议长访华	北京	"八九政治风波"后关系的摸索
1990.11.12	吴学谦副总理访日	东京	以中国政府代表身份出席明仁天皇即位典礼
1991.8.10~14	海部俊树首相访华	北京	"八九政治风波"后第一位访华的西方国家现职政府首脑。日方决定在5年内邀请1000名中国青年访日,签订关于文化无偿援助换文
1992.4.6~10	江泽民总书记访日	东京、福冈	纪念中日邦交正常化20周年,邀请日本明仁天皇和皇后访华
1992.5.25~6.1	万里委员长访日	东京、北海道	应日本国会邀请访日,探寻日本国内对天皇访华的态度
1992.10.23~28	明仁天皇和美智子皇后访华	北京、西安	中日两国交往史上日本天皇首次、也是迄今唯一一次访问中国
1994.2.23~3.4	朱镕基副总理访日	东京	发展中日间实务关系
1994.3.19~21	细川护熙首相访华	北京	第四批日元贷款,发表《中日环保合作协定》
1994.4.29	原文兵卫参议院议长访华	北京	参议院议长访华
1994.8.27	土井多贺子众议院议长访华	北京	到天津抗日殉难烈士纪念馆凭吊抗战时在日死难的中国劳工
1994.10.28	荣毅仁副主席访日	东京	这是中国国家副主席首次访日
1995.4.10	乔石委员长访日	东京	全国人大常委会委员长访日
1995.5.2~6	村山富市首相访华	北京	日本现职首相首次参观卢沟桥及中国人民抗日战争纪念馆
1997.9.4~7	桥本龙太郎首相访华	北京	新日美防卫合作指针问题,参观九一八纪念馆
1997.11.11~15	李鹏总理访日	东京	发展中日关系五项原则,签署渔业协定
1998.4.21	胡锦涛副主席访日	东京	强调发展中日关系要"以史为鉴,面向未来"

续表

时间	事件	地点	备注
1998.11.25~30	江泽民国家主席对日本进行国事访问	东京、宫城县、北海道（札幌）	中国国家元首首次访日，发表《中日联合宣言》，宣布建立"致力于和平与发展的友好合作伙伴关系"
1999.7.8~10	小渊惠三首相访华	北京	发表《关于 WTO 的中日联合公报》
1999.12.8	李瑞环全国政协主席访日	东京	中共中央政治局常委、全国政协主席对日进行正式友好访问
2000.6.7	钱其琛副总理访日	东京	作为中国政府特使赴日本出席小渊惠三前首相的葬礼
2000.10.12~17	朱镕基总理访日	东京、山梨县、神户	两国政府在交通、通信、环境、农业等重点领域，就经济、资金和技术合作的大项目进行充分协商
2001.10.8	小泉纯一郎首相访华	北京	参观卢沟桥抗战纪念馆
2002.4.2~9	李鹏全国人大常委会委员长访日	东京、富山、宫崎、鹿儿岛	中日邦交正常化三十周年，并与日本首相小泉纯一郎共同出席纪念中日邦交正常化 30 周年"中国文化年""日本文化年"开幕式
2003.8.9~11	福田康夫内阁官房长官访华	北京	小泉纯一郎首相参拜靖国神社问题
2003.9.4~10	吴邦国委员长访日	东京	对日本进行正式友好访问
2004.9.20~25	河野洋平众议院议长访华	北京	是对前一年全国人大常委会委员长吴邦国访日的回访
2006.10.8~9	安倍晋三首相访华	北京	"破冰之旅"，建构"战略性互惠关系"
2007.4.11~13	温家宝总理访日	东京、京都	"融冰之旅"，"战略性互惠关系"
2007.9.12~17	贾庆林全国政协主席访日	东京、大阪、兵库县、北海道	中日两国邦交正常化 35 周年，对日本进行正式友好访问
2007.12.27~30	福田康夫首相访华	北京、天津、山东曲阜孔庙	"迎春之旅"，"战略性互惠关系"

续表

时间	事件	地点	备注
2008.5.6~10	胡锦涛国家主席对日本进行国事访问	东京、横滨、奈良	"暖春之旅",双方发表了《中日关于全面推进战略互惠关系的联合声明》和《中日两国政府关于加强交流与合作的联合新闻公报》
2009.4.29~30	麻生太郎首相访华	北京	中日关系的五点建议
2009.12.14~16	习近平国家副主席访日	东京	增进互信、促进交流、加深友谊、推动合作
2010.5.30~6.1	温家宝总理访日	东京	温家宝总理第二次对日本进行正式访问
2011.5.21~22	温家宝总理到日本参加会议	福岛、东京	赴"3·11大地震"重灾区慰问,参加第四次中日韩三国领导人会议
2011.12.25~26	野田佳彦首相访华	北京	双方对中日金融市场合作、日本购买中国国债、朝鲜半岛稳定等多个议题进行了交流
2014.11.9~11	安倍晋三首相到中国参加会议	北京	参加APEC首脑会议,中日关系达成四点共识
2016.9.4~6	安倍晋三首相到中国参加会议	杭州	参加G20杭州会议

资料来源:笔者整理。

从简单的统计次数来看,20世纪70年代4次,80年代10次,90年代19次,21世纪第一个十年14次,而进入2010年后,对对方国家的正式访问只有2次(2010年5月温总理访日和2011年12月野田首相访华)。习主席在2009年作为国家副主席访日,但担任国家主席后比如2016年5月虽然得到日本政府邀请,但没有成行。安倍的两次访华都是为了参加国际会议,而非正式访问。

二 中日领导人互送礼物

见面送礼,是人与人交往中常见的一个沟通感情或者表达善意的行为,而经国家领导人之手互赠的是为国礼,则成了两国关系的历史物证。

由于资料的限制，这里选取几个早期的互访实例，来阐述领导人在什么时候、赠送给谁、什么礼物的外交场面。

1.1972 年 9 月田中角荣首相访华

1972 年 9 月 25 日至 30 日，时任日本首相田中角荣携外相大平正芳、内阁官房长官二阶堂进访华。经过 4 天的紧张谈判，中日两国政府于 29 日发表了《中日联合声明》，宣布结束之前"不正常状态"，实现邦交正常化。此次会面，是中日两国关系经过近半个世纪的战争交恶又陷于近 30 年的冷战的两国领导人的首次会面，一方面双方都希望一气呵成实现邦交正常化，一方面双方都对对方很陌生，礼物赠送自然是精心安排的。

9 月 25 日上午 11 时 30 分，田中一行乘坐的道格拉斯 DC-8 型日航专机飞抵北京机场。下午 3 时至 4 时 45 分在人民大会堂安徽厅举行第一次首脑会谈。在正式会谈前的会见上，日方客人给中方送了礼物。

田中首相以日本人民的名义，把 1000 株大山樱和 1000 株日本唐松树苗的礼单赠送给中国人民，并向毛泽东主席赠送了日本著名画家东山魁夷的风景画作《春晓》，向周恩来总理赠送了杉山宁的画作《韵》。《春晓》即寓意为"中日之间的寒冬已经过去，春天即将来临"，表明希望中日之间明媚的春天即将到来。

大平外相赠给周总理的是鸳鸯挂毯，① 赠给姬鹏飞外长和廖承志外交部顾问的是工艺品陶壶，赠给全国人民代表大会常务委员会副委员长兼中日友协名誉会长郭沫若的是图书《秘宝》。

二阶堂官房长官赠给郭沫若一个工艺品花瓶"花纹"，赠给廖承志的是景泰蓝花瓶"黄玉菊花纹"，赠给韩念龙副外长的是景泰蓝花瓶"四君子"。② 显然，日方是有备而来的。

9 月 26 日下午 2 时 30 分到 4 时 30 分，第二次首脑会谈于钓鱼台国宾馆 18 号楼举行。寒暄之际，周总理让人取来一把杭州产的漂亮扇子（画有梅花）赠给田中，③ 因为周发现田中很怕热。

9 月 27 日晚，毛泽东在中南海会见了田中首相、大平外相和二阶堂进

---

① 另据罗伯健《国礼的故事》（百花文艺出版社，2002，102~105 页）记载，大平赠送给周总理一支白金牌豪华金笔，象征着日本政府和人民都希望用金笔谱写出许许多多中日两国人民和睦相处、世代友好的新篇章。

② 王泰平：《王泰平文存：中日建交前后在东京》，社会科学文献出版社，2012，第 91 页。

③ 王泰平：《王泰平文存：中日建交前后在东京》，第 95 页。

官房长官。会见快要结束时，毛送给了田中一套《楚辞集注》（六卷），这是 13 世纪出版的朱熹注释翻印本。

关于毛为什么向田中赠送《楚辞集注》，众说纷纭。一般认为，毛选送此书有三层意思：一是挑选中国古代的爱国诗人屈原和他的诗集来赞扬田中首相的爱国精神，用以告诉日本人民，田中首相正在完成的任务有着深刻的历史意义；二是表示知道田中首相对中国古典文学感兴趣，对田中首相来华期间赋汉诗一事给予评价；三是表示赞赏田中首相在来中国之前对访日的美国总统国家安全事务助理亨利·基辛格说过的一句话。据报道，当基辛格问田中为什么要急于访华时，田中明确答道："中国和日本之间的关系比美国和日本之间的关系要久远得多。"① 也就是说，毛泽东是在意识到中日之间的文化相近性之上给田中送此书的。

另外还有一种看法是为了告诫田中的历史认识问题。毛向田中赠送《楚辞集注》，与田中在中方欢迎宴会上就日本侵华战争谢罪使用"迷惑"一词有关。中文、日文都有"迷惑"一词，可意思不一样。日文"迷惑"（めいわく，meiwaku），汉语意思是"添了麻烦"。田中说："遗憾的是，过去几十年间，日中关系经历了不幸的过程。其间，我国给中国国民添了很大的麻烦，我对此再次表示深切的反省之意。"其中"添麻烦"就是用的日语"迷惑"一词。毛泽东指出："年轻人坚持说'添了麻烦'这样的话不够分量。因为在中国，只有像出现不留意把水溅到妇女的裙子上，表示道歉时才用这个词。"在《楚辞·九辩》中有"慷慨绝兮不得，中瞀乱兮迷惑"，那是"迷惑"一词的源头。

9 月 28 日下午 3 时 45 分至 5 时举行了第四次首脑会谈。在一开始的杂谈中谈到田中回去的事情时，周恩来很自然地提到"我们送你一些茅台酒和龙井茶"。

在这次会谈上，周引《论语》之句，题下"言必信，行必果" 6 个大字，赠给田中首相。田中接受后，也援引日本飞鸟时代的为政者圣德太子（574~622 年）的话，挥毫题写"信为万事之本"几个大字，郑重地回馈周总理，表达了他信守诺言、恪守联合声明的决心。②

9 月 28 日晚上的田中答谢宴会上，田中送给中方客人小酒杯。每位客

---

① 王泰平：《王泰平文存：中日建交前后在东京》，第 104 页。
② 王泰平：《王泰平文存：中日建交前后在东京》，第 105 页。

人面前摆放着一个特制的木匣，里面放着日本著名的九谷陶器大师松木佐一先生制作的酒杯，酒杯直径约 6 厘米，高约 5 厘米。宴会临近结束时，田中举起九谷陶杯说："庆祝邦交正常化，用这样的杯子虽然见小，但多喝几杯，还是能喝很多的，请总理带回去吧。"①

9 月 30 日回国前夕，大平外相为感谢姬鹏飞外长与自己的良好合作，同时抒发他悬念尽释的心情，把自己作的一首诗赠给姬，诗文如下：

> 友情美酒润枯肠，
> 中国天地新凉爽。
> 得友遂事开国交，
> 飞向东天心自平。②

针对田中首相赠送的国礼树苗，中国向日本赠送一对大熊猫以作回报。③ 一个月后，1972 年 10 月 28 日，中国大熊猫"康康"和"兰兰"落户东京上野动物园。田中所赠的 1000 棵名贵的日本大山樱树，后来在北京的天坛、紫竹院、陶然亭等公园里落地。

从此，中日两国开启了正式的国家外交关系。大约一年以后，1973 年 9 月 17 日，中国驻日大使陈楚在日本外务省与大平外相举行了会谈，最后陈大使表示为了纪念中日邦交正常化一周年，赠送日方茅台酒 12 瓶。④

2. 1978 年 10 月邓小平副总理访日

1978 年 10 月 22 日至 29 日，邓小平副总理访日。此次访日，用邓自己的话说，有三个目的：一是参加此前 8 月 12 日在北京签订的《中日和平条约》的批准书交换仪式；二是会面老朋友；三是寻找"长生不老药"，意即向日本学习先进生产力。所以，此次访日应该是轻松自如的，正如很多回忆文章中所写的那样，为实现第三个目的，邓精力充沛地走访了多地多个企业。

10 月 23 日上午，邓小平会见福田赳夫首相，稍事寒暄后，就从容地

---

① 王泰平：《王泰平文存：中日建交前后在东京》，第 106~107 页。
② 王泰平：《王泰平文存：中日建交前后在东京》，第 111 页。
③ 《大平外务大臣在北京举行记者招待会的详细记录》，《战后中日关系文献集 1971-1995》，第 112~114 页。
④ 日本外务省外交史料馆《开示文书》14/04-204/2，第 1~8 页。

从口袋里掏出一包"熊猫"牌香烟，按中国的礼节递给在座的每人一支，这样一来，气氛立刻变得轻松起来。

10 月 23 日中午，邓小平夫妇与天皇夫妇见面。会见结束时，天皇和皇后把一张署名的照片和一对银花瓶赠送给邓及其夫人，中方回赠了一幅黄胄百驴图的水墨画卷和彩色的刺绣屏风。①

10 月 24 日，邓副总理一行会见田中角荣前首相，寒暄后赠送了礼物。邓向田中赠送了一套中国茶具和文房四宝。砚台的背面，刻着周恩来早年东渡日本时手书的著名诗篇："大江歌罢掉头东，邃密群科济世穷。面壁十年图破壁，难酬蹈海亦英雄。"② 田中则向邓小平、廖承志、黄华、韩念龙、符浩等人的夫人分别赠送了介绍插花艺术的书——《传统之美》，作为回赠礼品。③

10 月 25 日上午，邓副总理与福田首相在日本首相官邸举行了第二次会谈，最后福田首相表示感谢邓副总理送给他夫人贵重礼物——端溪砚台。④

1979 年 2 月邓小平副总理访美回国途中再次访日，其时的国礼是满花开窗葫芦花瓶。

3. 1979 年 12 月大平正芳首相访华与 1980 年 5 月华国锋总理访日

1979 年 12 月的大平首相访华与 1980 年 5 月的华总理访日，是一组互访。

1979 年 12 月 5 日至 9 日，大平访华。正如他在北京全国政协礼堂发表的演讲题目"面向新世纪的日中关系——向更深更广处发展"所表明的，此行的最大目的是为 80 年代的中日友好合作关系奠定宽广而又坚实的基础。而作为具体的措施具有重大意义的，就是宣布对华提供第一批政府贷款。

---

① 《邓小平 1978 年访日：最终实现了周恩来的遗愿（2）》，人民网文史频道 http：// history. people. cn/GB/205396/18092451. html，最后访问日期：2018 年 6 月 6 日。《邓小平与外国首脑及记者会谈录》编辑组：《邓小平与外国首脑及记者会谈录》，台海出版社，2011，第 58 页。

② 日本外务省外交史料馆《开示文书》，18/04-1022/5，第 1~4 页。

③ 《邓小平 1978 年访日：最终实现了周恩来的遗愿（4）》，人民网文史频道 http：// history. people. cn/GB/205396/18092453. html，最后访问日期：2018 年 6 月 6 日。

④ 日本外务省外交史料馆《开示文书》，3/01-1980/2，第 1~12 页。但尚未确认邓是在什么时候给福田夫人送礼物的。

12 月 5 日抵达北京当天下午晚些时候，大平与华国锋举行了第一次首脑会谈。在会谈前，举行了大熊猫赠送仪式。华总理将大熊猫"欢欢"的照片亲手交给大平首相，接着说道："欢欢一定会受到日本人民的珍爱，对中日友好做出贡献。"对此，大平首相表示感谢，说道："日本的孩子们一定会很高兴的。大熊猫康康失去大熊猫兰兰后，非常难过，有欢欢做伴，康康一定会高兴的。"作为答谢，日本赠送中方猩猩和日本鹿。[①] "欢欢"于 1980 年 1 月 29 日入住东京上野动物园。

5 日晚上，华总理在人民大会堂举行宴会。当中日友协副会长赵朴初见到首相时，他把自己亲笔书写的为选送大熊猫"欢欢"所作的词《相见欢》赠送给大平首相和夫人。首相欣然打开立轴，欣赏词中写的："深情曾注兰兰，掌珠般。永结良缘更为遣欢欢。人地好，蓬壶岛，祝平安。遥指青云修竹万千竿。"

9 日上午，大平参观了陕西省博物馆。在禅林观赏了铭书，挥毫写了"温故知新"四字墨宝相送。[②]

1980 年 5 月 27 日至 6 月 1 日，中华人民共和国国务院总理华国锋访日。此次访日是对大平访华的一个礼节性回访。

5 月 27 日下午，日本天皇裕仁在皇宫会见了华国锋。会谈快结束时，华总理向天皇赠送了一个中国景德镇瓷瓶、一座有景泰蓝底座的双面镜和一幅中国现代女画家临摹的隋朝画家展子虔的《游春图》。天皇向华总理赠送了有他本人签名的照片和绘有松、竹、梅、兰、菊的漆花木盒。

4. 1982 年 5 月赵紫阳总理访日与同年 9 月铃木善幸首相访华

赵紫阳总理访日与铃木善幸首相访华，也是一组互访。

1982 年 5 月 31 日至 6 月 5 日，赵紫阳总理访问日本。正值中日邦交正常化 10 周年，也是确立了独立自主和平外交路线的中国共产党第十二次全国代表大会召开前夕。赵向日方提出，希望建立不受国际风波影响的中日关系，在两国首脑会谈上确立了中日关系三原则——和平友好、平等互利、长期稳定。

6 月 1 日上午，赵总理与铃木首相进行第二次首脑会谈。赵表示："今

---

① 日本外务省外交史料馆《开示文书》，16/04-589/3，第 1~2 页。
② 〔日〕「大平正芳年譜」、大平正芳記念財団 HP：http：//www.ohira.or.jp/cd/nenpu/index26.html。

年是中日两国邦交正常化 10 周年，中日两国人民正在举行庆贺活动。值此之际，我想赠送日本人民一个礼物，想必会喜欢的。听说广大日本人民特别是孩子们非常喜欢大熊猫，上野公园的欢欢刚刚失去伴侣，非常寂寞。由于各种原因，中国的大熊猫数量越来越少，中国人民为了表达对日本人民的友好心情，我们想赠送一只雄性大熊猫。据说上野公园缺少雄性大熊猫。"①

赵紫阳总理所说的大熊猫，在 4 个月后（9 月 26 日）铃木善幸首相对中国进行正式访问之际，正式赠送给了日本。此前"康康"去世了，中方送的这只大熊猫取名"飞飞"，1982 年 11 月 9 日落户上野动物园。在这次礼节性回访中，铃木代表日本政府赠送给中国人民一对长颈鹿。②

5. 1983 年 11 月胡耀邦总书记访日与 1984 年 3 月中曾根康弘首相访华

1983 年 11 月 23 日至 30 日，中共中央总书记胡耀邦应日本政府的邀请，对日本进行友好访问。这次访问的目的是了解日本，加强友谊，同日本朝野人士共同谋求中日两国友好关系的长期稳定发展。访问期间，双方一致同意把中日关系三原则扩大为四原则，即"和平友好、平等互利、相互信赖、长期稳定"。双方还决定建立"中日友好 21 世纪委员会"。

11 月 26 日中曾根设家宴招待胡耀邦，宴会结束后到书房互相挥毫留念，中曾根首先题写"友好永远"，胡接着挥毫写下"中日友好，代代相传"。

正好 4 个月后的 1984 年 3 月 23 日，中曾根康弘首相回访中国。翌日，胡耀邦总书记在中南海设家宴招待中曾根一家。宴席快结束时，中曾根拿起两份菜谱让在座的人都签了名。一份由"二十一世纪的人"——胡耀邦的孙子胡知鸷保存，另一份由"作为老一辈"的中曾根保存。③ 这次中方送日方的礼品是 21 层象牙雕球，技艺精良高超。④

6. 1992 年 10 月日本天皇夫妇访华

在中日邦交正常化 20 周年之际，1992 年 10 月日本天皇夫妇访华。这

---

① 日本外务省外交史料馆《开示文书》，18/04-1026/2，第 22~36 页。

② 《邓小平与外国首脑及记者会谈录》编辑组：《邓小平与外国首脑及记者会谈录》，第 65~66 页。

③ 朱敏：《通向二十一世纪的旅行——记中曾根首相访华》，《瞭望周刊》1984 年 14 期，第 8 页。

④ 马保奉：《我们送外宾什么礼物?》，《政府法制》2011 年第 32 期，第 7 页。

是中日交往史上日本天皇首次访华，也是迄今为止唯一一次，其重大意义不言而喻。

国家主席江泽民赠天皇一方山东琅琊砚台，赠皇后一轴双面绣《鲤鱼腾跃》。天皇夫妇赠江主席的礼品是日本画家平山郁夫的一幅画作，画的是奈良的法隆寺，以象征中日友好源远流长。

天皇夫妇访问西安时，陕西省领导赠送天皇唐代《唐三藏圣教序》碑刻拓片，赠给皇后的是中国书法家刘自椟书法，书写的是唐代诗人王维《送秘书晁监还日本国》一诗。诗中所说的秘书晁监即晁衡，原名阿倍仲麻吕，日本人，在玄宗、肃宗、代宗三朝任秘书监兼卫尉卿等职，大历五年（公元 770 年）卒于长安。

天皇夫妇访问上海，上海市领导赠给天皇夫妇的礼品是著名书画家程十发的山水画一幅，玉石乐器工艺品一套。①

7. 1992 年 4 月与 1998 年 10 月江泽民两次访日

1992 年 4 月 6 日至 10 日，中共中央总书记江泽民访问日本。访日背景可以从 1989 年北京发生政治风波说起，当时以美国为首的西方国家对中国实行"制裁"，日本也参与其中。但日本率先恢复对华日元贷款和两国高层往来，并在西方七国首脑会议上呼吁"不应孤立中国"。1991 年日本首相海部俊树访华，成为八九政治风波后第一位访华的西方国家政府首脑。1992 年适逢中日邦交正常化 20 周年，当年春天邓小平发表了视察南方讲话。江泽民总书记就是在这样的国内外大背景下访日的。

4 月 6 日江泽民抵日当天，日本首相宫泽喜一在为他举行的欢迎宴会上宣布，中国送给日本一只大熊猫"陵陵"，作为已经到了婚龄的"童童"的"上门女婿"，"童童"是"飞飞"和"欢欢"生下的女儿。宫泽向大家展示了"陵陵"的照片，并风趣地说，愿新婚的熊猫能够像日中两国睦邻友好合作关系那样，世世代代繁衍下去，博得宴会厅内一阵热烈的掌声和欢笑声。

4 月 7 日中午，日本明仁天皇在皇宫会见江泽民总书记。会见结束时，江总书记将汉代张衡地动仪的复制品作为礼物赠送给天皇。天皇回赠一对银制花瓶和亲笔签名的照片。②

---

① 马保奉：《中日国礼絮话》，《人民日报（海外版）》2011 年 7 月 16 日，第 3 版。
② 钟之成：《为了世界更美好：江泽民出访纪实》，世界知识出版社，2006，第 20~21 页。

4月8日早8时，江总书记邀请福田赳夫、铃木善幸、中曾根康弘、竹下登、宇野宗佑、海部俊树等6位前首相共进早餐，并赠送礼物。向福田赠送画家袁熙坤创作的"王者风范"一幅，向铃木赠送刘力上的"竹鸟"一幅，向中曾根赠送崔子范的"牡丹"一幅，向竹下赠送王成喜的"梅花"一幅，向宇野赠送聂鸥的"少女"一幅，向海部赠送李延声的"双鹿"一幅，并送每人一枚刻有他们中文名字的鸡血石材质印章。而实现中日邦交的功勋本人田中角荣因病未能来到早餐会，江则登门拜访并亲手将国画送到田中手中。不仅想到几位前首相和日中友好团体，日方群众代表也有礼物——瓷质的温酒杯，甚至连下榻酒店的服务员也收到了礼宾司发放的请帖。①

挥笔题词也是必不可少的。4月7日，江总书记在参观日本广播协会（NHK）并发表题为《国际形势和中日关系》演讲后题了词，写下唐代诗人王之涣的诗句"欲穷千里目，更上一层楼"。4月10日上午，参观了福冈市博物馆后题词"中日友好，源远流长"。

六年半后的1998年11月25日至30日，江泽民以中国国家主席的名义对日本进行国事访问，这是中国国家元首首次访日。

11月26日下午，江主席和夫人会见明仁天皇夫妇，向天皇赠送了一对朱鹮。朱鹮在日本被称为"仙鹤"，是日本皇室的象征。朱鹮属于珍稀鸟类，当时全世界只剩下137只，136只分布在中国陕西省，另外一只在日本新佐渡岛的朱鹮保护中心里，但已上了年纪。6年前的1992年10月天皇访问西安时曾说，将来陕西的朱鹮数量多了，希望能分给日本几只，使它们在日本也能繁殖起来。这对朱鹮中的雄性取名为"友友"，意思要同日本人民世代友好，雌性取名为"洋洋"，因为这对朱鹮来自陕西省洋县。②

11月29日，江泽民偕夫人瞻仰坐落于日本东北重镇仙台的鲁迅纪念碑，在纪念碑不远处栽下了一棵红梅树。江主席对周围的记者说，这棵树是中日两国人民世代友好的象征，要精心培育，让中日友谊之树开出艳丽的花朵。

---

① 黄琳：《日媒眼中的中国领导人访日》，《瞭望东方周刊》2008年第20期。
② 钟之成：《为了世界更美好：江泽民出访纪实》，第324页。

离开鲁迅纪念碑，参观了东北大学。参观完毕，赠诗一首《访仙台》：①

> 丹枫似火照秋山，
> 碧水长流广濑川。
> 且看乘空行万里，
> 东瀛禹域谊相传。

江主席说这首诗是前一天夜里写的，落款处专门盖上了一枚"展望二十一世纪"的印章，意即希望中日两国在 21 世纪保持和发展友好合作关系，希望两国人民世世代代友好下去。

11 月 30 日，江主席在北海道会见了 8 位为中国农业发展作出巨大贡献的日本农业专家，向各位专家赠送了纪念品，并合影留念。②

江主席与外相渡边美智雄吃饭时，在菜单上写了宋代词人李清照《如梦令》词中的句子："知否，知否，应是绿肥红瘦。"

在与另外一位日本友人笔谈时，写了另一位宋代词人蒋捷的《虞美人·听雨》一词："少年听雨歌楼上，红烛昏罗帐。壮年听雨客舟中，江阔云低，断雁叫西风。而今听雨僧庐下，鬓已星星也。悲欢离合总无情，一任阶前，点滴到天明。"③

11 月 30 日晚，在北海道知事和札幌市市长举行的欢送宴会结束时，江泽民主席挥毫写下"以德为邻"四字，赠送给北海道知事。④

三　中日领导人互赠礼物的特点

最后概括一下中日领导人之间互赠礼物的特点，这里概括为以下三点：一是，植物与动物、动物与动物的互赠，把本国认为极为珍贵的东西送给对方，特别值得关注的是中国的熊猫外交；二是，把具有民族特色的工艺品送给对方，而中日两国互赠的工艺品有着很多相似之处；三是，互赠文房四宝、画

---

① 钟之成：《为了世界更美好：江泽民出访纪实》，第 328 页。
② 钟之成：《为了世界更美好：江泽民出访纪实》，第 329 页。
③ 钟之成：《为了世界更美好：江泽民出访纪实》，第 329 页。
④ 钟之成：《为了世界更美好：江泽民出访纪实》，第 329 页。

卷墨宝，还有即兴咏诵诗词，这可谓是中日两国领导人之间独有的国礼。

1. "礼尚往来"

当 1972 年 9 月田中角荣带来 1000 株大山樱和 1000 株日本唐松树苗，希望中日关系生根发芽开花的时候，中方赠送给日方两只大熊猫"康康"和"兰兰"。① 中日间开启了熊猫外交。1979 年 12 月大平正芳首相来访，此前"兰兰"病死，华国锋把"欢欢"的照片亲手交给了大平。作为答谢，日本送给中方猩猩和日本鹿。1982 年中日建交 10 周年，铃木善幸首相访华，此前"康康"去世，中方又向日本赠送了"飞飞"。日本政府回赠中国人民一对长颈鹿。1992 年中日建交 20 周年，日本裕仁天皇夫妇首次访华，上野动物园将"欢欢"与"飞飞"繁殖出来的"悠悠"跟中国换了"陵陵"。"陵陵"成了日本拥有所有权的唯一一只熊猫。2008 年，"陵陵"去世，时任日本首相福田康夫希望中方提供大熊猫，随后胡锦涛主席访日，表示理解大熊猫是连接中日友谊的象征，将向日方再提供一对大熊猫用于共同研究。这就是 2011 年 2 月来到日本的"比力"和"仙女"（到日本后改名为"力力"和"真真"）。以上这些赠送、交换或提供"共同研究"的大熊猫都落户于东京上野动物园。

另外，在日本和歌山冒险世界动物园（Wakayama Adventure World 是成都大熊猫繁育研究基地的日本支部）里还生活着多只大熊猫。在那里，中日间进行着大熊猫繁育合作研究，并取得了很大的成功。1994 年一对大熊猫（"永明"和"蓉滨"）从中国来到和歌山，"蓉滨"去世后，2000年从中国又来了一只大熊猫"梅梅"（2008 年去世）。此后在和歌山冒险世界动物园繁育了 15 只大熊猫，其中 11 只回到了中国，另外 4 只加上"永明"现在生活在和歌山。2017 年 6 月 4 日，和歌山冒险世界动物园刚

---

① 从 20 世纪 50 年代起，"熊猫外交"一直采取纯粹政治性的赠送模式。中国政府首先赠给苏联、朝鲜，首次送往西方是在 1972 年的中美缓和峰会，尼克松总统将两只大熊猫"玲玲"和"兴兴"带回华盛顿。此后，相继赠与日本（1972 年）、法国（1973 年）、英国（1974 年）、西德（1974 年）、墨西哥（1975 年）和西班牙（1978 年），共赠与 9 个国家24 只熊猫。1982 年以后，中国政府宣布终止赠送，改为租借模式。1984 年洛杉矶奥运会期间，"永永"和"迎新"两只大熊猫被租借给洛杉矶动物园巡展，从此打开商业性租借熊猫的大门。2007 年 9 月 12 日，中国国家林业局新闻发言人公开宣布，中国将不再向外国政府赠送大熊猫。

为出生在日本的 3 只大熊猫举行回国的欢送仪式。①

另外，如前所述，1998 年 11 月江泽民国家主席访日时，向天皇赠送一对朱鹮"友友"和"洋洋"。

2. 互赠花瓶、陶瓷器等具有民族特色的工艺品

中日双方都喜欢将富有本国民族特色的珍藏工艺品赠送给对方，陶壶、景泰蓝花瓶、景德镇瓷瓶、刺绣鸳鸯挂毯、刺绣屏风、绘有松竹梅兰菊的漆花木盒、玉石乐器工艺品等，就成了常见的国礼了。有意思的是，中日间互赠的工艺品极其相似，比如，刺绣鸳鸯挂毯，实际上是大平赠给周恩来的，如果不说明，一定会有人以为这也可能是中方赠给日方的礼物。再比如，天皇夫妇送邓小平夫妇银制花瓶，改年华国锋又赠天皇景德镇瓷瓶。

3. 赠送文房四宝、画卷墨宝，即兴咏诵诗词

中日间有赠书的，最有名的是毛泽东送田中《楚辞集注》，还有大平送郭沫若图书《秘宝》，田中送中方来访者夫人们关于插花艺术的书籍《传统之美》。还有送文房四宝的，邓小平送给田中文房四宝、送给福田夫人端溪砚台，江泽民送天皇山东琅琊砚台等。

画卷与墨宝，也常成为中日间的国礼。最先田中送给毛和周的都是风景画，邓送给天皇水墨画，天皇夫妇赠给江泽民平山郁夫画作，上海市赠给天皇山水画，江泽民送给 6 位前首相的也都是特制画卷。墨宝，展现了送礼人的文化情怀，大平在陕西博物馆挥毫"温故知新"四字墨宝；中曾根家宴后，中曾根题写"友好永远"，胡耀邦则挥毫"中日友好，代代相传"。

题写诗句乃至即兴咏诵诗词相送，这在中日领导人之间屡见不鲜。比如周恩来送给大平"言必行，行必果"，而田中回赠"信为万事之本"，这是中日正式外交关系的开始。1992 年江泽民在日本广播协会和福冈市博物馆分别题词赠送，1998 年江泽民与渡边外相吃饭时在菜单上写李清照的

---

① 生活在日本的 5 只大熊猫是，1994 年从中国来到日本的"永明"，2000 年出生的"良滨"，2014 年出生的"樱滨"和"桃滨"，2016 年出生的"结滨"。在和歌山出生后送回中国的有 2001 年出生的"雄滨"（2004 年送中国），2003 年出生的"隆滨"和"秋滨"（2007 年送回中国），2005 年出生的"幸滨"（2010 年送回中国），2006 年出生的"爱滨"和"明滨"（2012 年送回中国），2008 年出生的"梅滨"和"永滨"（2013 年送回中国）。参看和歌山冒险世界动物园的网页 http://www.aws-s.com/animal/panda.html，最后访问日期：2017 年 5 月 15 日。另外，2010 年出生的"海滨"和"阳滨"，2012 年出生的"优滨"，于 2017 年 6 月 4 日被送往中国成都，见《每日新闻》2017 年 6 月 5 日。

《如梦令》，还在临别北海道知事时挥毫"以德为邻"相送。

即兴咏诵诗词相送，则更加展示了领导人的饱满激情了。比如大平临别上海时赠姬鹏飞汉诗一首，江泽民访问东北大学后赠诗一首《访仙台》。还有前面尚未提到的，温家宝总理与日本的"汉俳情缘"① ——2007年对日本进行"融冰之旅"之际，曾作一首汉俳："和风化细雨，樱花吐艳迎朋友，冬去春来早。"2010年第二次正式访问日本期间，在东京出席由日中友好七团体和在日华侨华人四团体共同举办的欢迎晚宴讲话的结束部分即兴吟诵一首汉俳："融冰化春水，雨过青山分外翠，大地生葳蕤。"又在出席日本经济团体联合会为他举行的午餐会后临别之际，深情朗诵了一首新作汉俳："浓绿夏日长，万物生机新气象，硕果满枝上。"②

这是中日领导人交往中独具特色的一幕。中日两国同为汉字文化圈的国家，同样重视诗词这一传统文化形式。江泽民就曾说过："日本和我们的文化背景相似，所以在诗词、书法这些方面，可以直接交流，感觉很亲切。而到西方国家去，不会有这个感觉。"③ 由于文字接近，彼此所赠礼品凸显文化传统，含义深刻，韵味浓厚。

当然，送礼只是互访中的花絮而已。最后还是回到文章开头提到的日本呼吁中日间应尽快开展"穿梭外交"的这一幕来，油然想起前面所统计的这40多年来中日领导人互访的次数。相对于20世纪80年代的10次，90年代的19次，2000年代的14次，而进入2010年代以后才只有2次，中日领导人间的高层互访已经中断6年了。2017年端午节（5月29日）国务委员杨洁篪的访日，与文章开头提到的此前两周的二阶俊博自民党干事长的访华，是为促进恢复中日两国高层互访所做的努力。

---

① 所谓"汉俳"，又称俳句或俳律，是诗苑小型的律体诗，也是极轻捷的一种文学形式。其形式为三行，且押尾韵。

② 《从融冰到夏长：温家宝总理访日的汉俳情缘》，http://news.xinhuanet.com/world/2010-06/01/c_12164446.htm，最后访问日期：2017年5月5日。

③ 钟之成：《为了世界更美好：江泽民出访纪实》，第329页。

1930 年日本金解禁及其影响

奚 伶[*]

【内容摘要】1930 年日本政府实施金解禁政策，欲图重回国际金融市场，以解决由来已久的国际收支失衡问题。不料实施之际遭逢 1929 年世界经济危机爆发，致使国内经济形势更为严峻，引发"昭和恐慌"。由此，日本社会动荡加剧，政党政治一蹶不振，财阀势力受到重创，军部乘势掌握政权，从而加快了整个国家法西斯化的进程。

【关键词】金解禁　井上准之助　紧缩政策　财阀　昭和恐慌

一　引言

金解禁，顾名思义，是指解除本位金的三大禁止——禁止金与纸币的兑换、禁止金的自由跨境流动、禁止金的铸造。换言之，是指该国从脱离金本位制度的状态重新恢复金本位制度，这便意味着其金融市场再次回归开放的国际市场。日本于 1897 年颁布货币法，规定 1 日元等于 0.75 克黄金，宣布实施金本位制，又于 1917 年追随欧美国家宣布脱离金本位制度。第一次世界大战结束后，随着重回金本位制度国家的增多，日本国内对于"金解禁"的探讨日益热烈，主张解禁的呼声慢慢高涨起来，其结果便是日本再次追随欧美诸国，于 1930 年正式实施金解禁政策，重回金本位制度。

---

*　奚伶，苏州科技大学亚太国家现代化与国际问题研究中心、历史学系讲师。

关于这项政策的既有研究在日本已有一定积累，分别从经济学、历史学开展探讨，代表前者的人物有长幸男、岩田规久男等经济学家，代表后者的有中村正则、中村隆英等历史学家。[①] 本文将侧重于金解禁政策本身及其对历史发展进程带来的影响，从而突出其催化剂的作用。

二 金解禁的背景

第一次世界大战期间，日本本土未受战火波及，和深陷战争、经济停滞不前的欧洲列强相比，日本经济在 20 世纪第二个十年得到了长足的发展，尤其在规模上战后比战前足足增长了 1 倍多，进入 20 年代后增长势头依然维持在一个较高水平。其中，个人消费、对外贸易为这一时期的经济增长提供了大比重的贡献率，分别位列第一、二位。然而，光鲜增长背后却饱含着致命性隐忧——严重入超的贸易失衡，从一战前持续至一战后且愈加严重，从而导致国际收支逆差加剧。

1. 国内背景：稳定经济需要

国际收支逆差使得日本企业利润下降，一方面丧失了产品的价格优势，另一方面越来越负担不起只升不降的劳动力成本。整个 20 年代的日本经济，尽管依旧表现不错，但隐忧渐渐以动荡的形式呈现——1920 年经济萧条、1922 年银行系统动摇，致使日本官方（主要是日本银行）不得不进行救济融资。结果，这次宏观调控并未像 1918 年"米骚动"那样迅速归于平静。1923 年发生关东大地震，这一事件令动荡的经济、脆弱敏感的金融体系雪上加霜。日本政府意图发行赈灾期票用以接济受灾严重的企业，但这些企业灾后一蹶不振，期票屡屡发生跳票，直至 1926 年确认无力偿还，从而被定性为债权银行的不良债务。当政府再次着手处理这些不良债务并力求获得国会通过之际，若槻礼次郎内阁的大藏大臣片冈直温在国会一时失言，声称身负不良债务的渡边银行申请了停业，从而导致坊间疯传地方、中小银行发生信贷危机，一窝蜂挤兑，引发 1927 年金融危机。同年 1 月至 9 月便出现了数十家地方银行接连停业的现象。日本政府发布债务

---

① 日本对金解禁的研究高潮大致集中于两个时期，一是 1985 年广场协议后日元兑美元飙升，汇率开始走向震荡，使得学界不禁联想起金解禁时期的日元汇率；二是泡沫经济崩溃后日本经济萧条，被世人称为"平成恐慌"，由于发生在改元不久，学界便以史为鉴，开始检讨似曾相识的昭和恐慌，金解禁便成为其中探讨的重要一部分。

延期令开展救济，经过一番处理后，银行业算是渡过了难关。尽管如此，接二连三的危机迫使当局不得不寻求解决之道，金解禁便成了极为重要的备选方案之一。

2. 国际背景：外交战略需要

1917 年 9 月日本追随欧美各国脱离金本位制。最初两三年，日本为了维护汇率稳定、贸易平衡，在伦敦、纽约的国际市场购买了大量外汇债权作为储备。不过，随着贸易严重失衡、国际收支逆差加剧，日本在 20 年代储备额呈减少趋势，十年间足足下降了三成多。日元汇率受到拖累，随之走低，如日元兑美元贬值了近四成。这类问题并非日本独有，在脱离金本位制的欧美各国也或多或少存在。于是，一战结束后不久诸国纷纷开始解禁本位金的流通，回归金本位制，因为在金本位体制下可以通过流通本位金来自动调节国际收支，使之趋于平衡。如此一来，国内经济所面临的问题也会得到很大程度的缓解。

除了在经济上缓和国际收支逆差，日本实施金解禁、回归金本位制在战略上意味着参与国际经济秩序的重建，即国际金本位制的重建。一战后国际政治格局形成了凡尔赛—华盛顿体系，在经济上与之对应的便是国际金本位制。因此，日本实施金解禁、回归金本位制与其同时期在外交上贯彻国际协调主义是相辅相成的。

三　金解禁的准备与实施

1929 年 7 月 3 日，民政党的滨口雄幸接替政友会的田中义一，组阁上台，日本银行前总裁井上准之助被任命为大藏大臣。井上准之助出生于 1869 年，大分县人，东京帝国大学毕业后便进入日本银行，随后留学英美，专门学习了国际金融，接着先后就任横滨证金银行行长、两届日本银行总裁、山本权兵卫内阁大藏大臣。因此，入阁滨口内阁是他第二次出任大藏大臣。

如上一节所言，井上上任后所面临的经济形势极为严峻——通货膨胀、物价上涨、严重入超等。面对这些问题，井上并不是第一个试图借助回归金本位制度而去解决的藏相。市来乙彦（加藤友三郎内阁）、片冈直温、三土忠造（田中义一内阁）均作过尝试，但却先后受到关东大地震、1927 年金融危机、皇姑屯事件的影响而受挫。相比之下，作为金本位制度的忠实拥护者，井上一直关注国内外相关动态，为金解禁助威呐喊。如，早在 1922 年 9 月担任日本银行总裁期间，他便是当时藏相市来乙彦所组织、召开的金解禁恳谈会的重要一员。① 尽管此后不久进入山本权兵卫内阁，但由于该内阁过于短命（1923 年 9 月 2 日~1924 年 1 月 7 日），井上没来得及在第一个藏相任期将金解禁付诸实践。直至滨口雄幸邀请他入阁时，他意识到在政策层面实施金解禁的最佳机会来临了。

井上上任后即刻展开行动，大力宣传金解禁的理念及其必要性。为此，他特地撰写了《金解禁：向全日本呼喊》（『金解禁——全日本に叫ぶ』）一书，并坦言："我深信，只有解决金解禁的问题，才是使停滞不前的我国经济安定下来的绝对必要的条件。因为一个国家的金本位制度对于该国的经济而言可以看作心脏对于人体的重要性，假设它出现了些许缺陷，该国经济所遭受的打击是极为重大的。现在日本暂时脱离金本位制度，走上了与国际经济背道而驰的道路。正是这样的一个事实是造成我国经济不稳而深刻化的最大原因。不言而喻，若我国的金本位制度成为常态，对外可以调节日本的货币供给量。物价随之得到调节，大量国际借贷也能调节至平衡。自然而然地起作用才是金本位制度的本质所在。"② 在井上看来，日本经济之所以问题重重、无法解决，其根本原因在于脱离了金本位制度，丧失了金本位制度的自动调节功能。这一自动调节功能能够对国内经济施加影响，从而使其国际收支趋于平衡。因此，回归金本位制度即实施金解禁，对重振日本经济而言已是箭在弦上的事了。

然而，井上并不赞成"即刻实施金解禁"，因为如果不事先作好相应准备，便会导致对外商品市场价格的剧烈波动，尤其是汇率的强行回归在短期内影响进出口贸易的价格，造成一部分行业（如制丝业）的损失。③ 为此，在正式实施前，他一方面着手实施紧缩财政，另一方面向民众提倡节制消费，等待外汇市场平稳，为重回金本位制作准备。

---

① 这一恳谈会召集了当时日本财界的主要业界代表人物，包括财阀系两人（三井的团琢磨、三菱的木村久寿弥太）、金融业两人（第百银行的池田谦三、三十四银行的小山健三）、纺织业两人（富士纺织的和田丰治、钟纺织的武藤山治）、贸易业两人（岩井商店的岩井胜次郎、生丝出口企业原合名的原富太郎）、日本银行正副总裁井上准之助和木村清四郎、横滨正金银行行长儿玉谦次，还有大藏省、农商务省相关官员。摘自中村隆英《昭和恐慌和经济政策》，东京：讲谈社，1994，第 44 页。
② 转引自中村政则《昭和恐慌》，东京：岩波书店，1989，第 16 页。
③ 〔日〕中村隆英：《昭和恐慌和经济政策》，东京：讲谈社，1994，第 76 页。

　　紧缩财政，首先表现为缩减政府预算。尽管国会早已通过了 1929 年度预算 17.7 亿日元，但实际执行时还是被新上任的滨口内阁砍掉 9000 万日元。其次，新内阁开始对一部分公务员减薪。凡是月薪超过 100 日元的人员，一律减少 10%，如此一来省下了 700 万至 800 万政府经费。这一数据在整体预算中所占比例并不算高，看似作用有限，其实新内阁希望借此机会让减薪后的公务员广泛参与大众的节制消费，从而达到一石二鸟的目的。①

　　另一方面，为了向民众宣传节制消费，井上一上任便开始造势，发动民政党各级干部在全国范围发表演讲，在普通民众中开展宣传。井上本人在当年 9 月便出版了小册子《国民经济的改革与金解禁》（『国民经济の立ち直しと金解禁』），主要阐述波动剧烈的汇率市场给经济造成的负面影响，而这些影响通过金解禁能够慢慢消除，不过金解禁需要广大民众的节制消费才能顺利实施。除此以外，这位新任大藏大臣更是东奔西走，站在对外宣讲的第一线，不仅在东京银行集会所、大阪商工会议所向业内人士演讲，还在大阪中之岛公会堂面对 5000 位普通听众公开演讲，题为《厨房所见的金解禁》（『台所から见た金解禁』），引起了一些反响。②

　　其他方面，井上向经济界推广产业合理化运动，③ 淘汰生产效率低下的企业，加强企业的国际竞争力。对外贸易实施振兴海运的政策，鼓励对外贸易，增加外汇收入，平衡国际收支。

　　随着以上准备工作的深入开展以及部分成果的初步显现，滨口内阁于 1929 年 11 月宣布，将于次年即 1930 年 1 月正式发布金解禁政令，回归金本位制。

四　金解禁的影响

　　然而，日本的金解禁政策仅仅维持了两年（1930 年 1 月～1931 年 12

---

① 〔日〕中村隆英：《昭和恐慌和经济政策》，第 78 页。
② 〔日〕中村政则：《昭和恐慌》，第 17 页。
③ 产业合理化运动最早始于德国魏玛共和国。为了应对激烈的国际竞争同时负担起巨额的赔偿债务，德国以重回金本位制度为前提，自 20 世纪 20 年代起开展产业合理化运动，提升企业管理，增加能效，后来扩展至欧美其他国家。日本在同一时期也渐渐受到影响，井上准之助是较早在政策层面明确提倡产业合理运动的一位大藏大臣。

月）便戛然而止。学界将其归咎于 1929 年 10 月爆发的世界经济危机。纽约股市暴跌之初，滨口内阁将其看作实施金解禁的绝佳机会。因为美国股市下跌意味着美元疲软，日元汇率能够乘机上升，从而提早达到金解禁的目标价位。也正是这一原因，政府 11 月便宣布金解禁实施的时间。结果，日本政府万万没有料到这次暴跌蔓延全球，最终演变成世界性危机。原本想依靠金解禁解救日本经济，没想到却让脆弱的日本市场完全裸露于危机之中，并遭受重创，引发了影响近代日本进程的"昭和恐慌"。[①]

因此，金解禁政策并没有从根本上解决日本一直以来的经济问题，反而加剧了经济的不景气，成为引发诸多社会问题的催化剂。

1. 官僚减薪 10% 是紧缩财政的重要组成部分，其出发点在于要求官僚带头节约，但在执行层面上造成了不良影响。该政策一出台，便有多位专家学者表示反对，其中一位便犀利指出："官僚减薪一看之下合情合理，实则失掉了吞舟之鱼，不如用累进制向有产者增税"。[②] 低薪与高薪同比例、地方与中央一视同仁，使不少地方低薪官僚心生不满。军队将士也在减薪行列，仅仅广岛县军港吴市一处，符合减薪标准的海军军官（中尉以上）人数便超过 1200 人，这让他们不禁揶揄减薪比罚俸还要狠。[③]

与此同时，滨口内阁积极实施军缩政策，并将其作为紧缩财政的一环，1930 年 4 月《伦敦军缩条约》的成功缔结更是凸显了其军缩政策的成功。但在海军军令部看来，现政党内阁擅自签订这一条约，导致其统帅权遭到干涉，政军关系一度极为紧张。因此在这样的背景下，军部与执政党隔阂加深，并在国内结成右翼团体，以求树立起军部独裁政权对国家进行改造，对外则发动了"九一八事变"。

2. 失业问题在金解禁之前已颇为突出，一直是 20 年代以来历届内阁

---

① 近代日本的经济危机最早始于 1890 年恐慌，此后曾发生数次，但没有一次用年号命名的，唯独昭和初年这次危机被命名为"昭和恐慌"，其原因有三：①昭和恐慌比此前任何一次危机波及范围更广、持续时间更长、影响更为深远；②影响范围远远超出经济，导致政治危机，使得恐怖主义活动、政变、社会运动频发，从此日本国内走上法西斯道路，并在中国发动了九一八事变；③孕育出大众享乐主义文化，造成明治以来文化上的巨变。摘自中村政则《昭和恐慌》，第 7 页。

② 《减薪的是是非非：来自各方面的批评》（「减俸の是非：各方面の批评」），《大阪每日新闻》1929 年 10 月 16 日。

③ 《晴天霹雳，减薪与地方冲突》（「寝耳に水：减俸と地方衝突」），《大阪每日新闻》1929 年 10 月 16 日。

着手解决却很少出成效的问题。而在金解禁之后，这一问题在紧缩政策的大背景下变得更为严重。根据《日本经济统计集》的数据，日本失业率在1929 年至 1934 年五年间，以 1931、1932 两年为最高，分别高达 5.92%、6.88%，[①] 其部分原因在于产业合理化运动。该运动以资本家为本位开展，整顿、兼并、关闭了不少工厂，使得中小企业深陷经营危机，棉纺织业的小型工厂首当其冲，从而造成产业萧条，涌现了大量失业工人。[②] 即便工厂有幸存活，工厂主不得不对工人进行减薪、缩短工作时间，压缩经营规模、削减成本。比如，东京有一家毛斯伦工厂，虽然职工甘愿减薪，但对该厂发展毫无益处，省下来的这些资金最后都是用来填补该厂庞大的债务黑洞，这家小工厂的运作可谓如履薄冰。[③] 对此，社会主义性质的《改造》杂志在出版 1929 年 8 月特辑时便批评滨口内阁的紧缩政策将会增加失业率。同期出版的总同盟的附属杂志《劳动》则表达了更为严厉的看法——滨口内阁站在资本家一边，保护他们的利益。失业问题进一步激化了阶级矛盾，使劳资关系更为紧张，社会动荡进一步加剧。

3. 金解禁后，日本金融市场并未因此好转起来，反而愈加动荡，走向投机化。起初受紧缩政策影响，国债市场较为萎靡，加重了银行业的负担。相较之下，令政府更为头疼的是本位金（即美元）的外流。尤其在1931 年 9 月 21 日英国宣布再次脱离金本位制度后，整个社会都预想到日本再次脱离金本位制度是迟早的事，这便意味着日元将脱离与美元的法定兑换价，重回市场定价。而所谓的市场定价，预示着日元的暴跌。为此，自 1930 年 7 月起，大藏大臣井上准之助（在 1931 年 4 月起组阁的若槻礼次郎内阁内继续担任藏相）向政府涉外汇兑机构横滨正金银行下令，实行无限制的美元购汇。原本是一项为了阻止美元继续外流的举措，最后落下个利用汇率炒作美元的名头，引起了社会公愤。其原因在于 1931 年 9 月21 日以后，短短三个月的购汇金额高达 5.1 亿日元，这一数字占购汇总额比例近七成，更是占了当年出口总额 13 亿日元的四成，其投机购汇的性质

---

① 〔日〕中村隆英：《昭和恐慌和经济政策》，第 123 页。

② 《当今向中小企业融资可达到救济的效果：淘汰能力薄弱的企业》（「今中小企业に融资せば救济以上の效果：微力者は淘汰された」），《神户新闻》，1930 年 5 月 8 日。

③ 〔日〕宇垣一成：《宇垣一成日记：1》（『宇垣一成日记 I』），东京：MISUZU 书房，1968，第 782 页。

昭然若揭。① 以上细节一经公布，执政党的形象一落千丈，遭到极为致命的损害，使得原本就风雨飘摇的政党政治雪上加霜。

再者，正金的购汇银行不乏多家财阀系的银行或机构，尤其令人瞩目的是，与井上个人关系密切的三井系占了三个席位。财阀与执政党勾结谋取私利曝光后，舆论一片哗然，民众对两者都大失所望，大为鄙弃。三井的当家人池田成彬因而成为众矢之的，不断受到电话、信件的骚扰。更有甚者，如社民青年团的赤松克麿带领 20 多人公然闯入三井银行营业部，散发传单，以示不满。如此一来，军部势力乘着政党与财阀迅速堕落之机随之崛起，并于 1932 年 5 月 15 日刺杀了在任首相犬养毅，制造了"五一五事件"，使整个日本社会加速走上法西斯化的道路。

表 1　横滨正金银行美元购汇明细（1930 年 7 月~1931 年 12 月）

单位：万日元

横滨正金银行美元购汇总额	76000
购汇对象：花旗银行	27300
住友银行	6400
三井银行	5600
三菱银行	5300
汇丰银行	4000
三井物产社	4000
朝鲜银行	3400
三井信托会社	1300
其他	18700

五　结语

综上所述，金解禁政策是一项力图挽救经济的政策，由于在实施时不幸遭遇世界经济危机，国际经济环境变得空前恶劣，因此从成效角度看这项政策是失败的——非但没能促使日本经济振兴，还将其进一步推向深渊。其负面影响深刻，跨越了经济层面，引发大量社会问题；其影响范围广泛，波及了社会各大阶层——普通民众（城市平民、农民）、中小企业、

---

① 〔日〕中村政则：《昭和恐慌》，第 39 页。

中下层官僚、军人等，皆成了金解禁政策的直接受害者。

而另一方面，在金解禁这一过程中财阀成了直接受益者，无论是开始阶段政策层面上的产业扶持，还是后来美元购汇的金融投机，财阀系可谓是处处皆盈。然而，这些基本是建立在与政党勾结的前提下获得的，自从明治末起日本开启了政友会、立宪同志会（后依次改组为宪政会、民政党）轮流执政的政党政治时代，这两大政党背后分别存在财阀的影子——三井系长期支持政友会，三菱系则作为另一方的靠山。政财相依，难分彼此，一旦任何一方出现问题，或是财阀因经济不景气衰弱，或是政党体制发生动摇，均对双方有百害而无一利。因此，当整个社会将不满发泄到政党头上，制造了连续三届政党内阁的首相（滨口雄幸、高桥是清、犬养毅）遇刺案时，便可知政党势力在日本政坛正在迅速衰退，蓄势已久的军部乘势填补了这一权力真空。无可奈何的财阀失去政党这一靠山后，不得不摸索着转而去依附军部，从而慢慢形成了侵华战争前夕的"军财妥协"的合作格局。

图书在版编目（CIP）数据

亚太国家研究.第2辑／苏州科技大学亚太国家现代
化与国际问题研究中心编.--北京：社会科学文献出版
社，2018.11
　　ISBN 978-7-5201-3740-9

　　Ⅰ.①亚… Ⅱ.①苏… Ⅲ.①亚太地区-研究-丛刊
Ⅳ.①D730.0-55

　　中国版本图书馆 CIP 数据核字（2018）第 236353 号

亚太国家研究（第2辑）

编　　者／苏州科技大学亚太国家现代化与国际问题研究中心

出 版 人／谢寿光
项目统筹／高明秀　王晓卿
责任编辑／高明秀　林炳青

出　　版／社会科学文献出版社·当代世界出版分社（010）59367004
　　　　　　地址：北京市北三环中路甲 29 号院华龙大厦　邮编：100029
　　　　　　网址：www.ssap.com.cn
发　　行／市场营销中心（010）59367081　59367083
印　　装／三河市尚艺印装有限公司

规　　格／开　本：787mm×1092mm　1/16
　　　　　　印　张：13　字　数：215 千字
版　　次／2018 年 11 月第 1 版　2018 年 11 月第 1 次印刷
书　　号／ISBN 978-7-5201-3740-9
定　　价／79.00 元

本书如有印装质量问题，请与读者服务中心（010-59367028）联系